周紹良藏明清小説版畫

上册

周紹良 藏
周啓晋 周啓琇
周啓璋 周啓瑜
提供資料并整理
程有慶 編纂

中國書店

周紹良先生藏明清小說版畫小引

白化文

本師周紹良先生為當代古典文獻專家，在中國古代文史等諸領域均有特殊建樹，蜚聲學術界。先生舊藏中國古代小說、唱本等萬餘册，大部分捐獻天津市圖書館。近來檢點書篋，偶然發現約五十年前拍攝之小說版刻插圖三十七種，約三百餘幀。尚有舊日所作識語多則。以為斷簡殘編，無所用之。又偶然以示化文。化文讀而樂之，因請於先生，願為董理發表。於先生舉以畀化文，由李鼎霞編一簡目，粗具頭緒。初蒙《中國典籍與文化》雜志采摭發表，今復蒙中國書店出版社鼎力刊印，遂囑中國國家圖書館善本部程有慶核對整理。出版之際，略綴片言以識由來。弟子白化文謹識。

前言

程有慶

中國古代版畫藝術歷史悠久，它伴隨著印刷術的發明而出現，現存最早有明確紀年的唐咸通九年（公元八六八年）所印《金剛經》，即刻有《祇樹給孤獨園》圖。古代版畫經過漫長的發展，到明代萬曆至清代初年，終於迎來了它的黃金時代。其版畫插圖之精美，足以悅人眼目。自民國以來，收藏、研究古代版畫藝術的大家有吳梅、董康、王立承、魯迅、鄭振鐸等。周紹良先生在收藏的中國古代通俗小說書籍的同時，還留意搜集了許多珍貴的小說插圖版畫，可以說，周先生是專門收藏、研究古代通俗小說版畫的創始者之一。由於古代統治者對小說等說唱通俗文學十分輕視，許多優秀作品一再遭到禁毀，致使傳世的古代珍本小說非常稀少，而現今流傳下來的小說版本，大多殘損嚴重、版印模糊，因此，收集插圖精美、版印清晰的古代小說珍本，確是一件可遇而不可求的事情。孫楷第《中國通俗小說書目》著錄小說版本時，就把有無插圖乃至插圖是否精美，作為一項重要內容。如今，呈現在讀者面前的，是周紹良先生數十年來搜集的幾十種明清小說的版畫，雖然小說的數量不算太多，但已足以窺見當時版刻的基本面貌及版畫藝術的輝煌。

本書部分圖版，曾在雜志上發表，周先生原有簡短識語。為利於廣大讀者，現將識語適當增多。考慮到一部書衹選登幾幅版畫，讀者很難瞭解全部插圖的整體概貌，而以往介紹出版的古代版畫，一般又不太注意原書圖版文字的辨識與刊布，這多少給古代版畫藝術乃至古代小說作品的深入研究帶來一定的影響。因此，本書在補叙原書圖版情況的同時，還試著做了些圖版文字的識別工作。由於水平有限，加上有些版圖文字模糊不清，未能辨識的文字很多，錯誤更是再所難免，統希讀者批評指正。

目録

目録

明崇禎麟瑞堂刻本

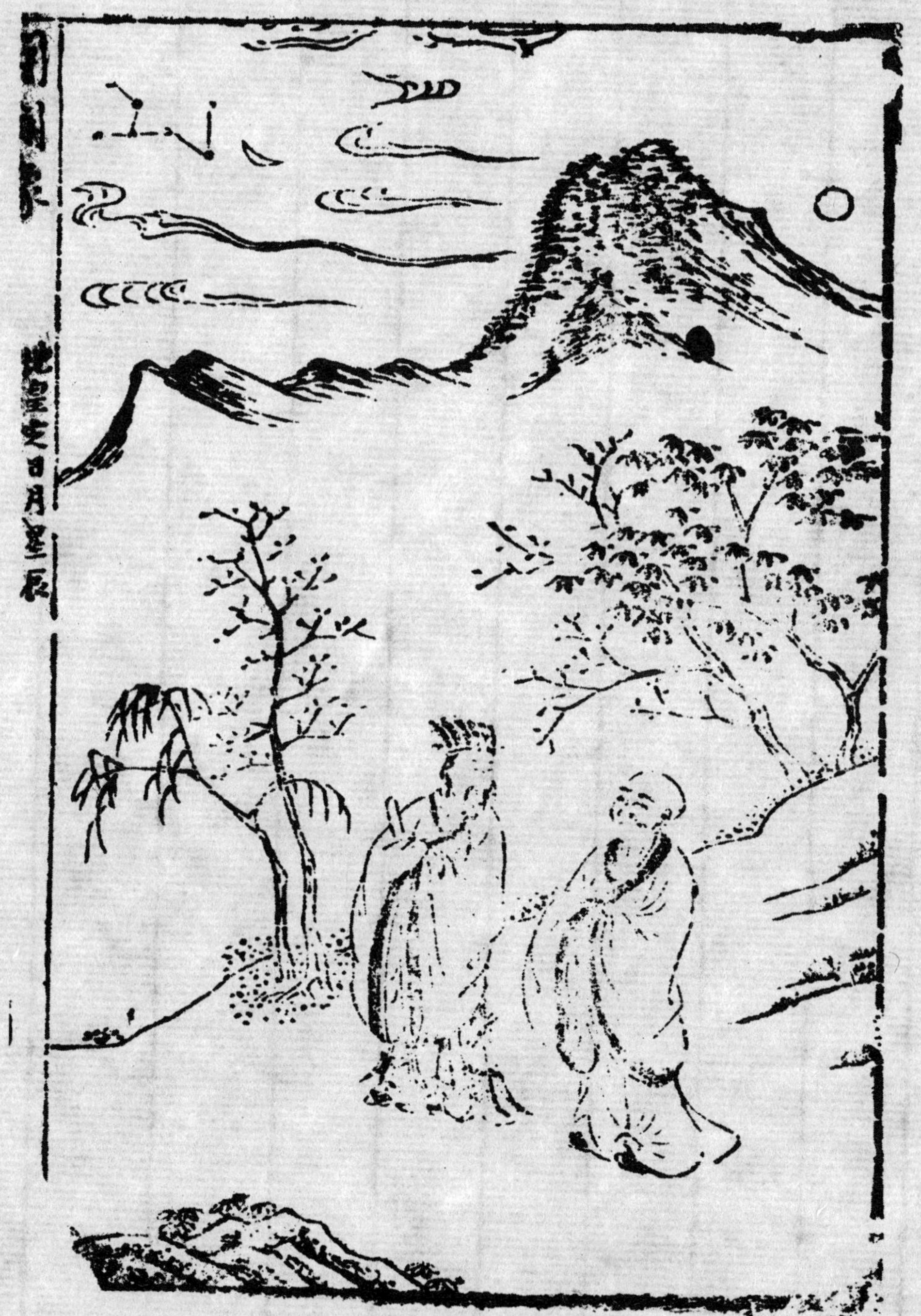

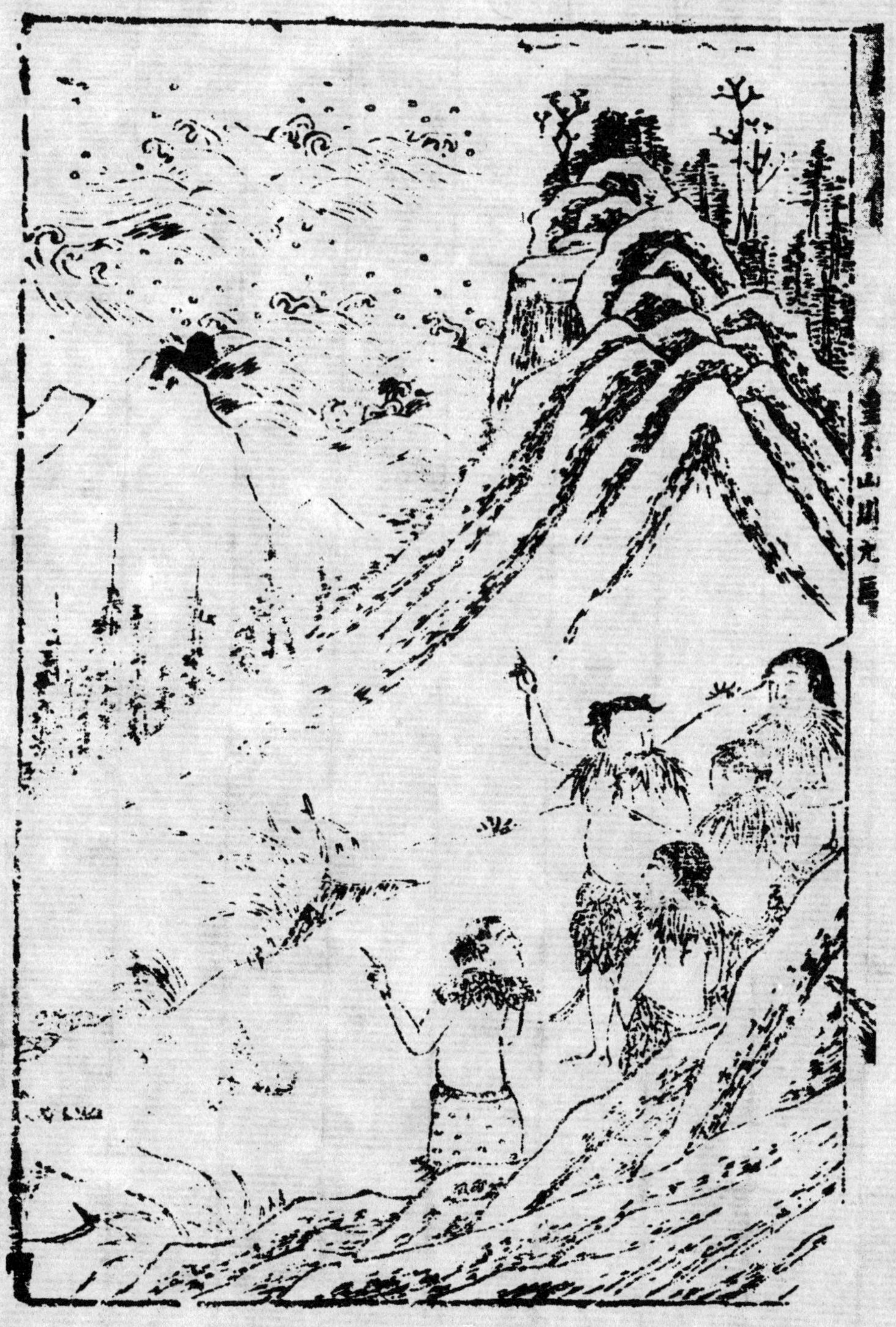

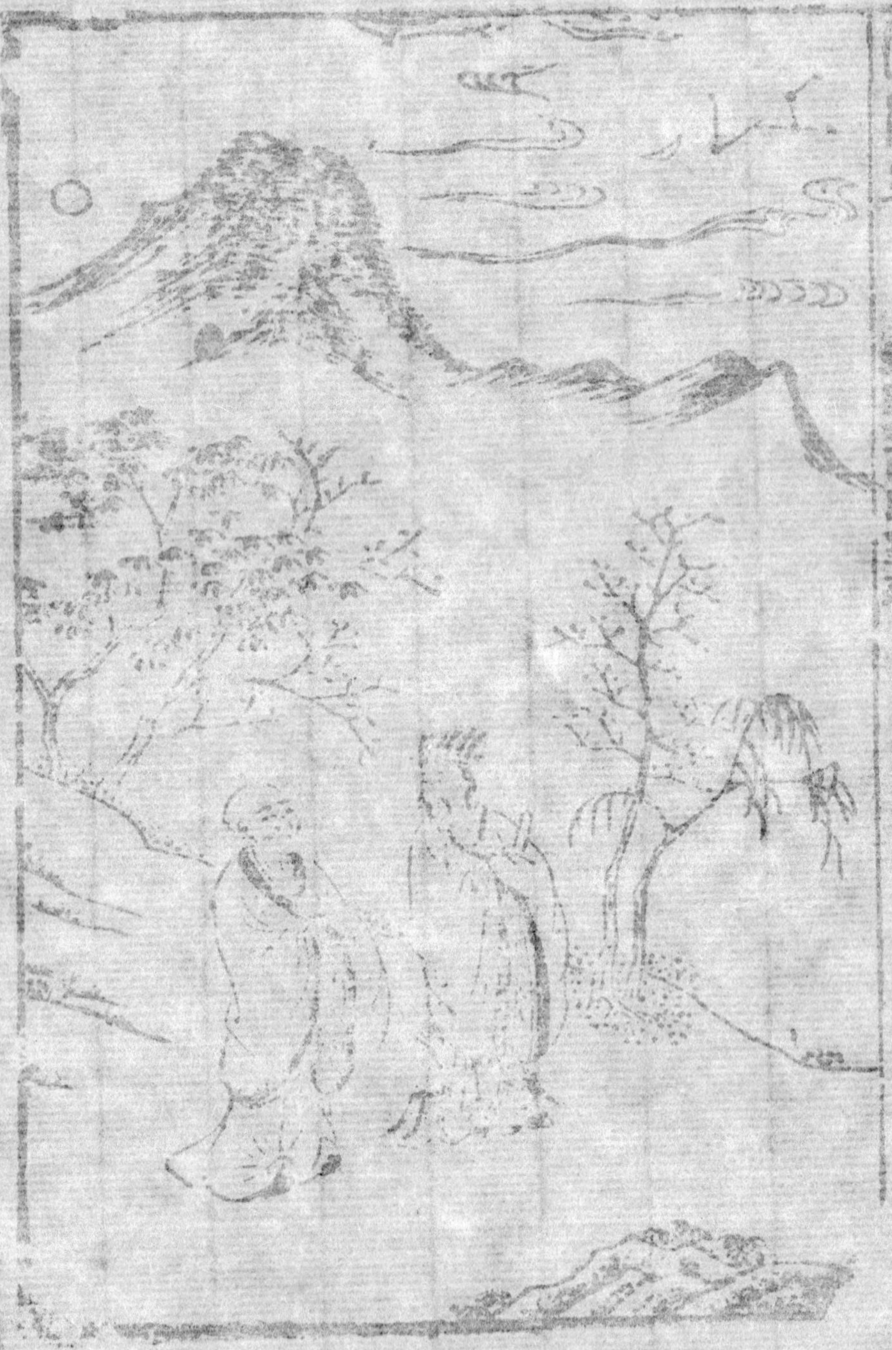

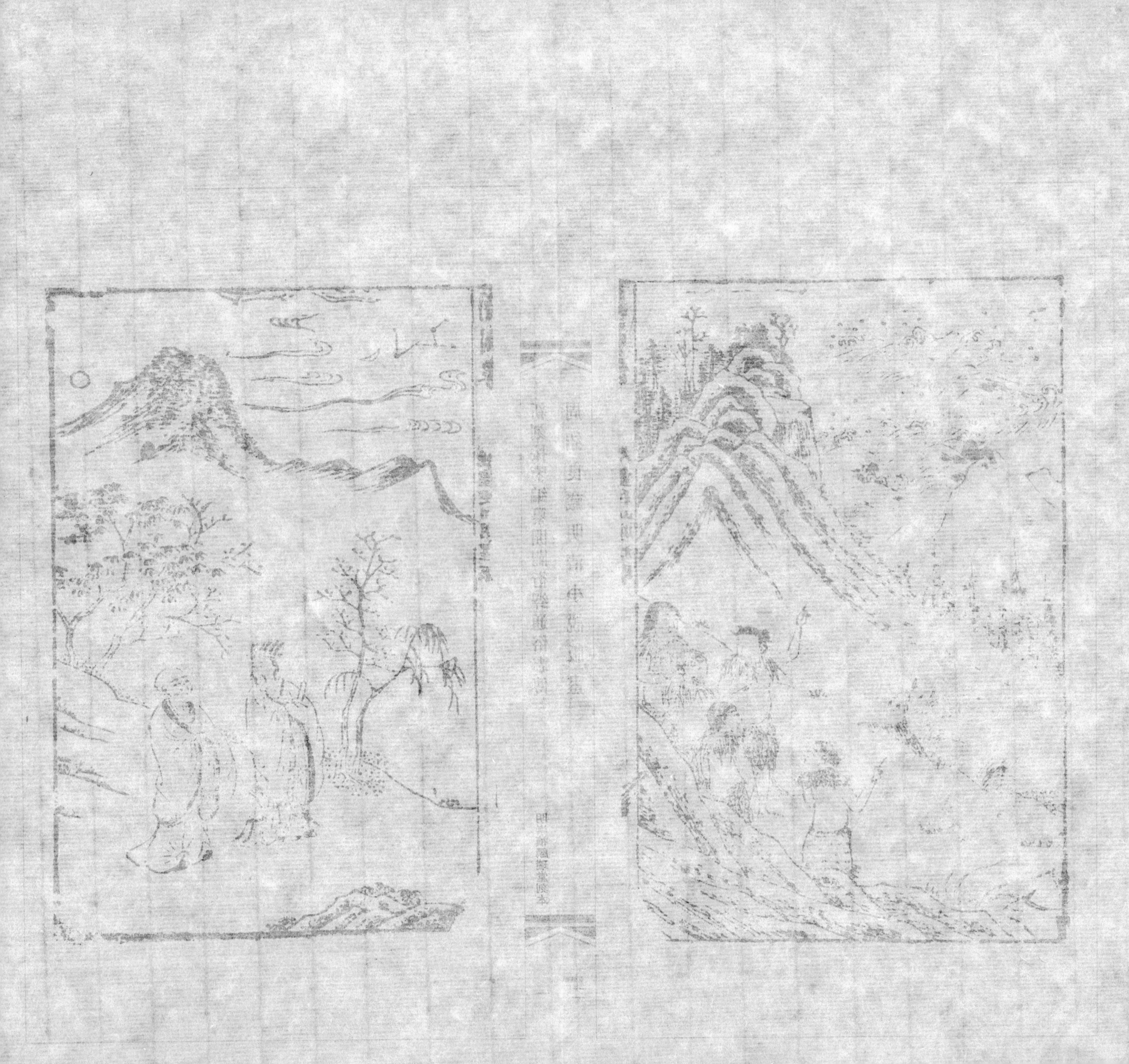

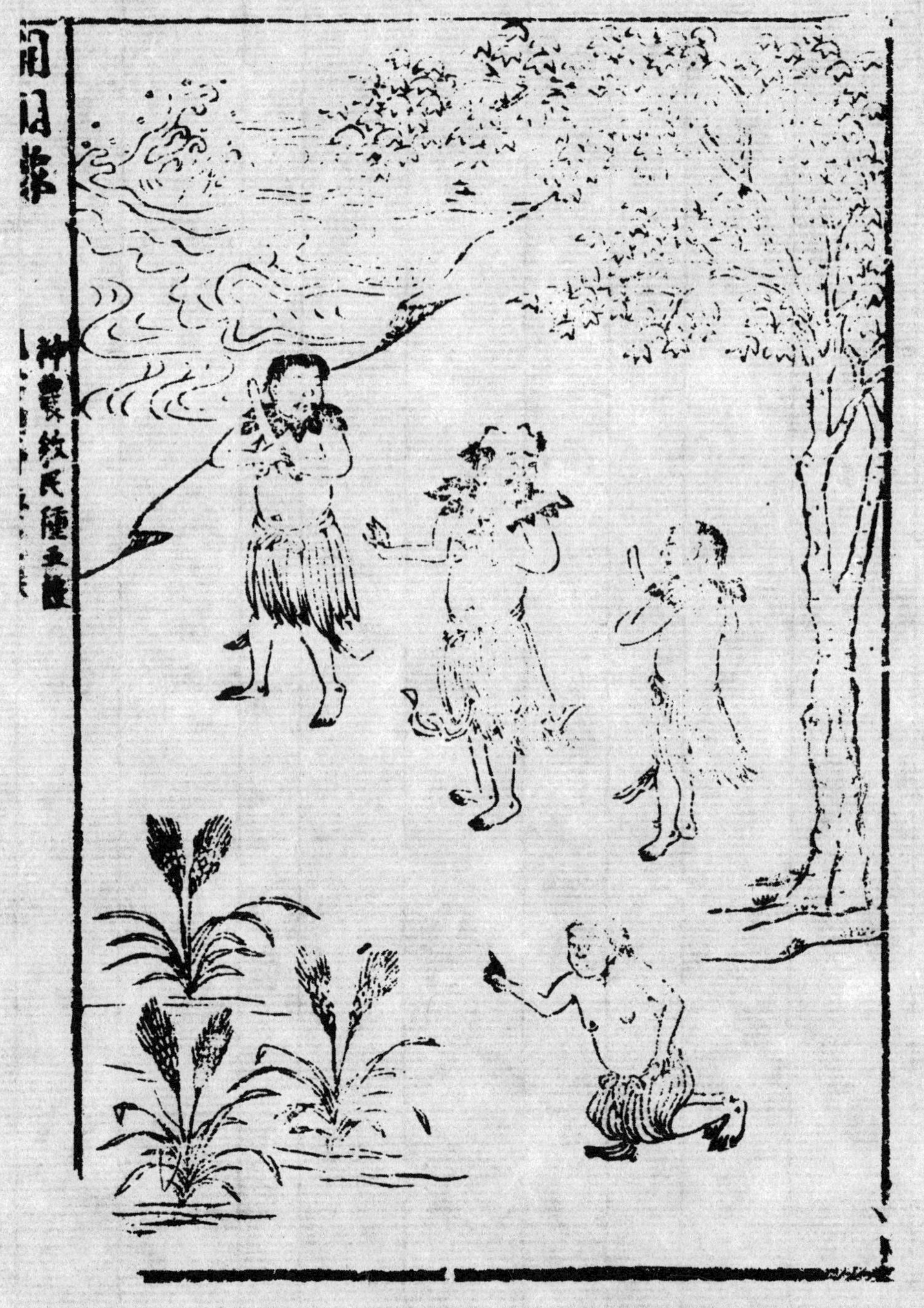

明崇禎麟瑞堂刻本

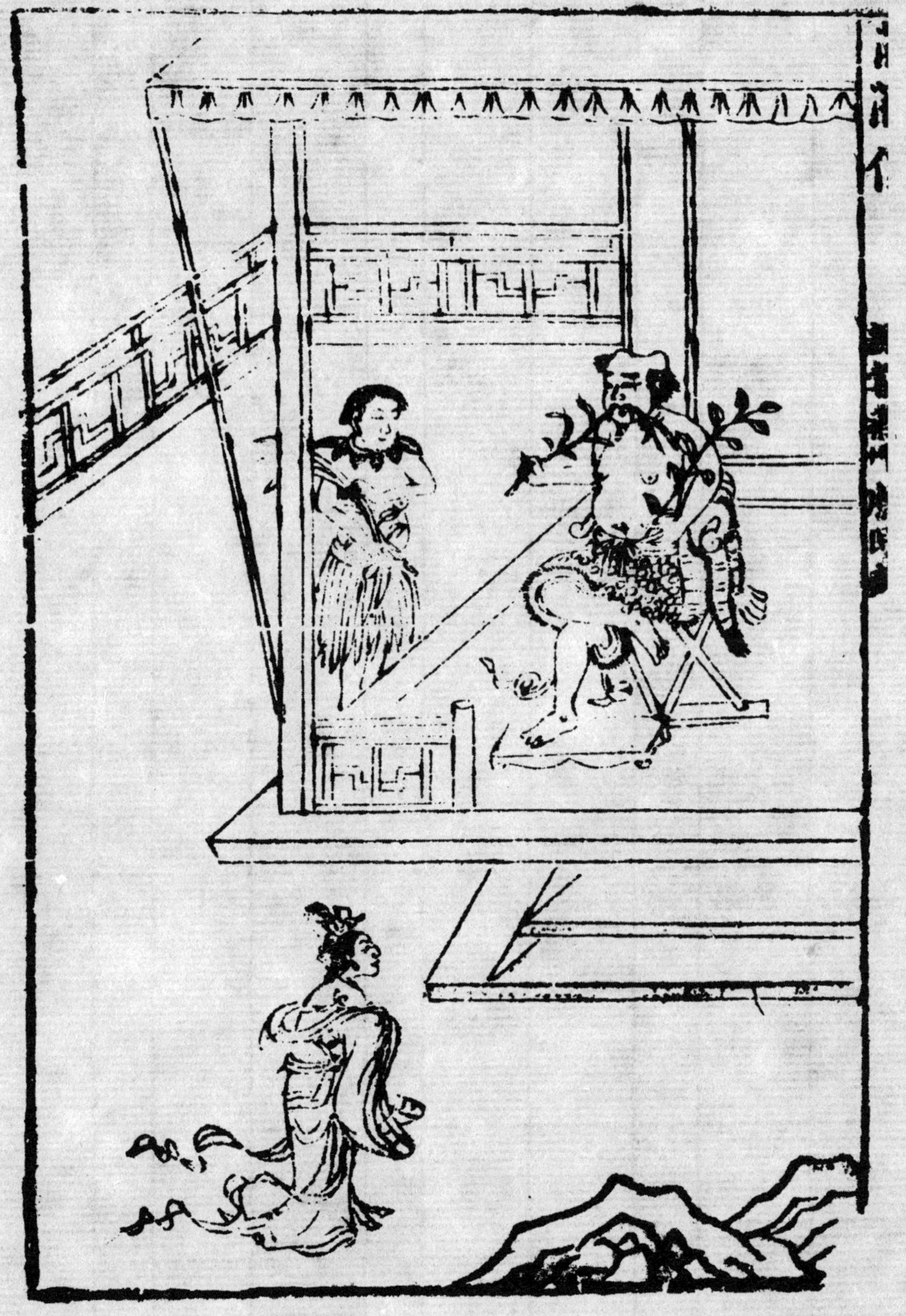

明崇禎麟瑞堂刻本

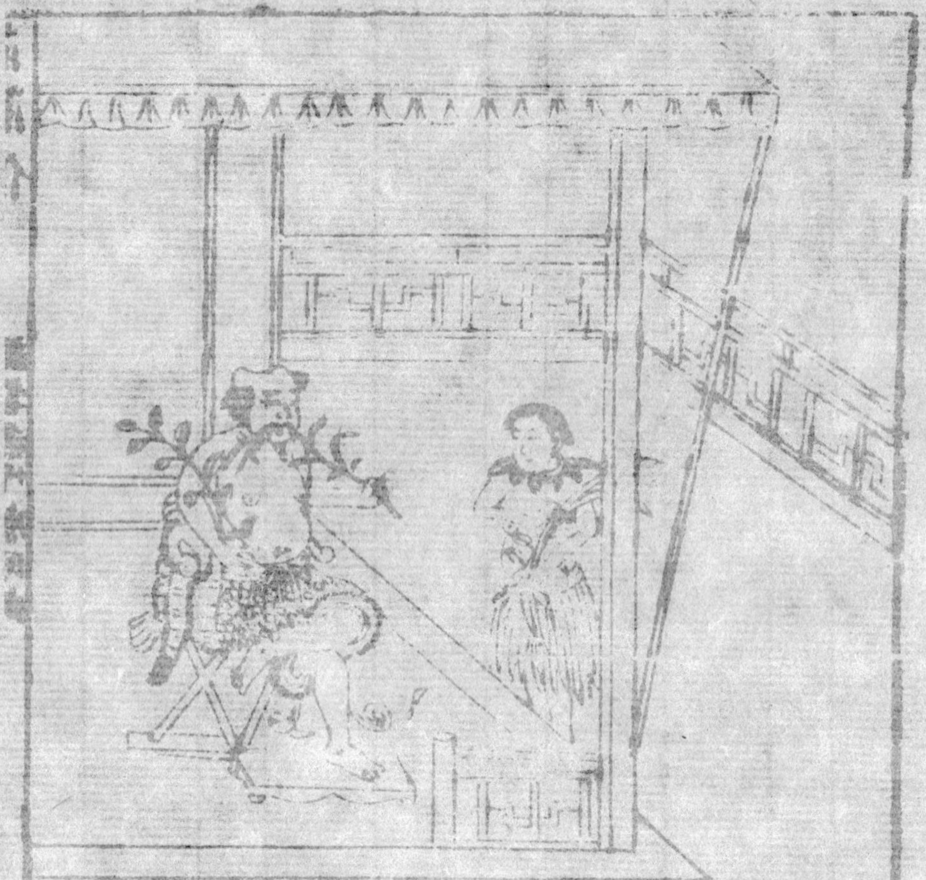

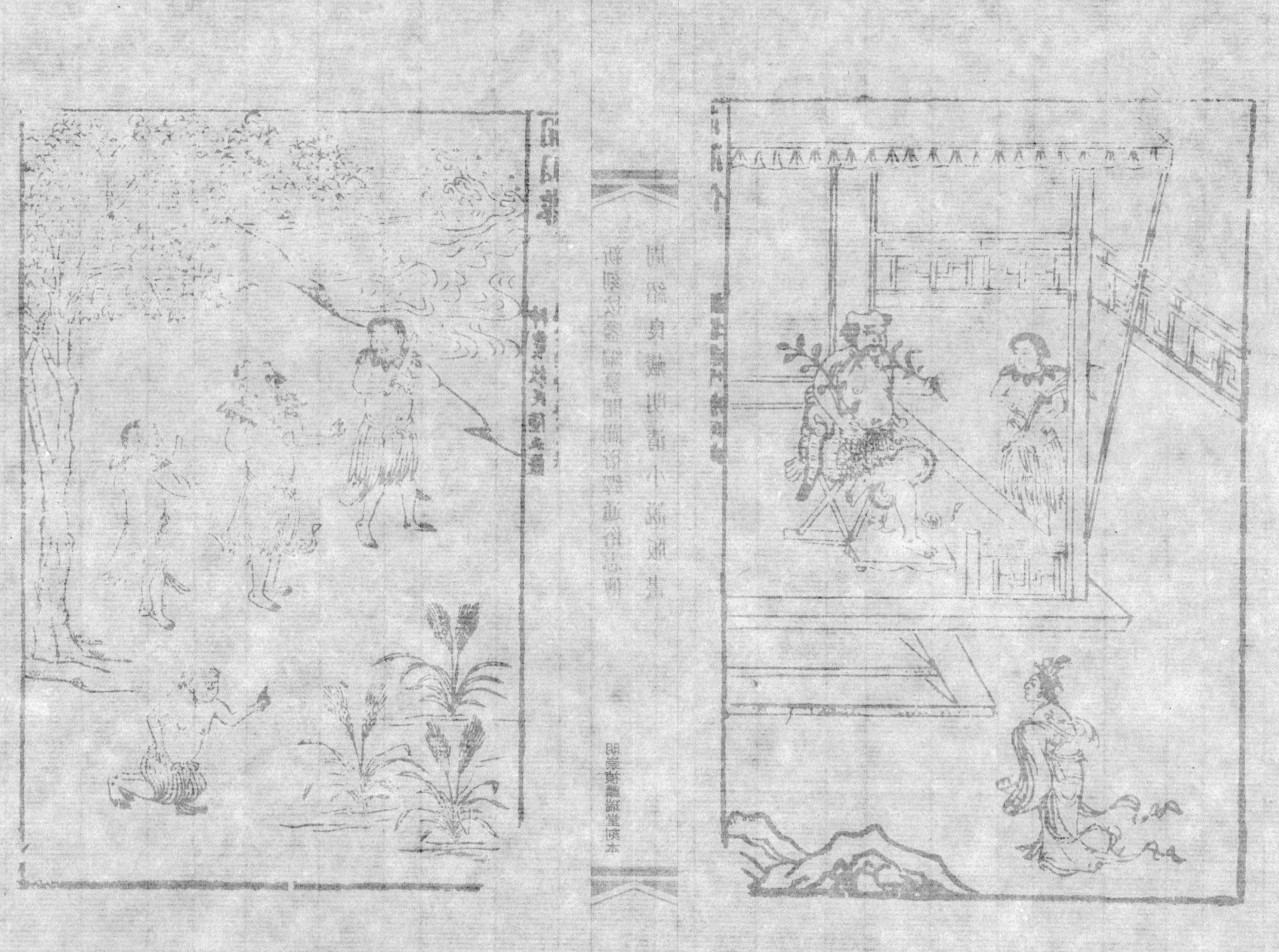

《新刻按鑒編纂開闢衍繹通俗志傳》 明崇禎麟瑞堂刻本

首有崇禎八年（公元一六三五年）《開闢衍繹叙》，題『五岳山人周游仰止集』，『靖竹居士王□子承釋』；封面題『鍾伯敬先生原評』。本書孫楷第《中國通俗小說書目》歸入講史類，雖為章回體，但依史傳以帝王為序，分述盤古、三皇、五帝、夏、商故事，至周武王吊民伐罪止。叙事嚴謹，行文淺近。全書每回一圖，收單面圖八十幅。茲選圖四幅。

一、第三回　地皇定日夜星辰

二、第四回　人皇分山川九區

三、第十五回　神農教民種五穀

四、第十六回　親嘗百草療民疾

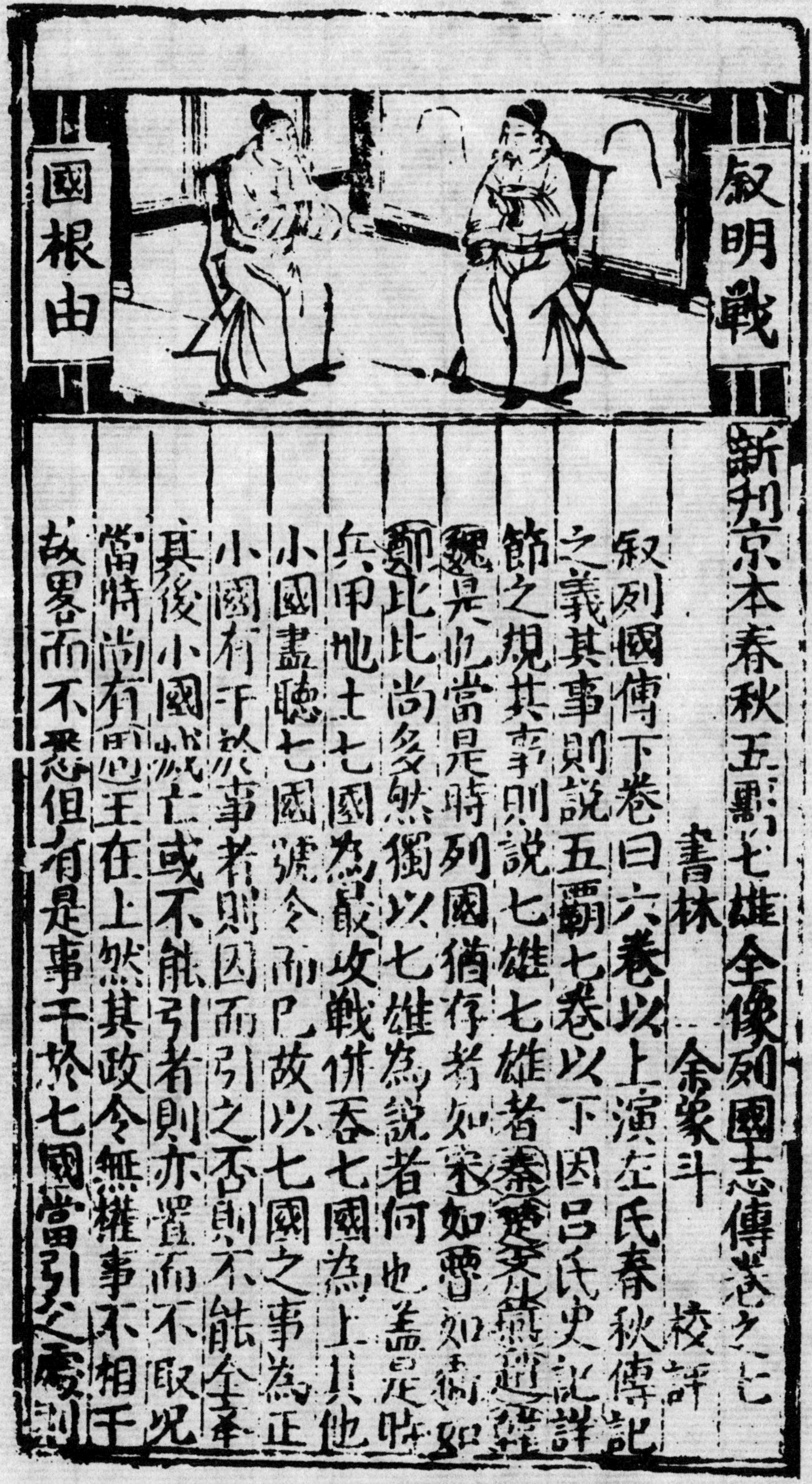

新刊京本春秋五霸七雄全像列國志傳卷之七

書林　余象斗　校評

叙列國傳下卷曰六卷以上演左氏春秋傳記之義其事則說五霸七卷以下因呂氏史記詳節之規其事則說七雄七雄者秦楚燕趙韓魏是也當是時列國猶存若知宋如晉如衛如鄭比比尚多然獨以七雄為說者何也蓋是時兵甲地土七國為最攻戰併吞七國為上其他小國盡聽七國號令而已故以七國之事為正其後小國有干於事者則因而引之否則不能全牽小國繼亡或不能引者則亦置而不取况當時尚有周王在上然其政令無權事不相干故畧而不悉但有是事干於七國當引之處則

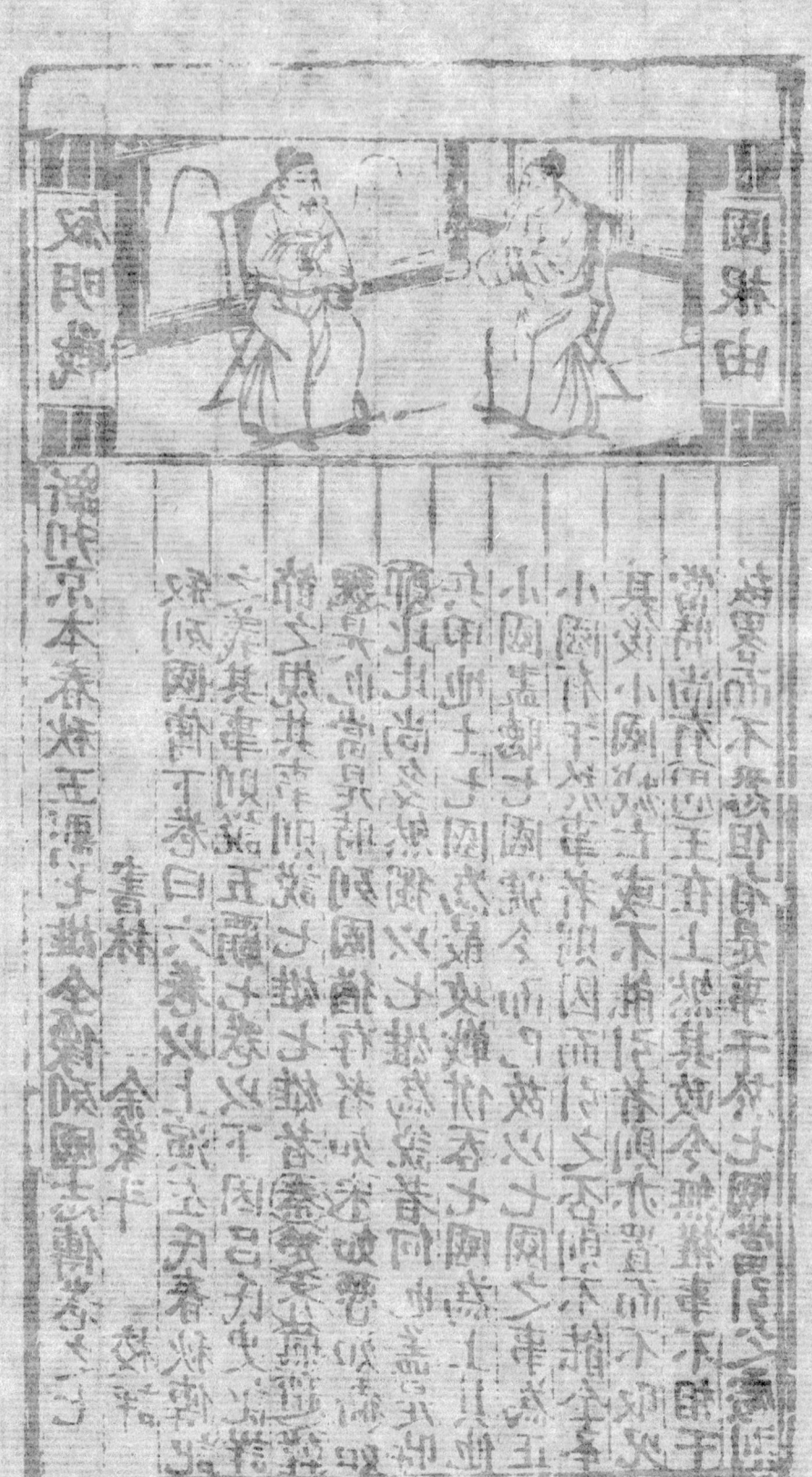

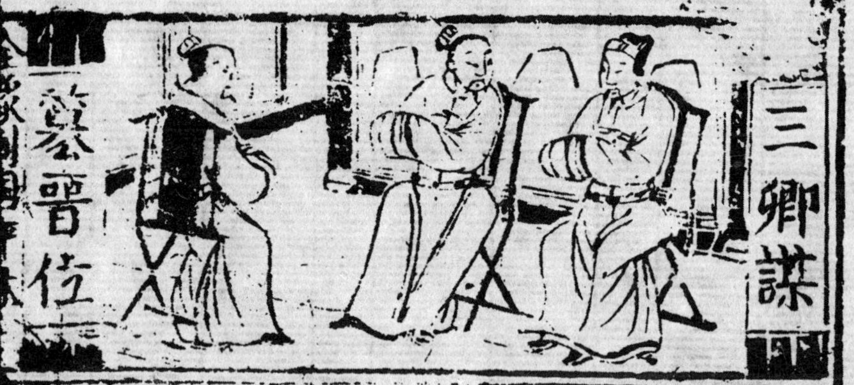

出其王而已余恐观者或責僑於其中故以告

明於首幸鑒

起自周

○按先儒史記列傳

威烈王初封韓趙魏

話説魏斯[illegible]曾班師韓虔趙籍出迎歸府共曰昔已服齊篡晉之事可卒不如就本月望日廢晉侯三分其地各自稱侯號國翟璜進曰凡事必須先立其本其本既正後雖奪據當今諸侯雖有吞併亦未嘗有陪臣自敢顛然遂君為侯者公等欲爲大事理合具表載主上請周天子聖旨賜土封侯則言順上可朝賀天子下可同盟隣國不然則[illegible]奉根本不立天子倘令諸侯連兵問罪誠以[illegible]臣之地能

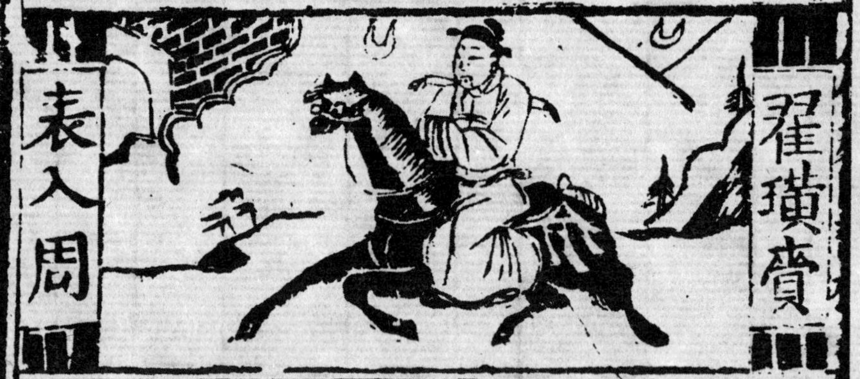

當列國之秋乎三卿笑曰先生之言雖是争奈晉與周同宗之國安肯奪宗國而封異姓乎璜曰昔者秦之先祖嬴非子特因牧馬蕃息孝王尚且列土以封之及至平王東迁関西之地悉棄於秦况三卿為晉之功臣焉有不許之理三卿善之即具表章以重宝遣璜入周請旨璜乗夜行至洛陽入見天子時周威烈王在位覽罷表文叱璜曰三卿与田氏皆亂晉之臣焉敢請旨自立為侯璜対曰武王克商大封親族功臣使其各主本地以貢方物晉衰微齊亦弱皆不能統率生民以供王貢向使晉无三卿維持晉无曰民羽翼則為秦楚所併久矣又焉得至于今陛下宜列二国之士而賜四家為侯使其匡扶周室以制秦楚則非惟四家之幸是亦周家之幸也當時諸侯[illegible]

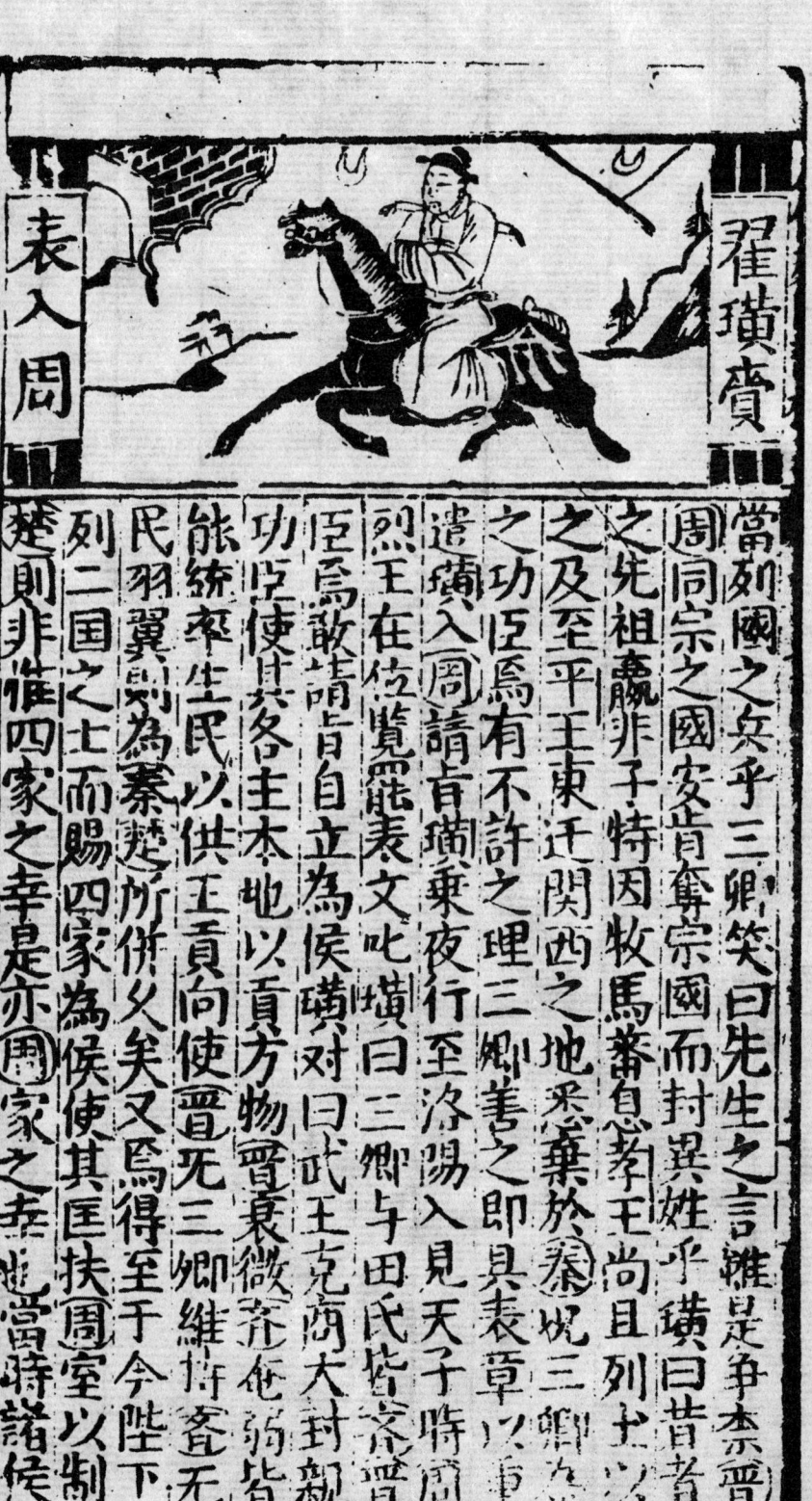

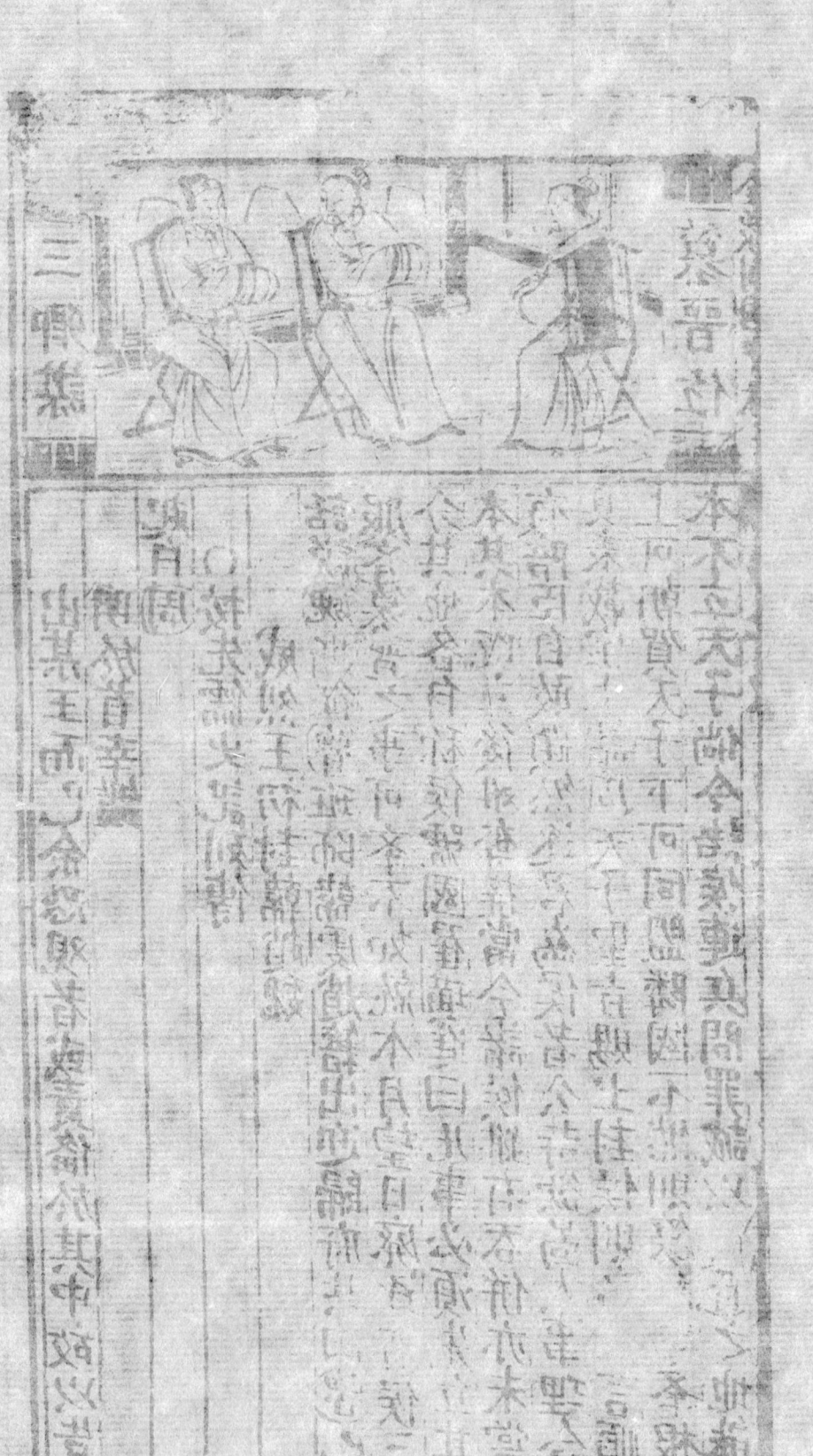

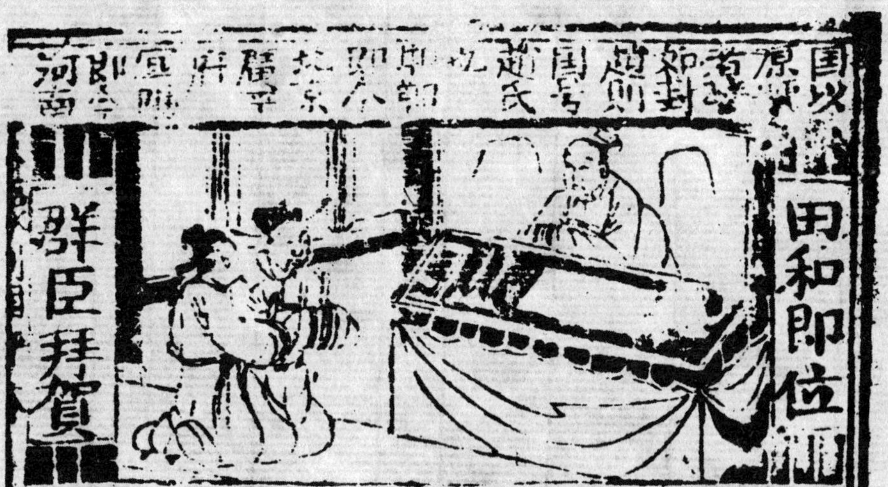

僭天子无權威烈王被翟璜說動一道即以立[illegible]
詔遣使賜三卿田氏各陞侯位國以原封為號命盟
帛賀皆得交通於列國翟璜謝恩歸國却説使者賫
詔封田和為諸侯田和謝恩已畢即以天子詔告率
群臣祭告康公於海濱便建田氏宗廟郊天祭地
登大位代姜氏而為齊侯後為田氏齊也姜氏齊自
太公呂尚受封之後田和乃陳公子陳完裔田和
即位是為齊太公大宴群臣遣使告知列國又遣使
入謝三晉僭將王徒封趙籍為趙國侯都邯鄲韓虔
為韓國侯都平陽魏斯為魏國侯都大梁三卿謝恩
已畢即日廢晉靖公為庶人三分其地晉自唐叔虞
受封三十九世至是其國遂亡変為韓趙魏國也
各登侯位立宗廟祭天地遣使入謝天子又[illegible]邯鄲田

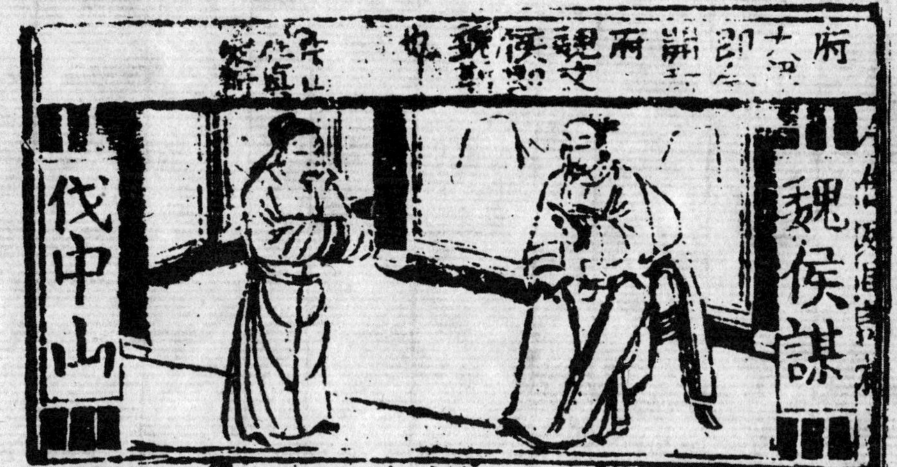

時周威烈王二十三年春正月也東屏先生讀史至
此亦有一絶以嘆周綱淪然詩云

衰周上係一主尊　名器誰將假滿門
威烈自愚貪寳玩　蒼涼大事竟何為

三國之君惟魏文侯賢而好士拜孔子弟子卜商字
子夏者為師身田子方段干木為友以李克翟璜為
謀主以吳起樂羊西門豹為將當時三國封侯列国
皆來聘賀惟中山侯不至文侯請群臣曰寡人受天
子列土封侯雖晉大國尚行聘賀中山侯又何欺
我太甚独不行礼又[illegible]孤欲興兵征討以示国威卿
等誰敢引兵出征翟璜奏曰夲一人智謀出類勇力
超群右將軍樂羊是也文侯曰樂羊智勇雖備爭奈
其子在中山侯幕下為將父子相疑焉得成事樂羊

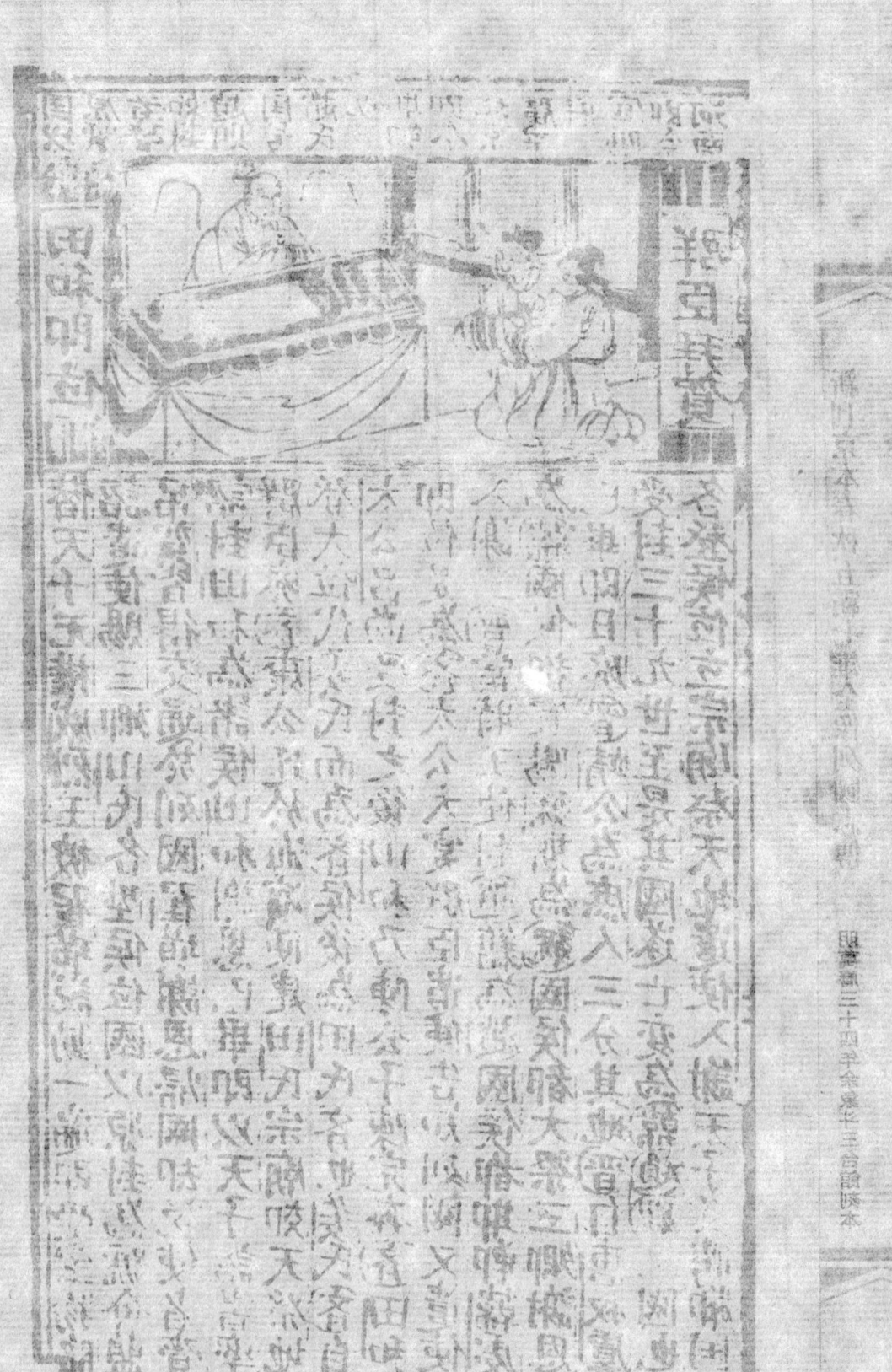

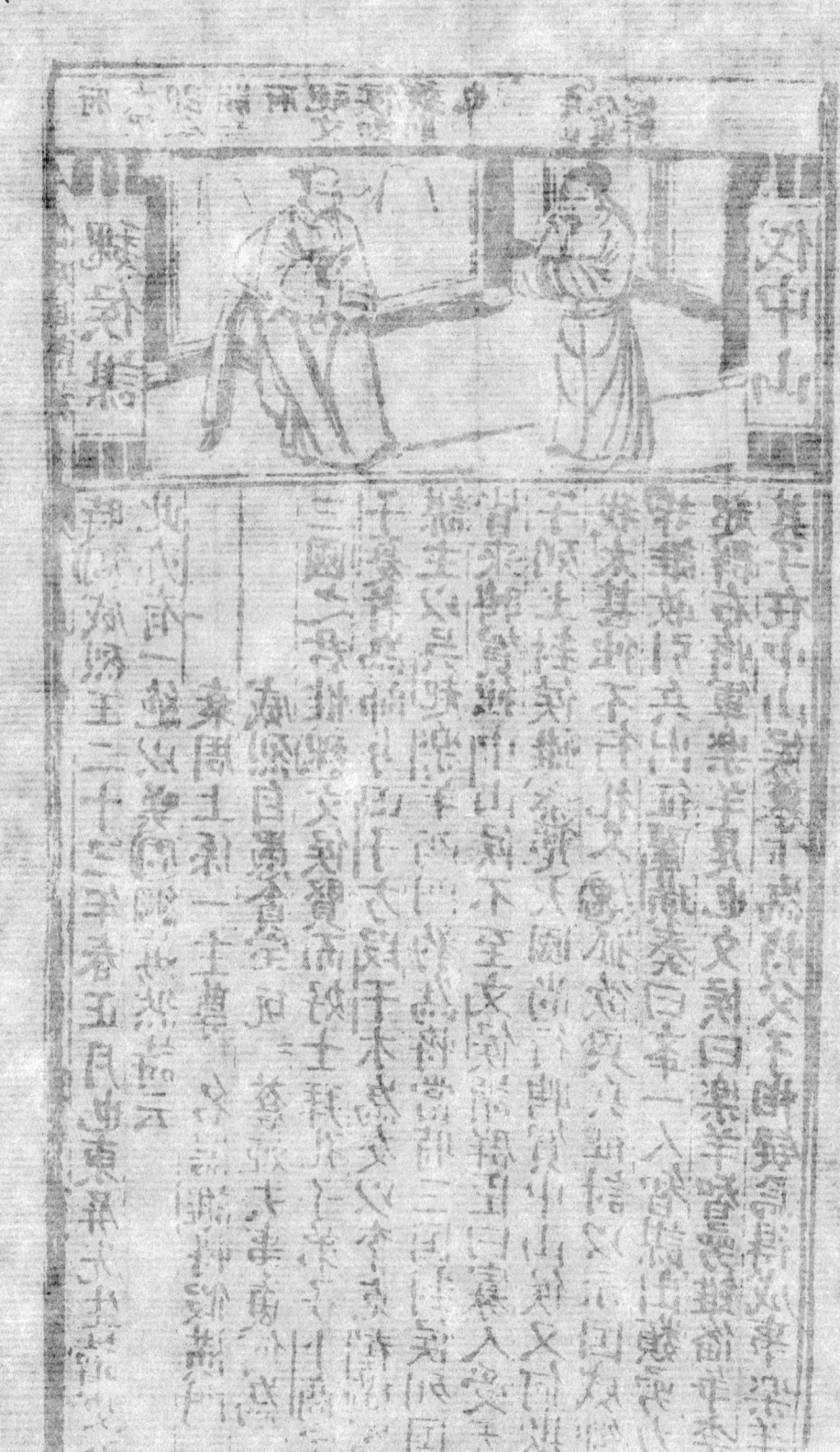

新刊京本春秋五霸七雄全像列國志傳

明萬曆三十四年余象斗三台館刻本

原書八卷，明余邵魚撰。所叙故事，起自武王伐紂，止於秦并六國。書分兩欄，上圖下文，茲選圖六幅。

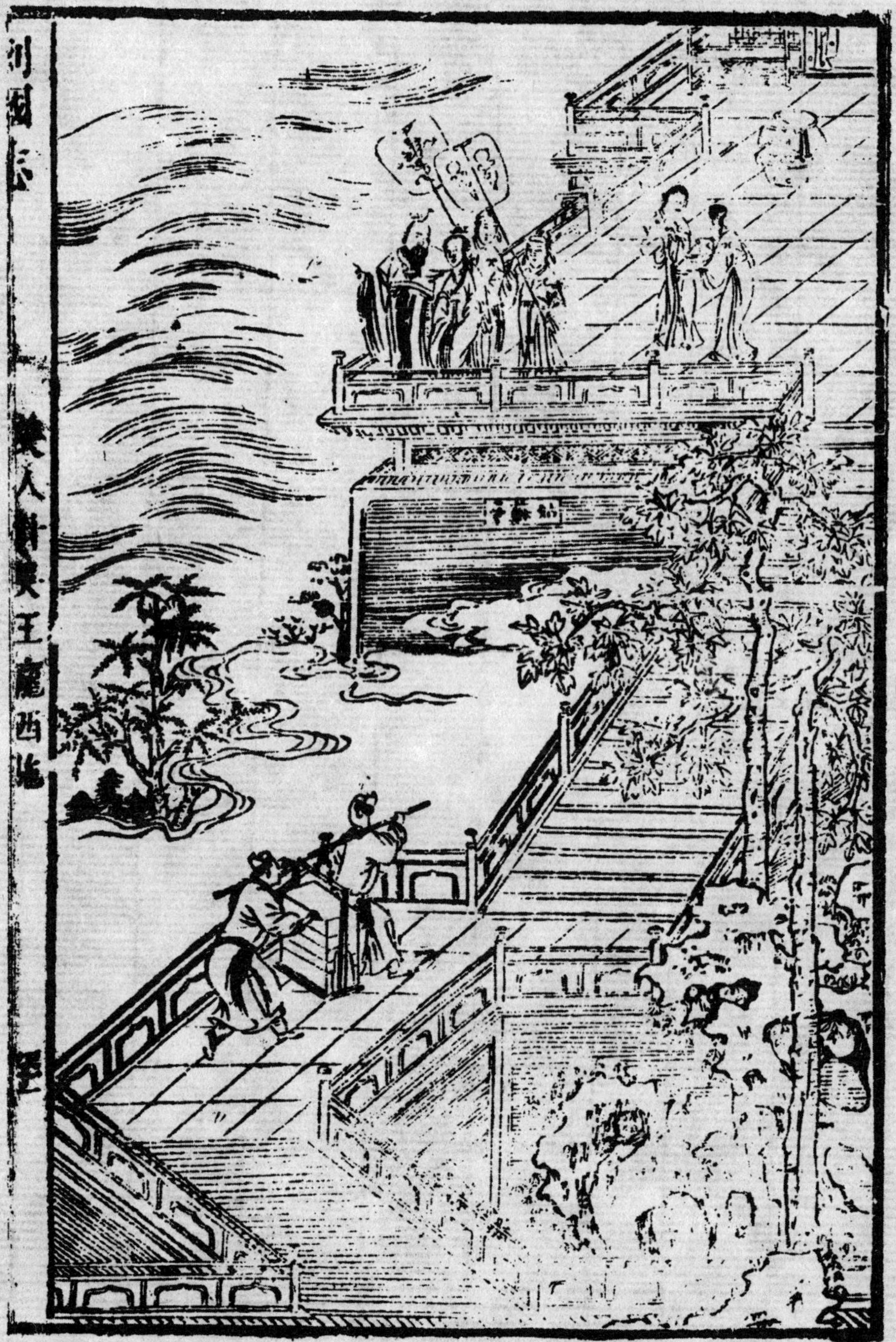

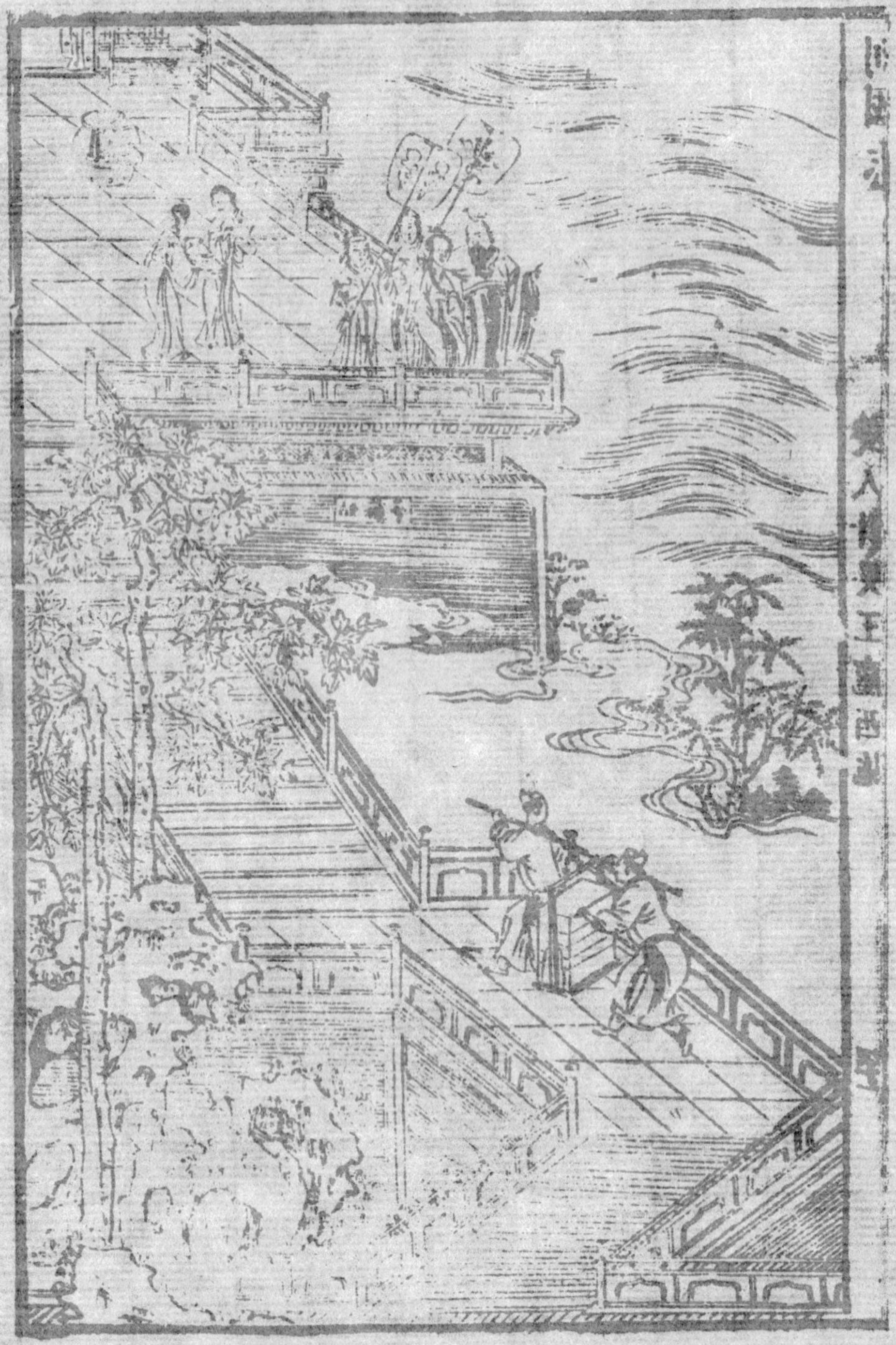

新列國志

周紹良藏明清小說版畫

明末葉敬池刻本

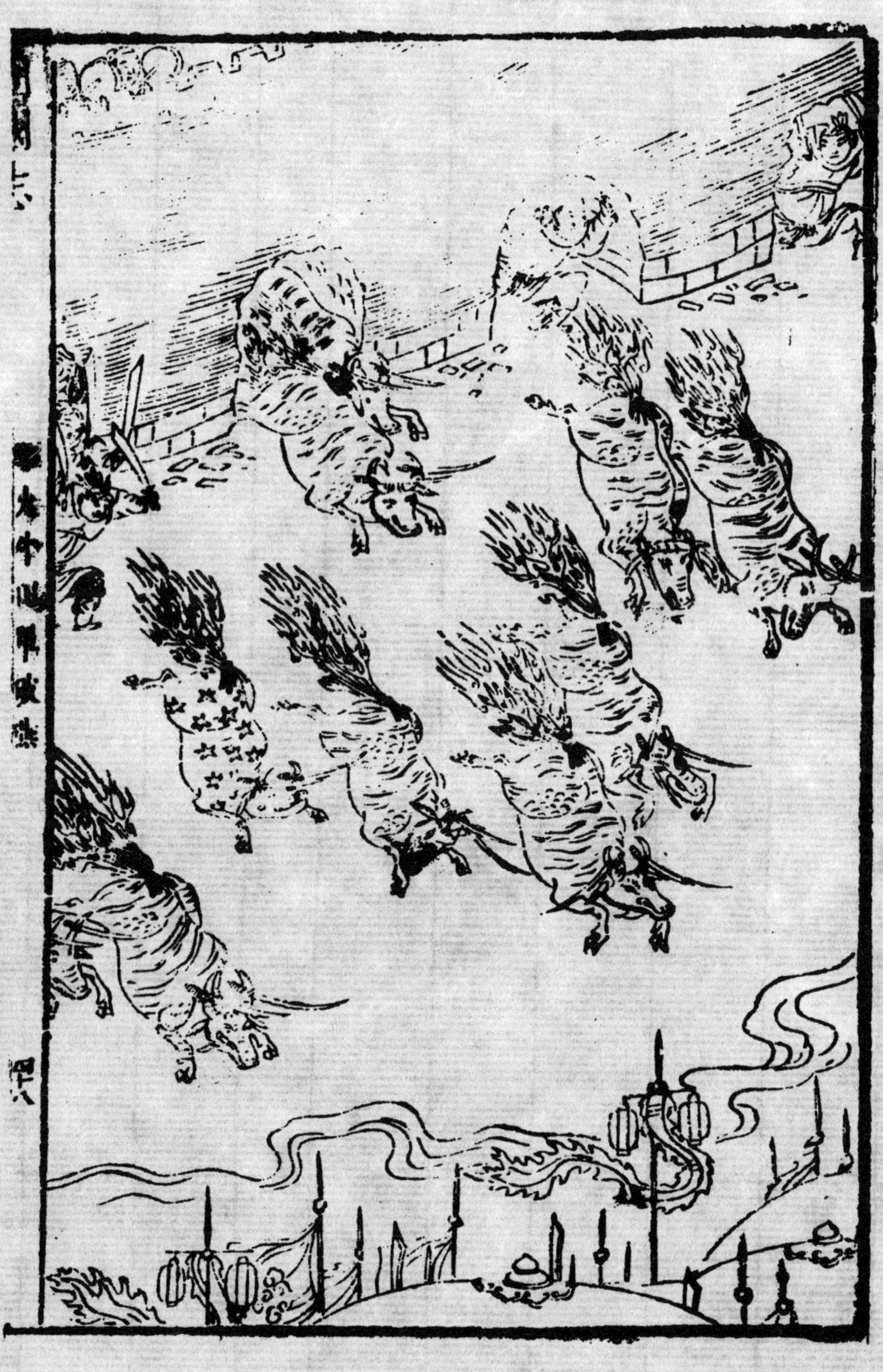

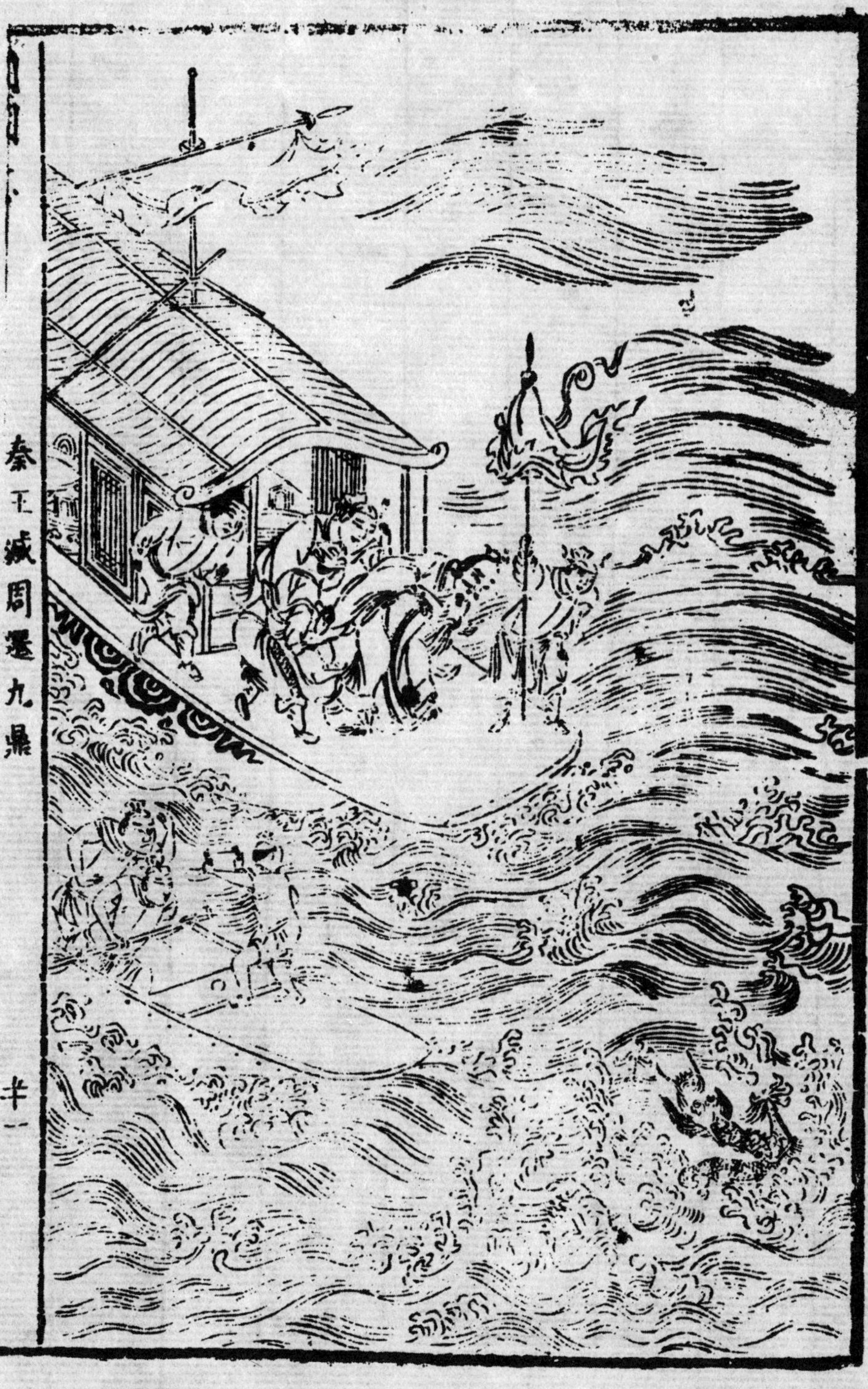

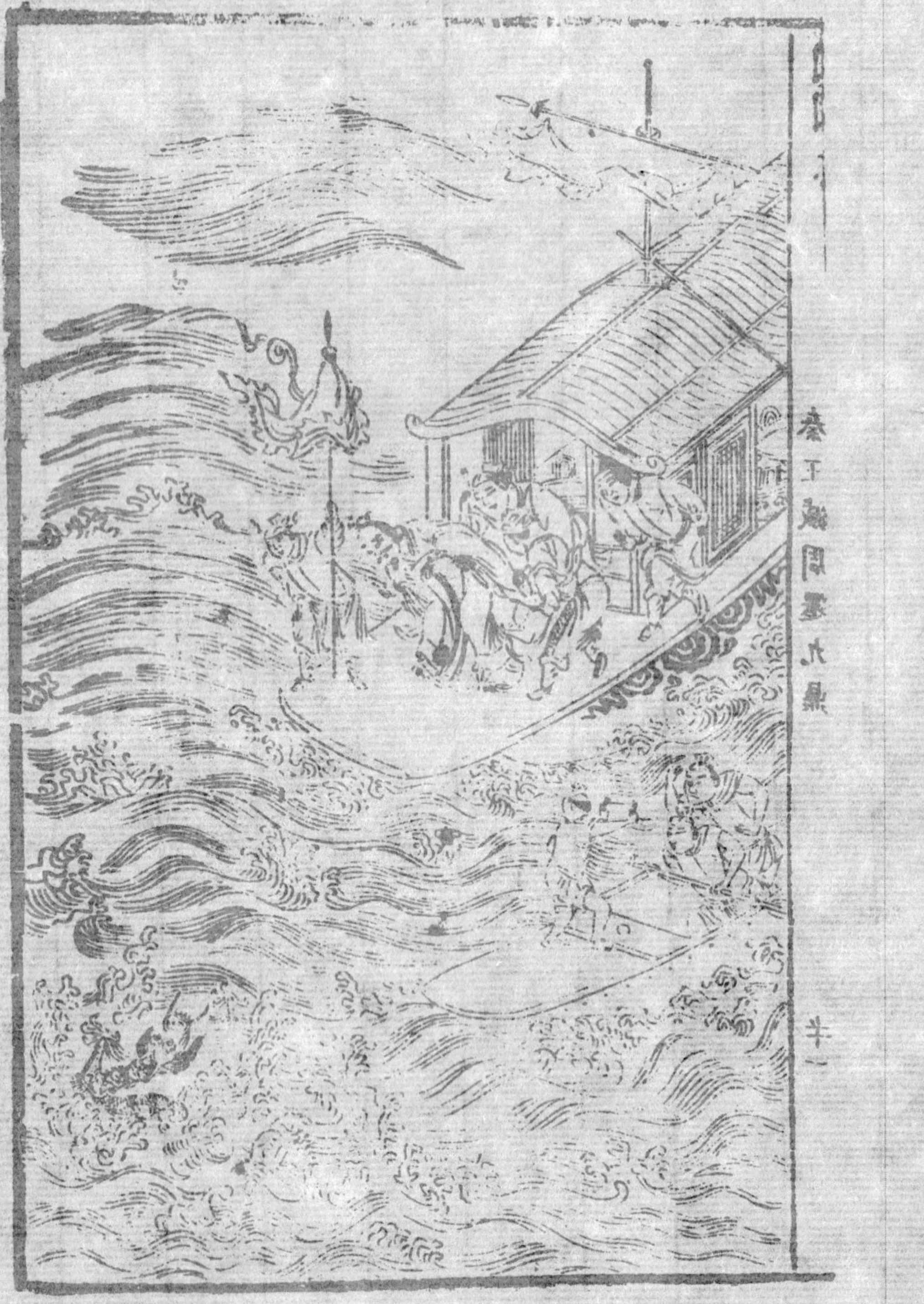

秦王滅周遷九鼎

明末葉敬池刻本

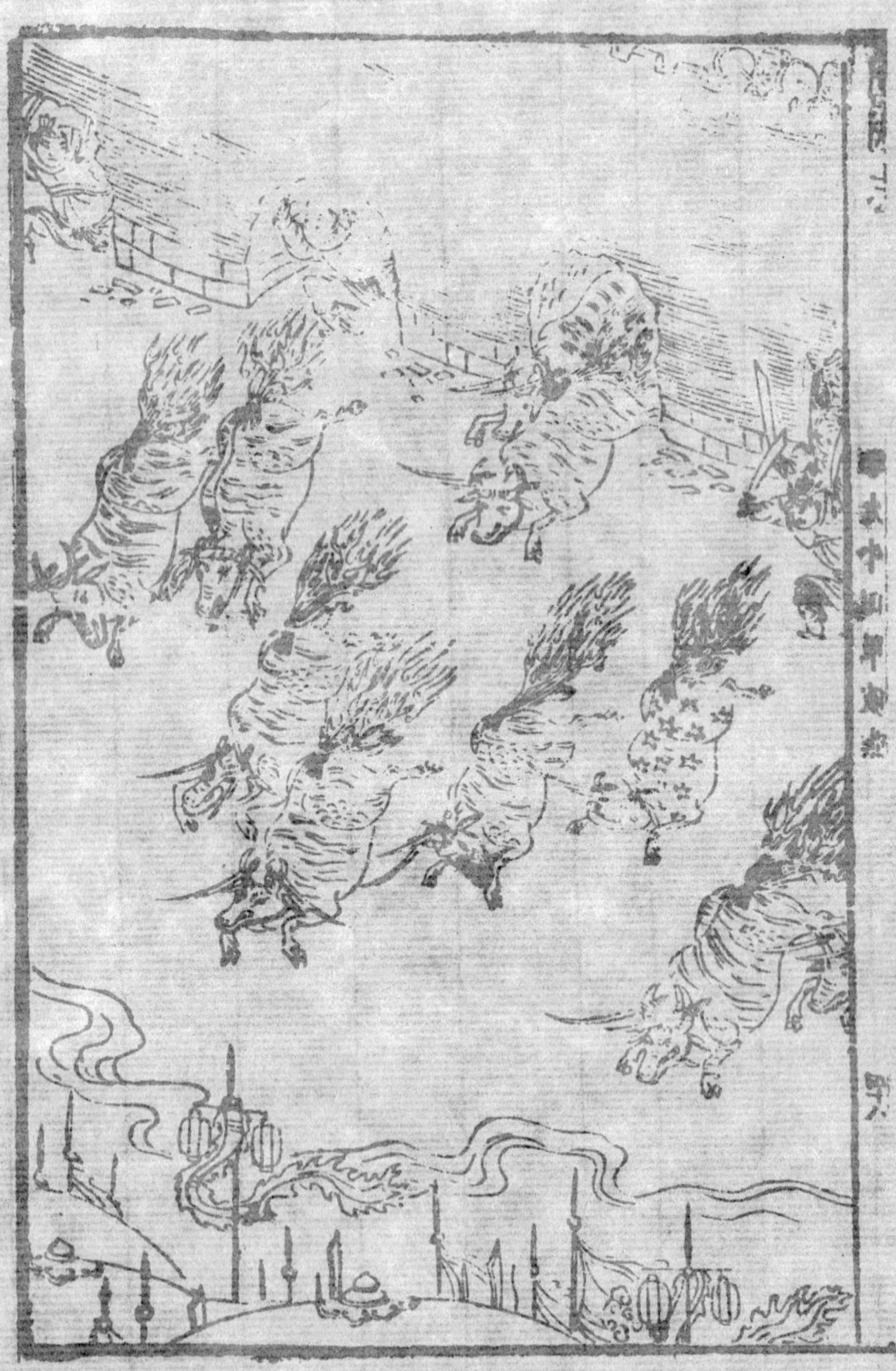

田單火牛破燕

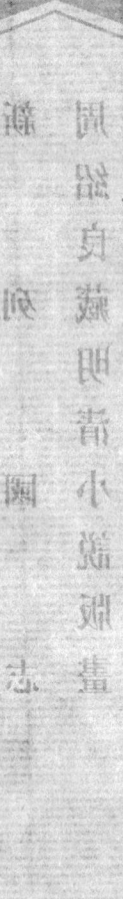

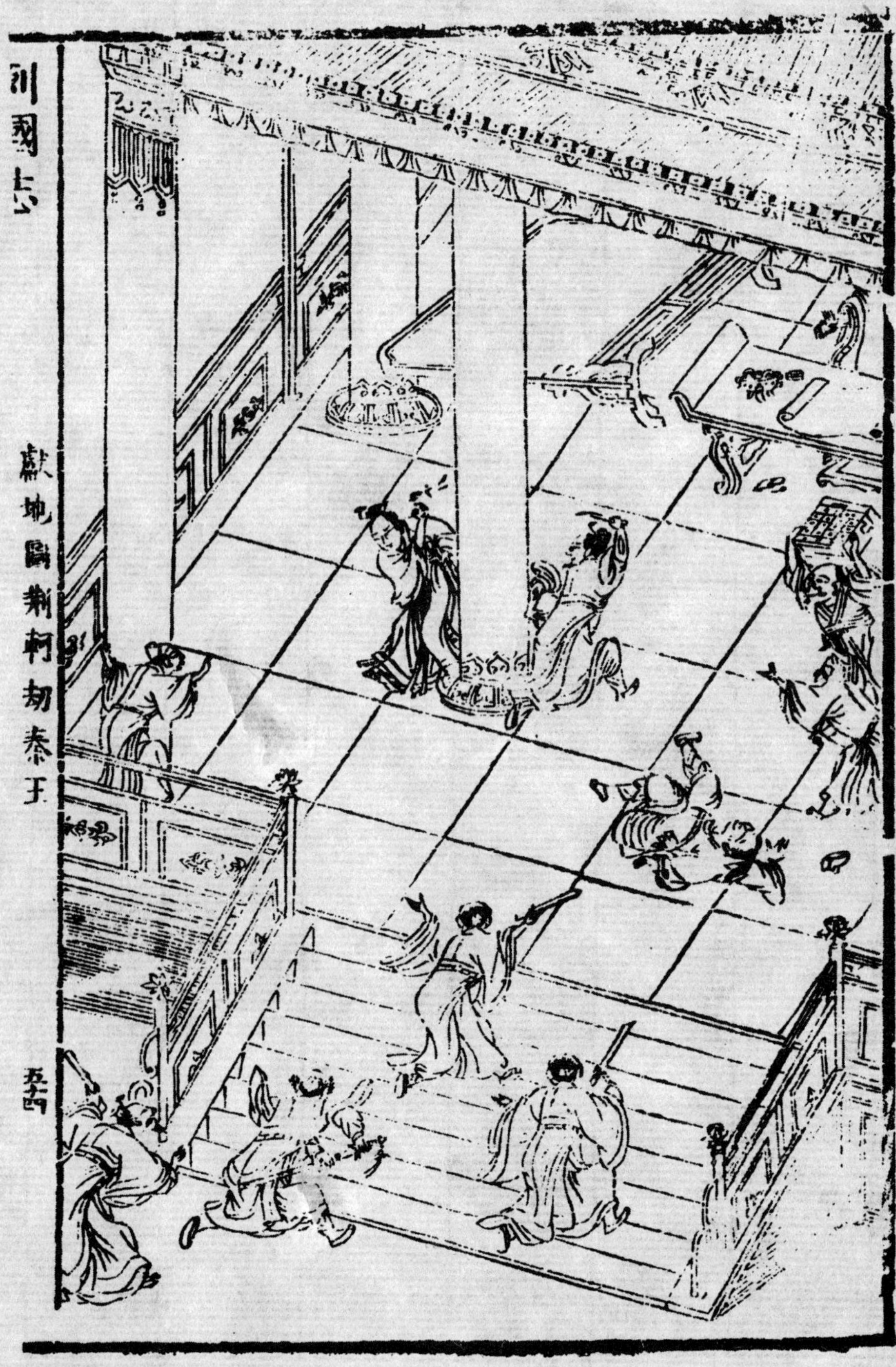

明末葉敬池刻本

《新列國志》　明末葉敬池刻本

鄭振鐸《插圖本中國文學史》第四册第六十章云：『《新列國志》完全撇開了舊本的《列國志》而另起爐灶，雜糅《左傳》、《國語》、《國策》、《史記》諸書而冶為一塊，幾無一事無來歷。他恣意攻擊着舊本《列國志傳》的淺陋，把什麼《臨潼鬥寶》、《鞭伏展雄》諸無根故事皆一掃而空，誠然是一部典雅的講史，而小說的趣味却便也為之一掃而空。』

原書一百零八回，據余邵餘《列國志傳》增補改寫，叙春秋戰國故事，上起周宣王童謠發令，下止秦始皇兼并六國，建立郡縣。其中《孫龐鬥智》、《荊柯刺秦王》等情節寫得曲折生動，有聲有色。清蔡元放又據本書删改、潤色，撰成《東周列國志》一書。

葉敬池書種堂為蘇州金閶著名書坊，刻書甚多，除《新列國志》外，還刻有《石點頭》十四卷、《醒世恒言》四十卷、《扶輪集》十四卷等。本書全書收圖五十四幅，茲選四幅。

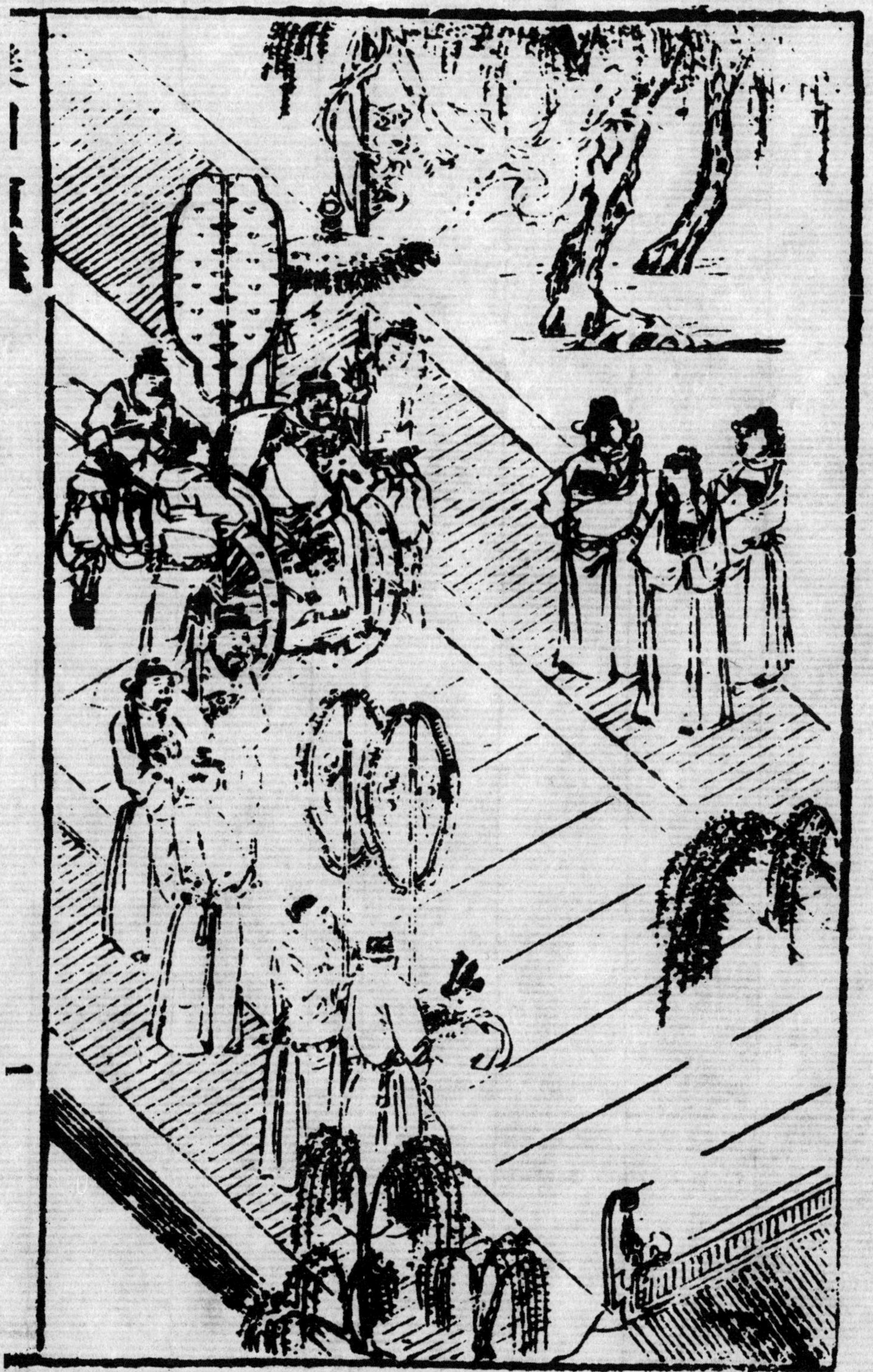

假稱讓位唐虞事
實篡君王不用刀

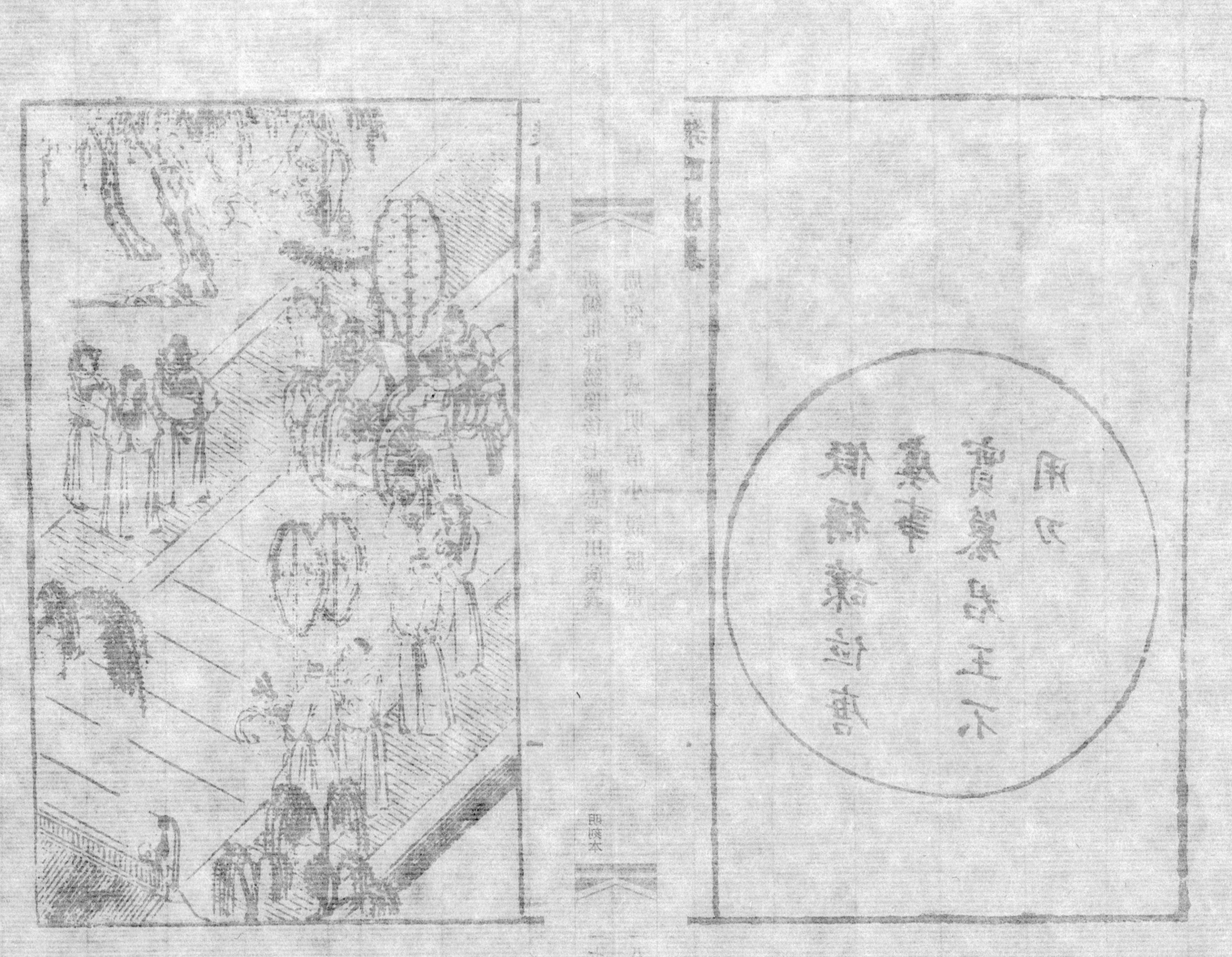

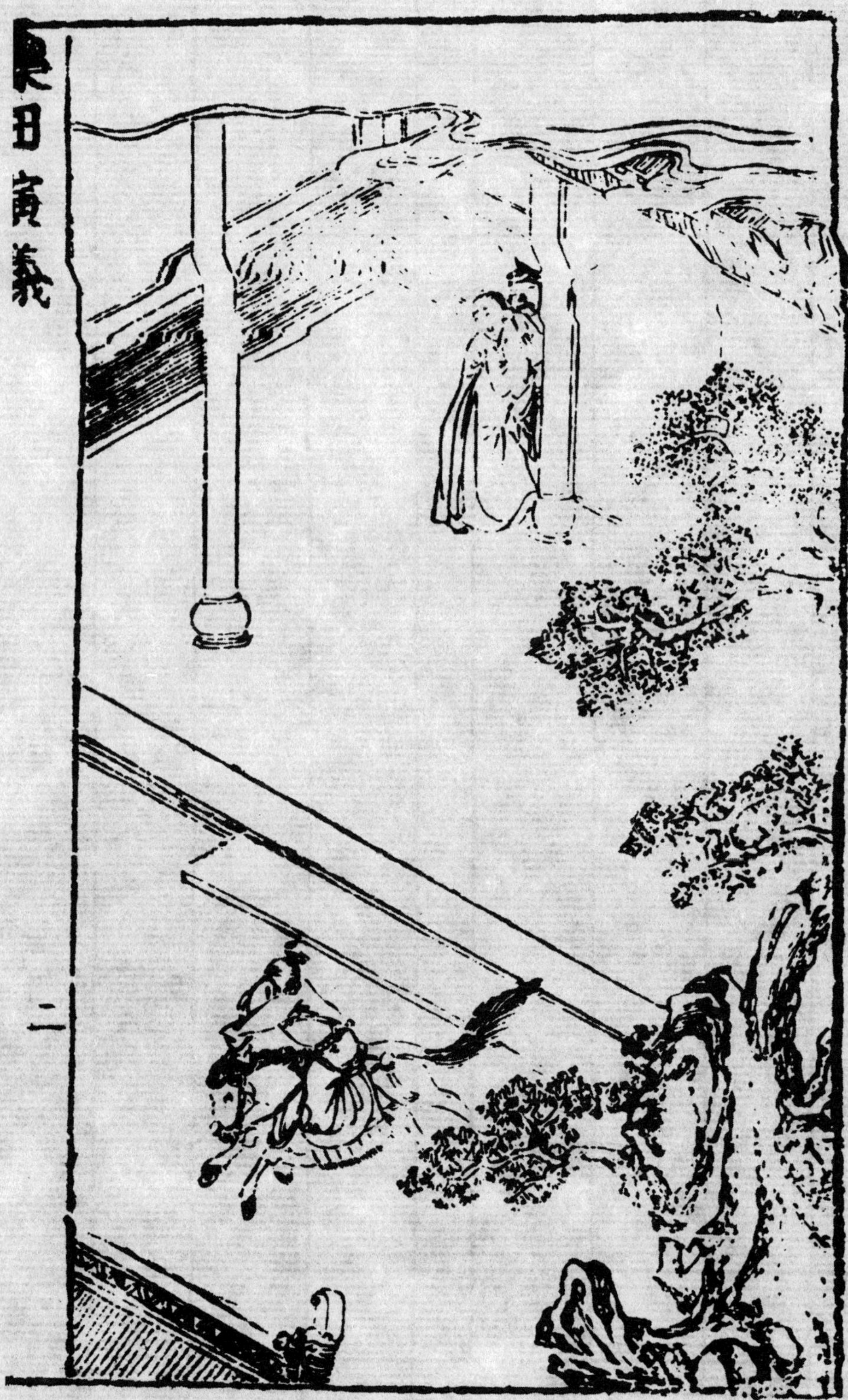

身當勿用只宜潛
爭慮時危資用權

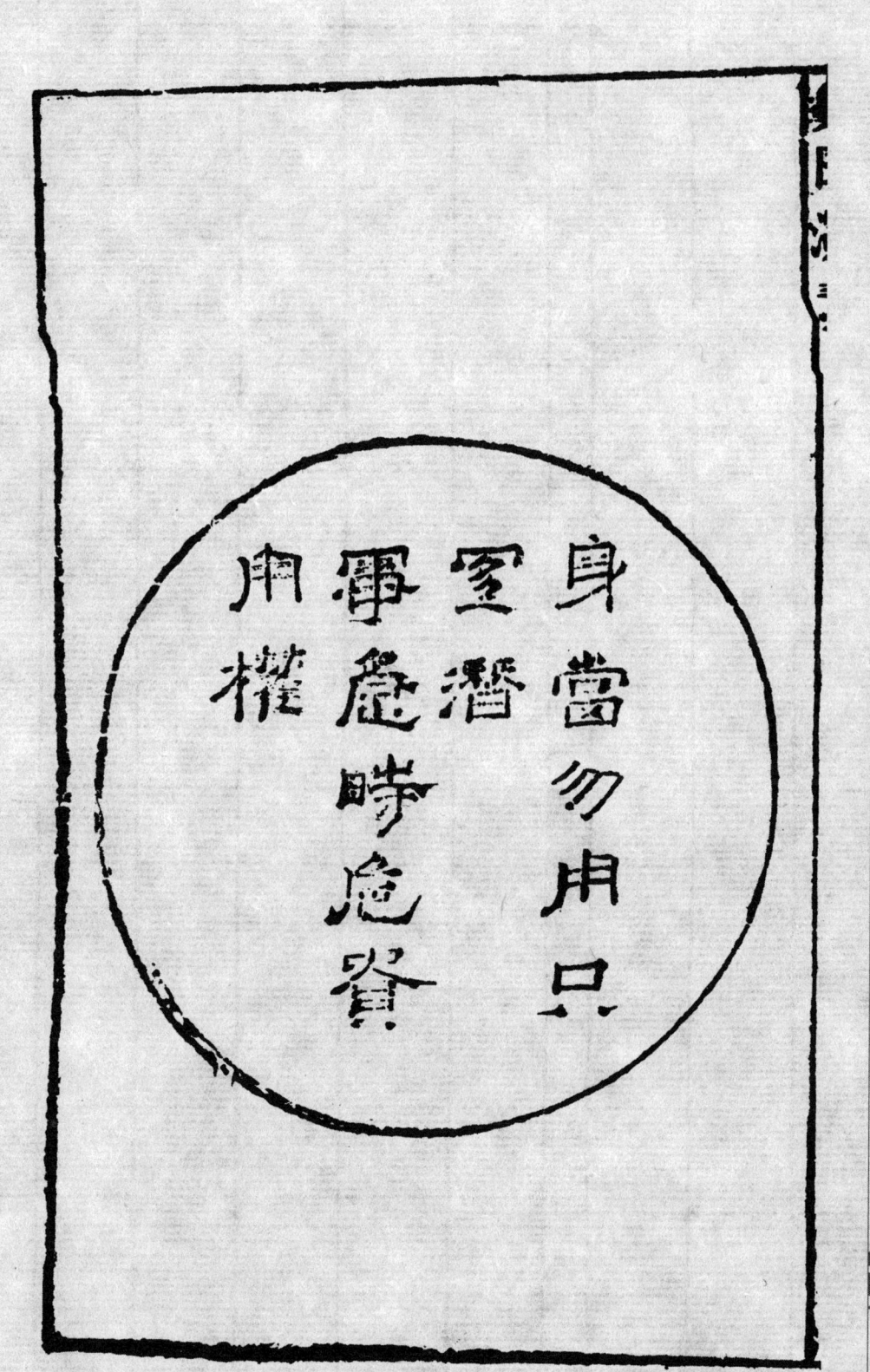

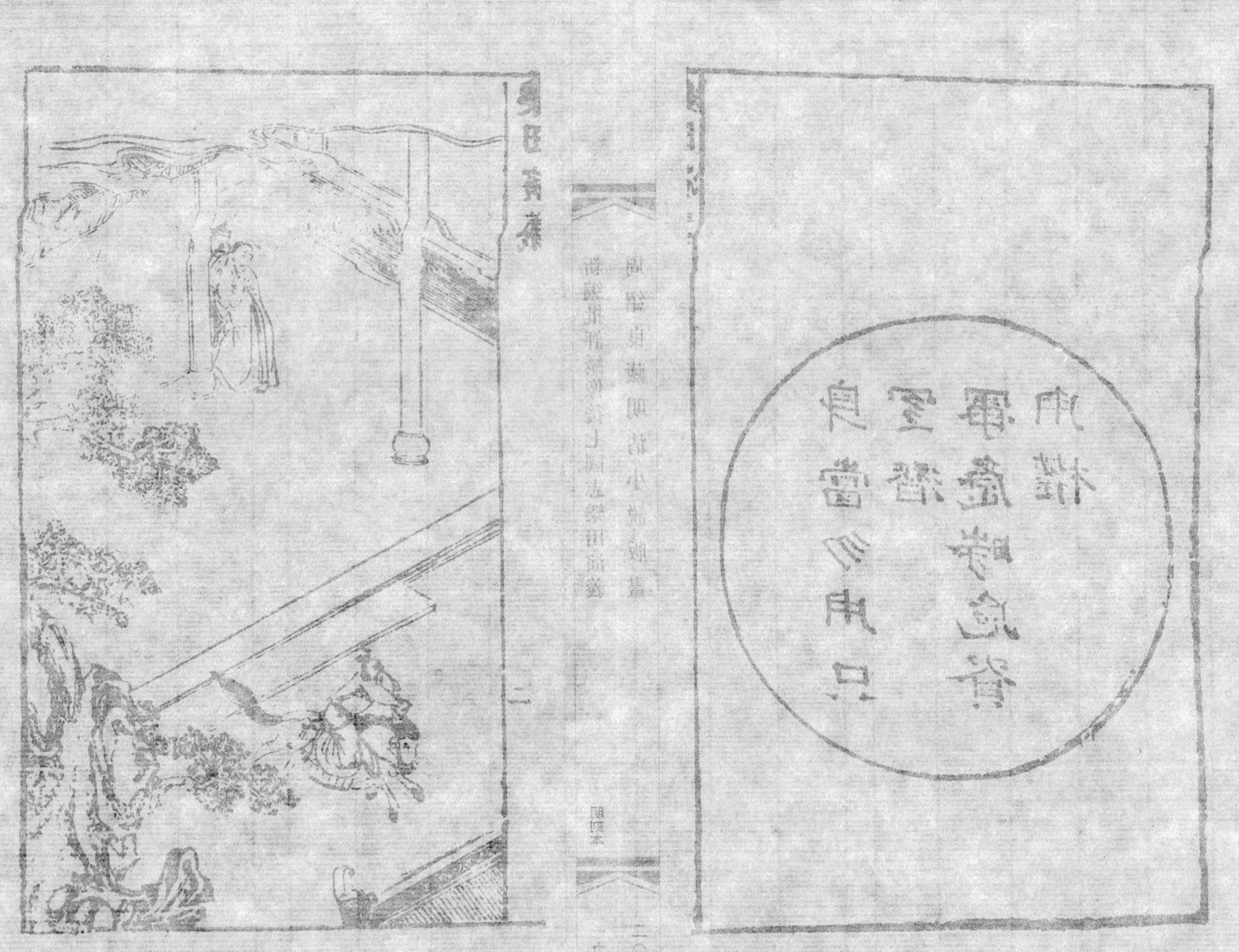

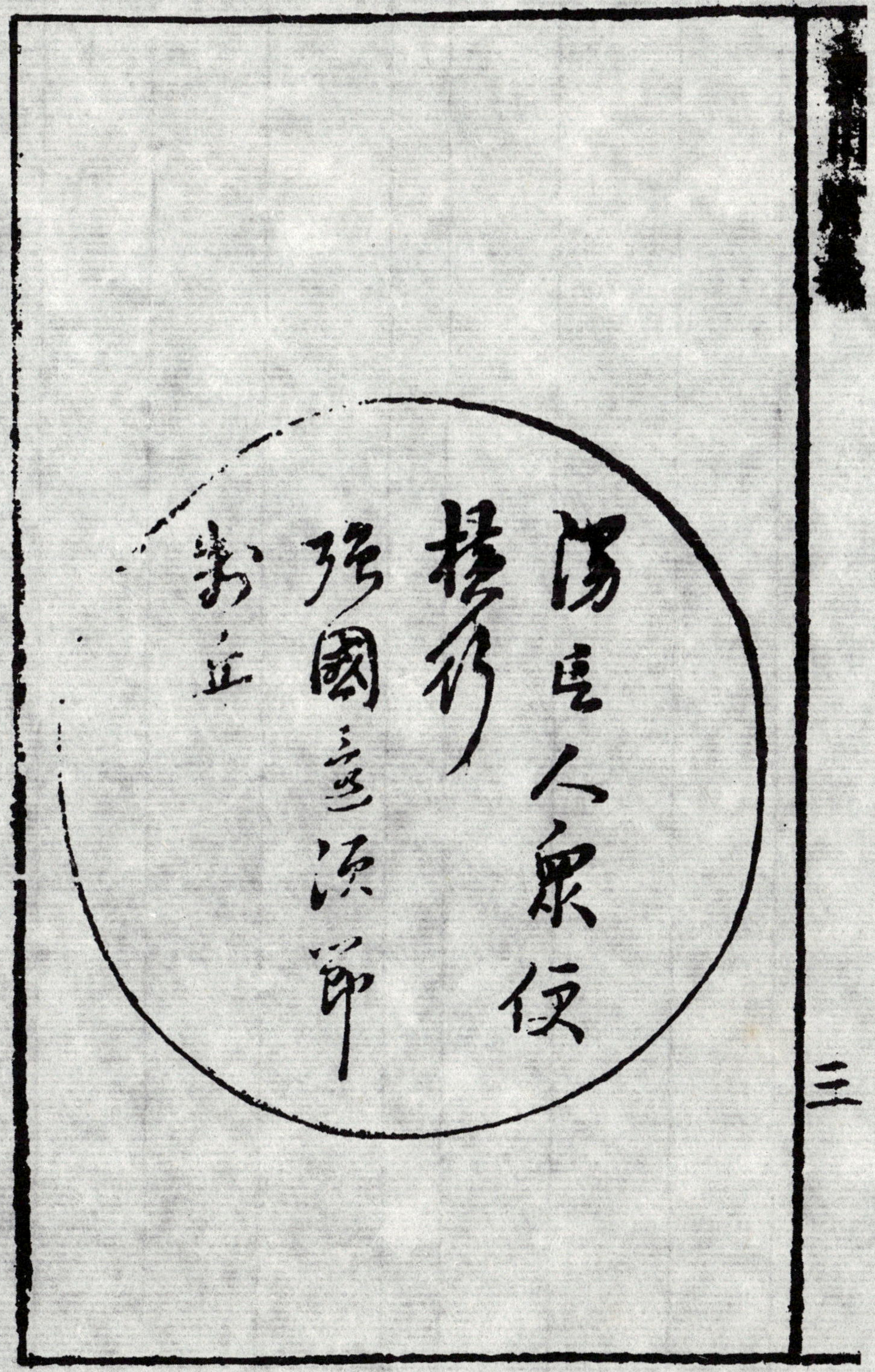
陽邑人衆便
張國意須節

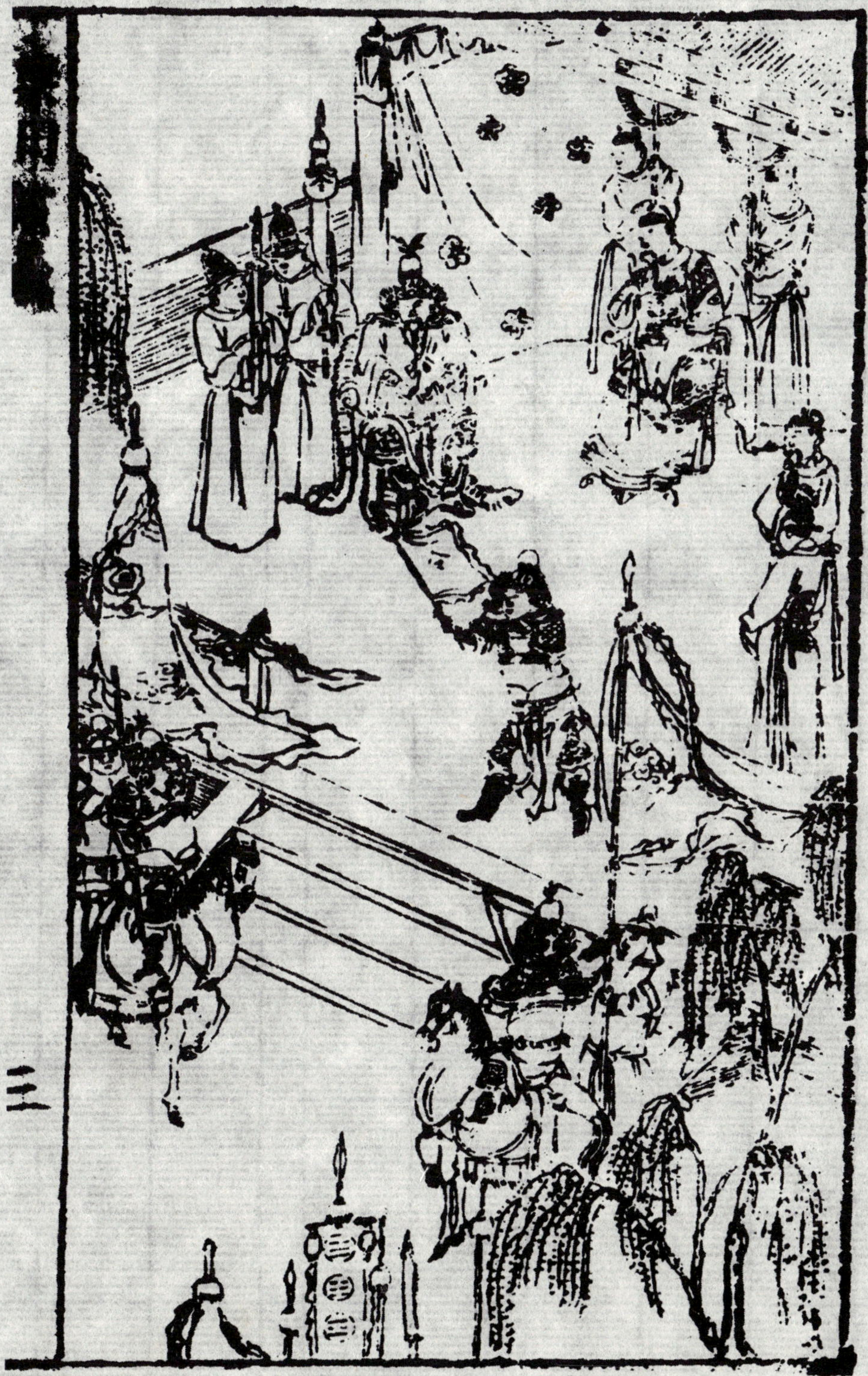

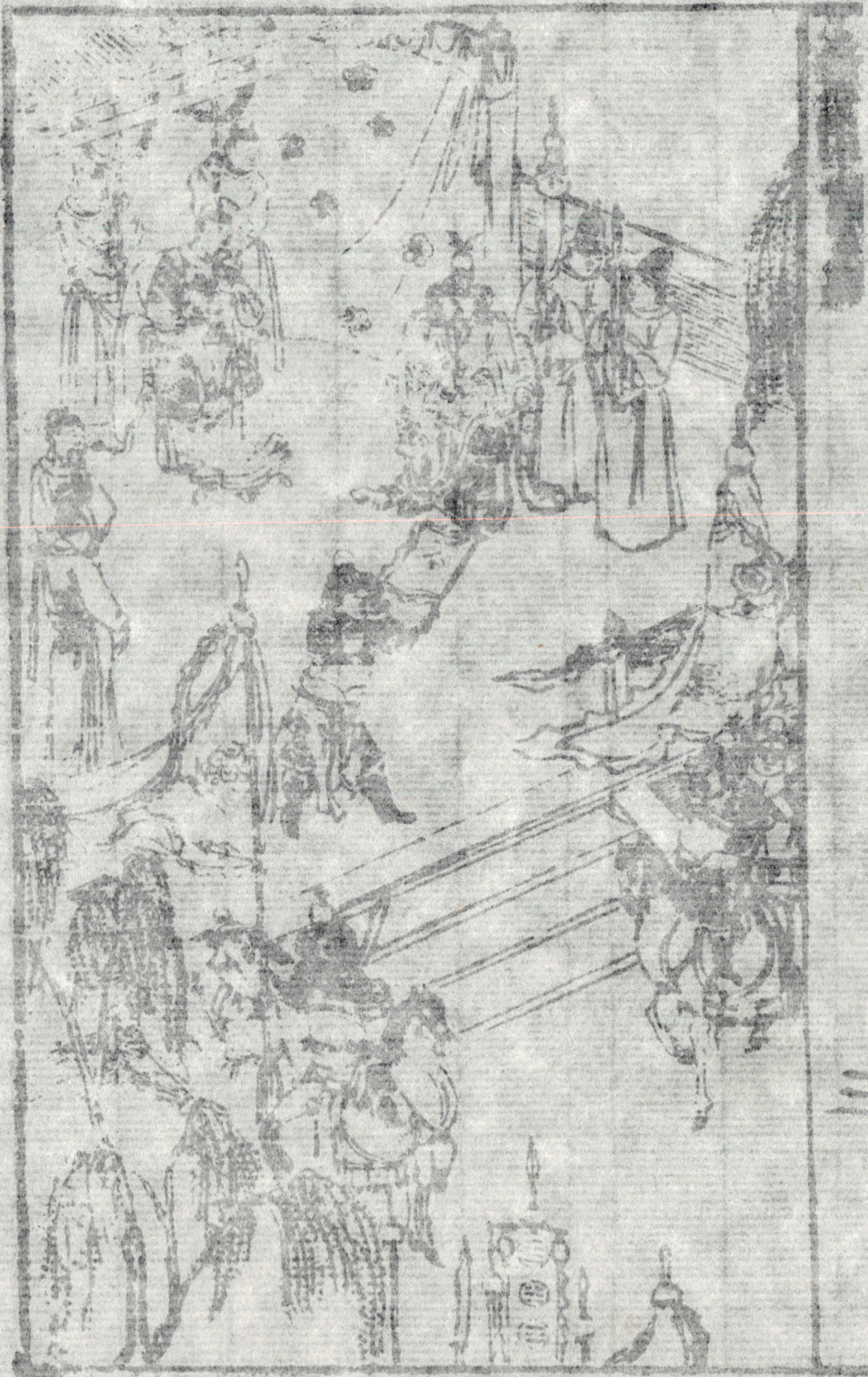

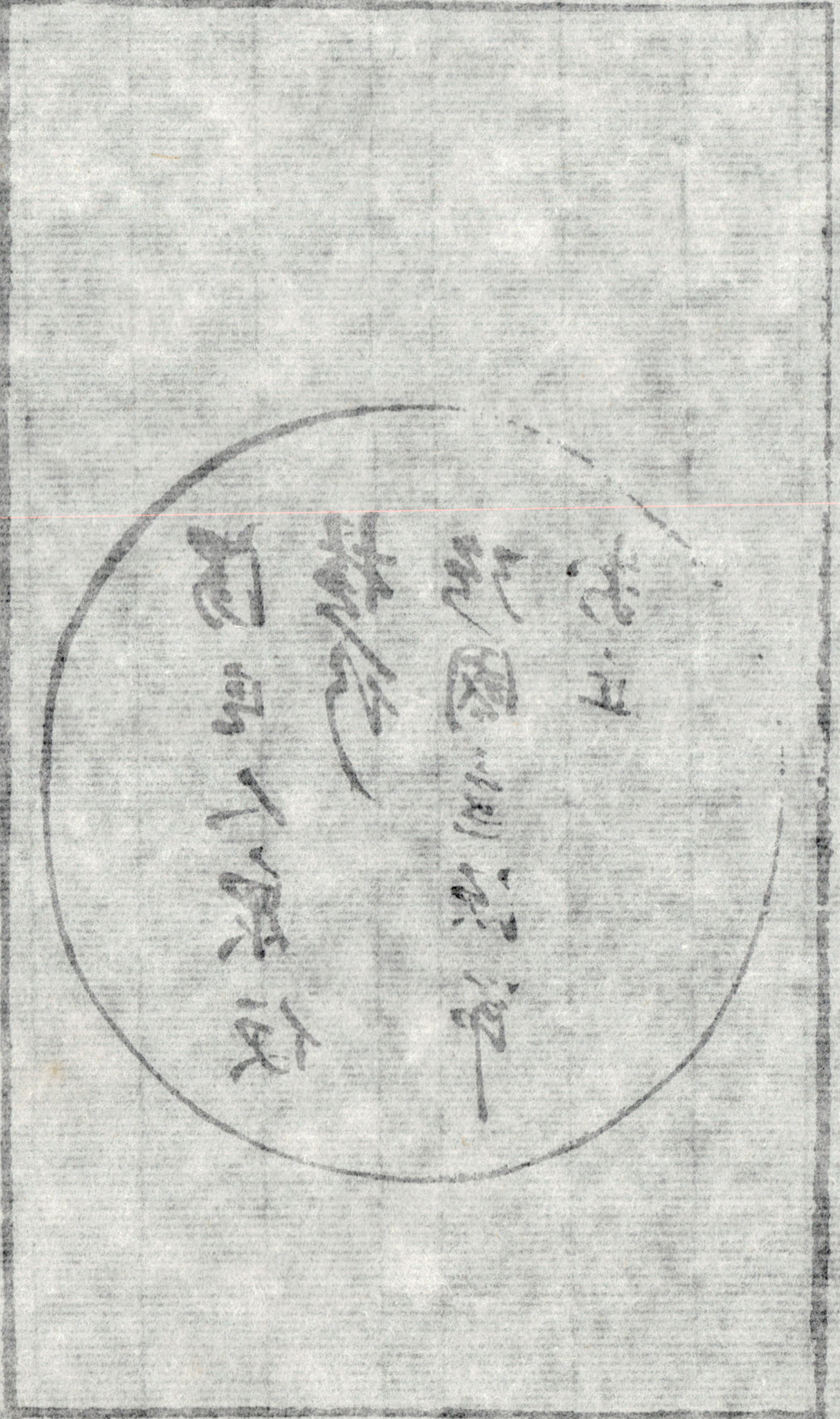

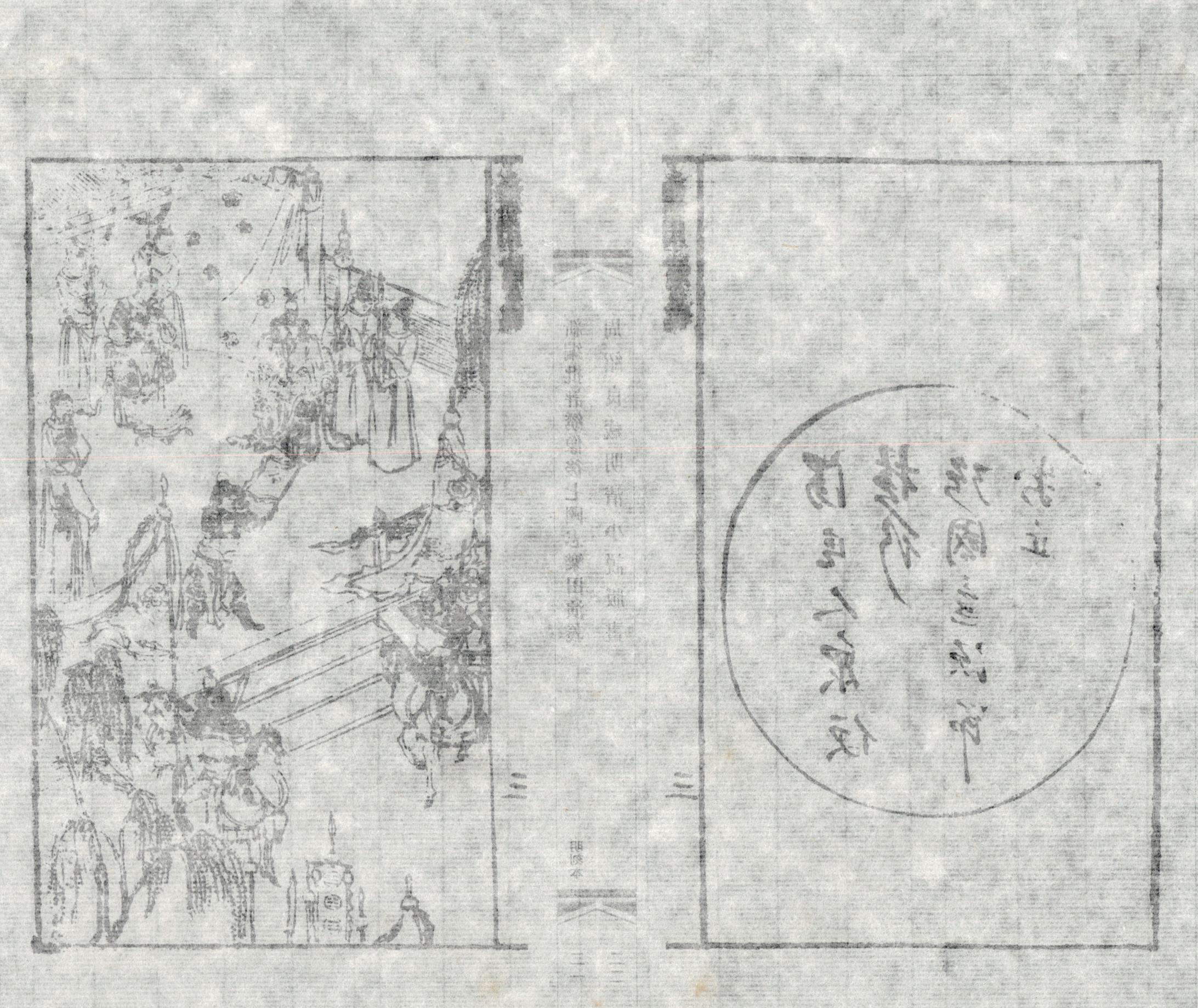

明刻本

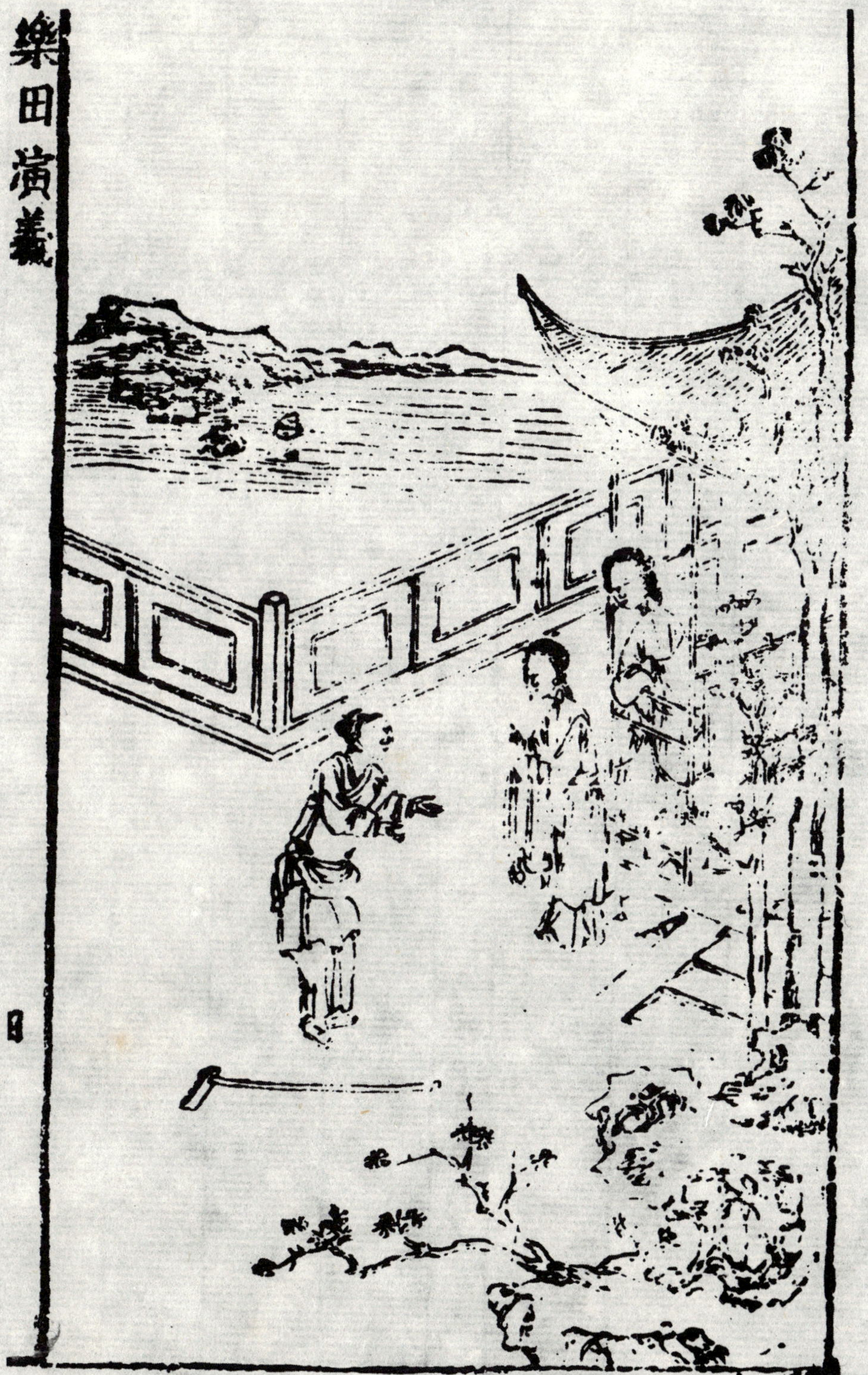

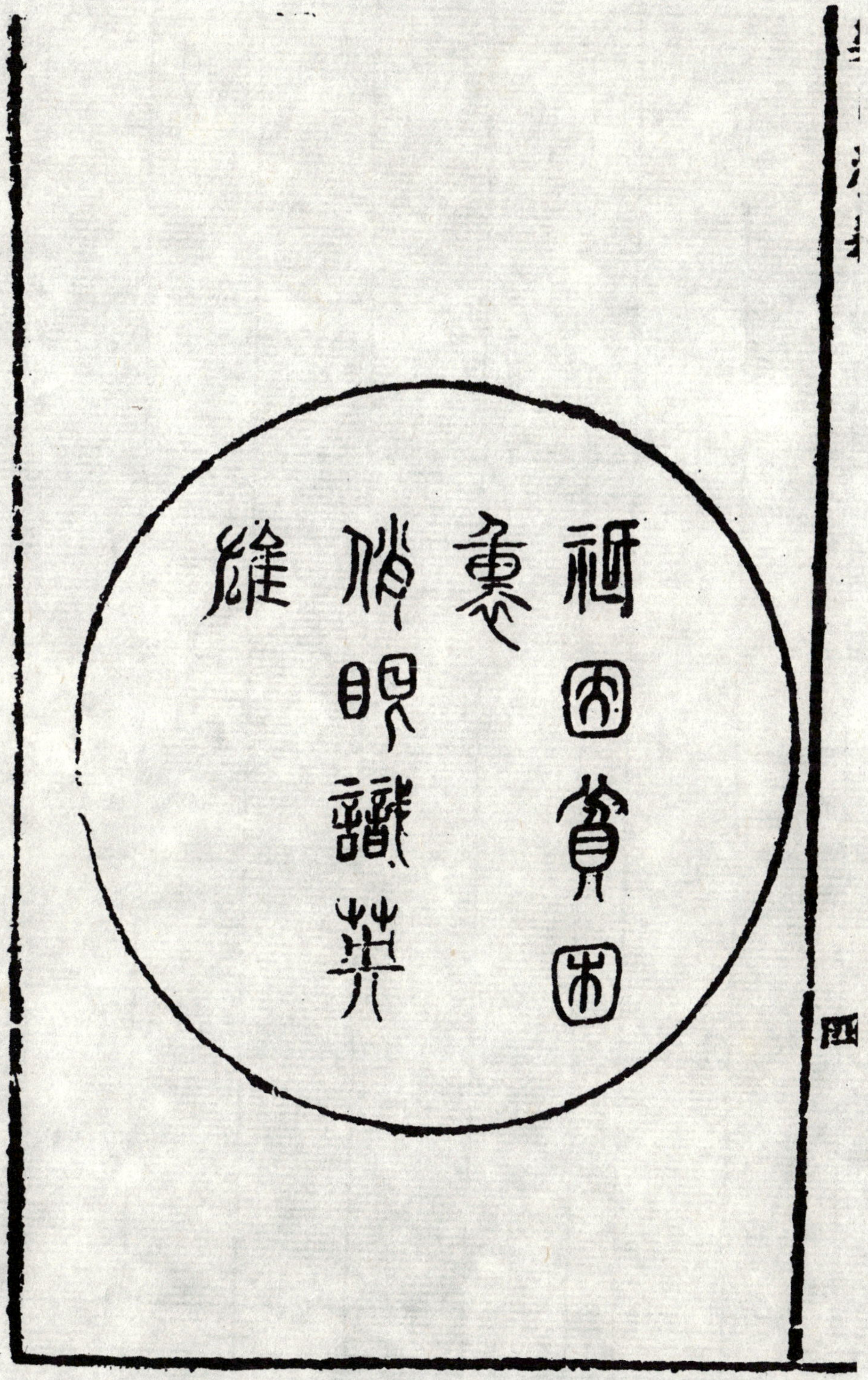

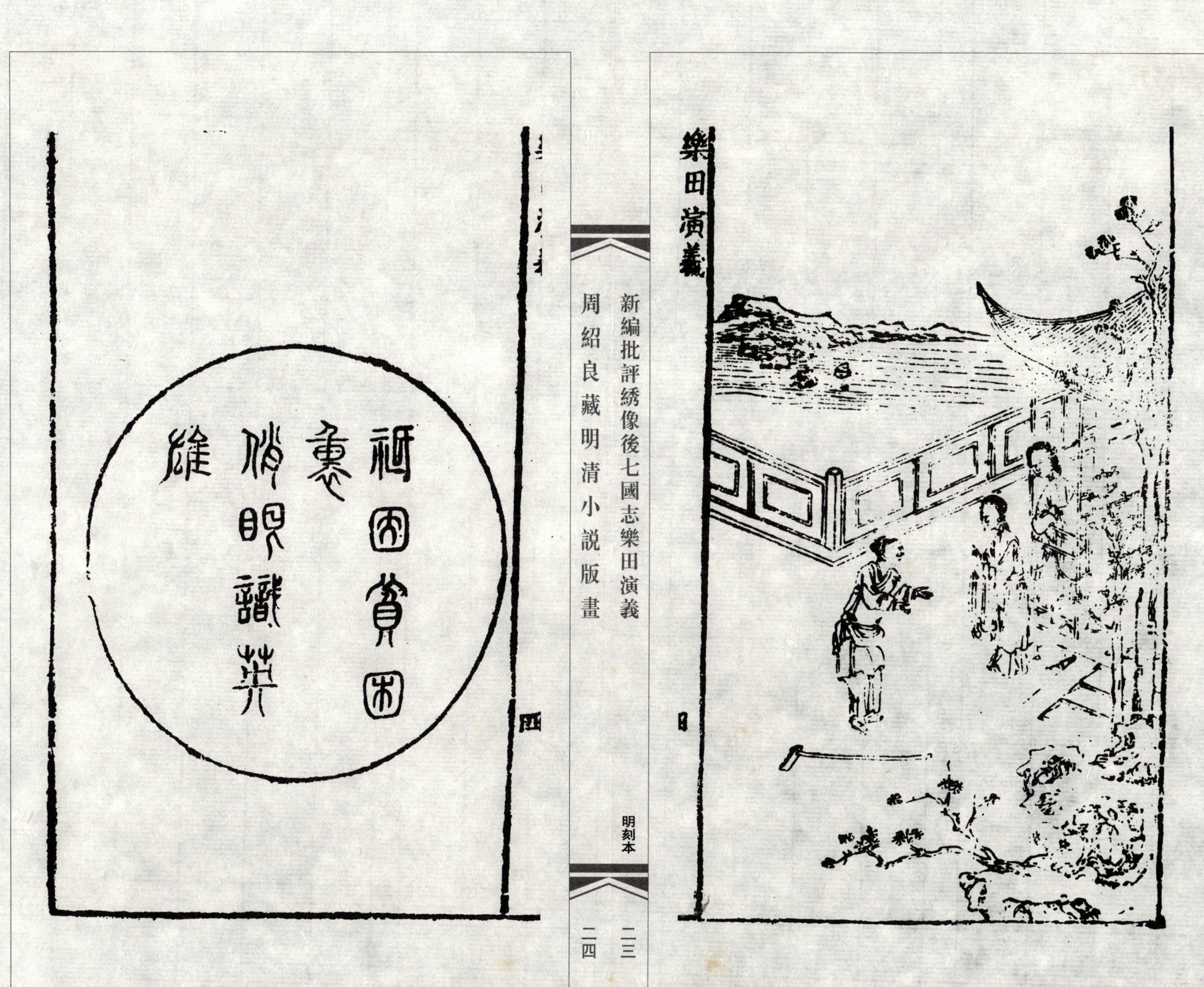

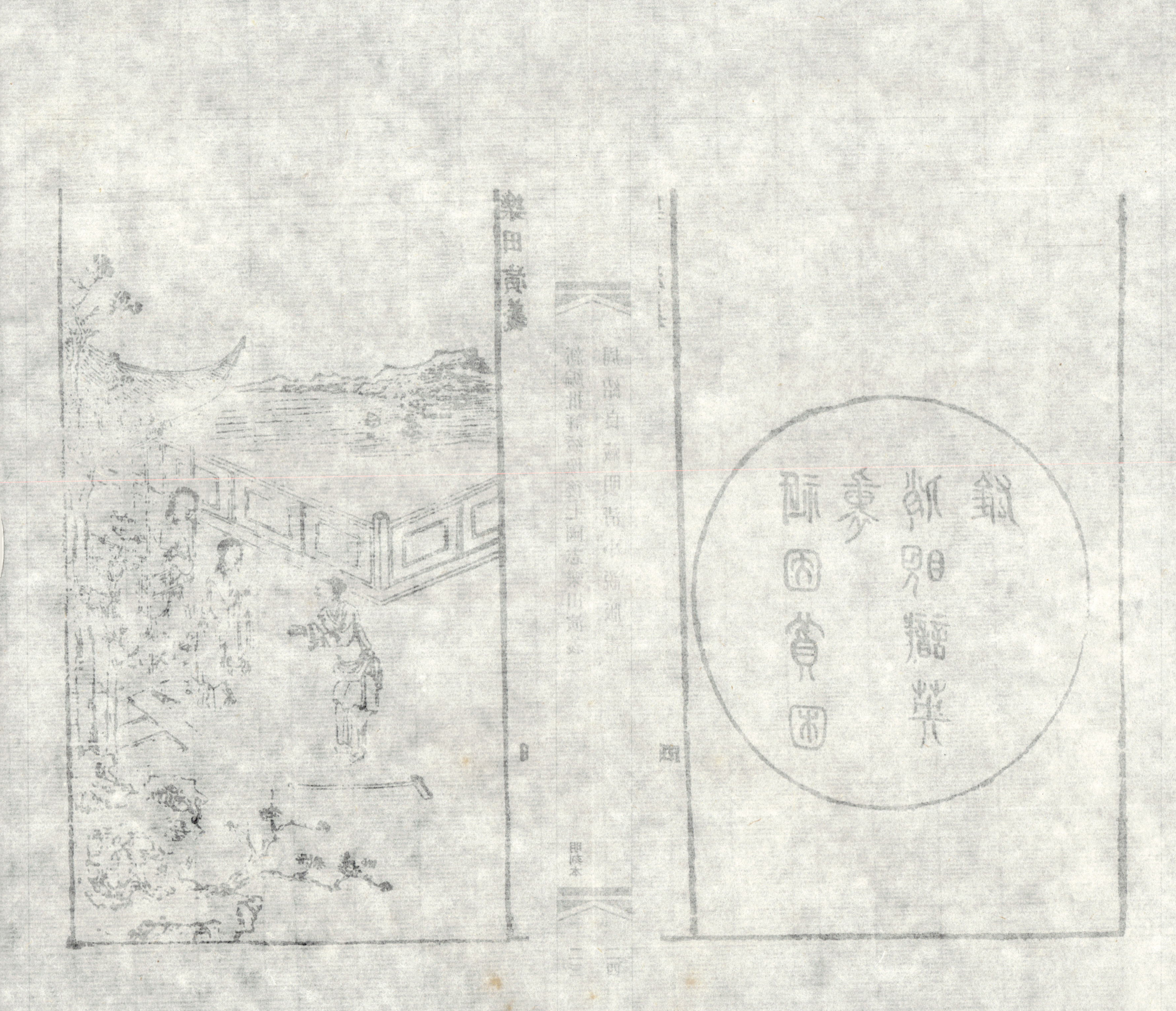

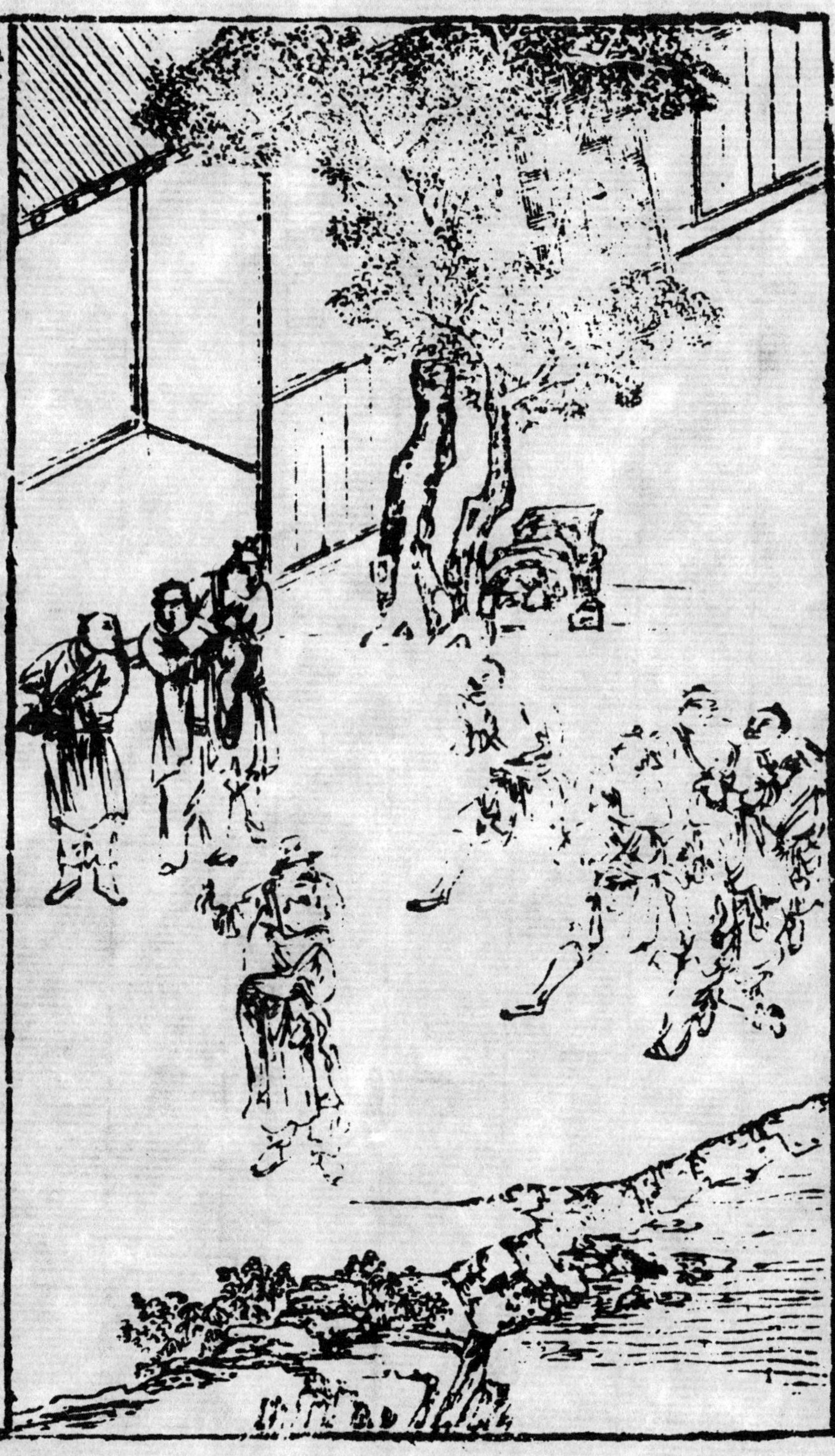

仰遵毋命太
從王
左袒能誅淖
齒士

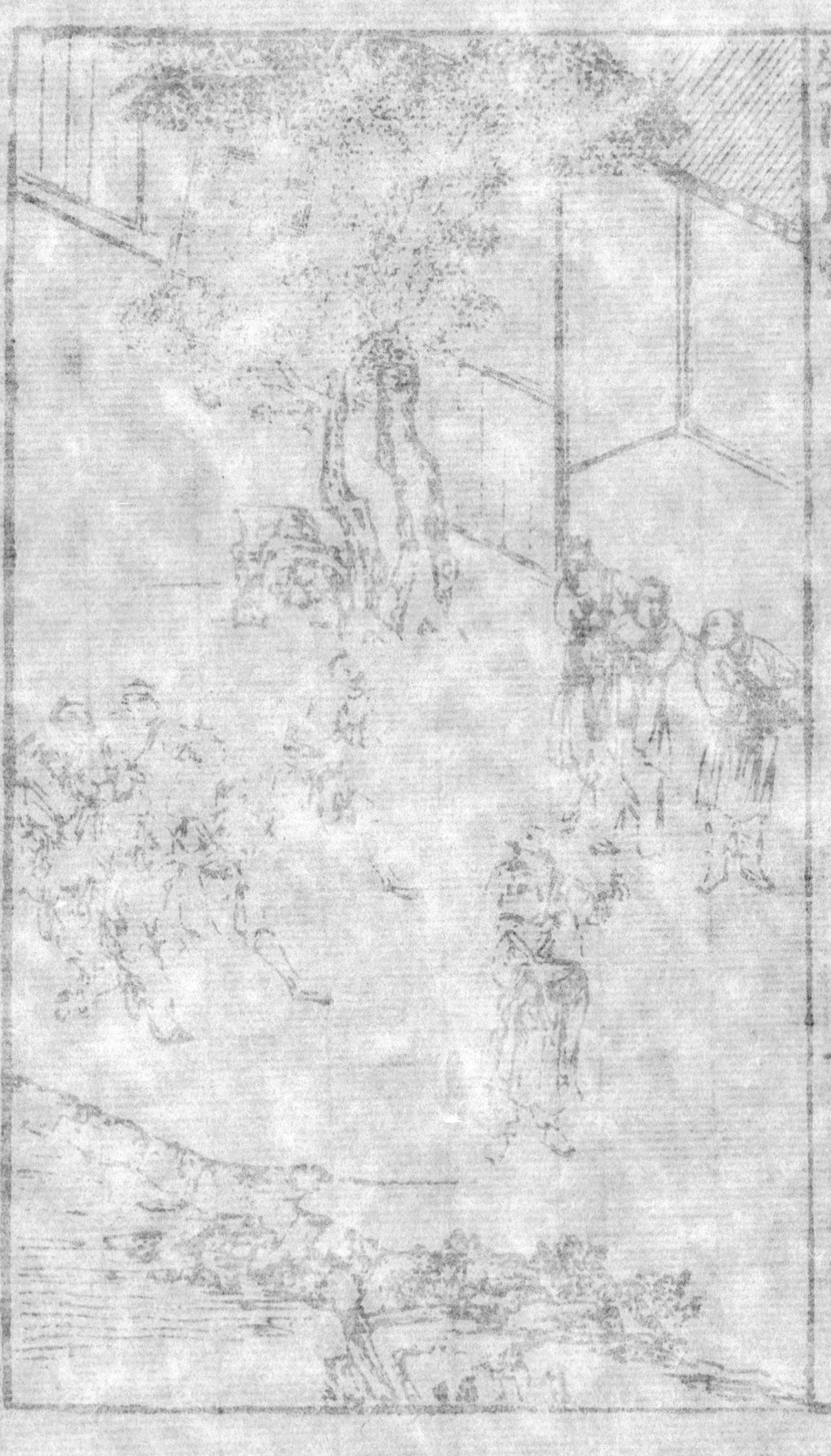

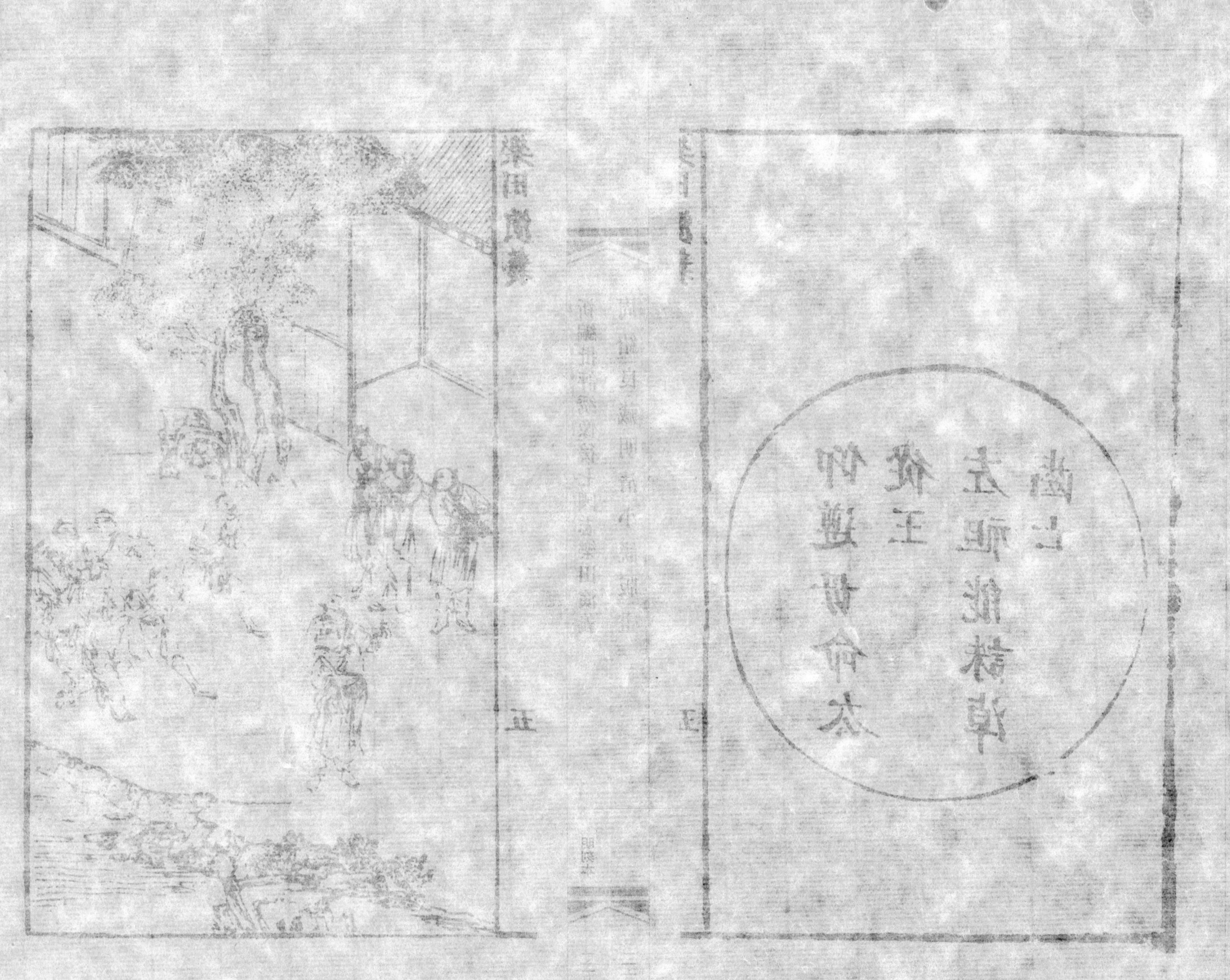

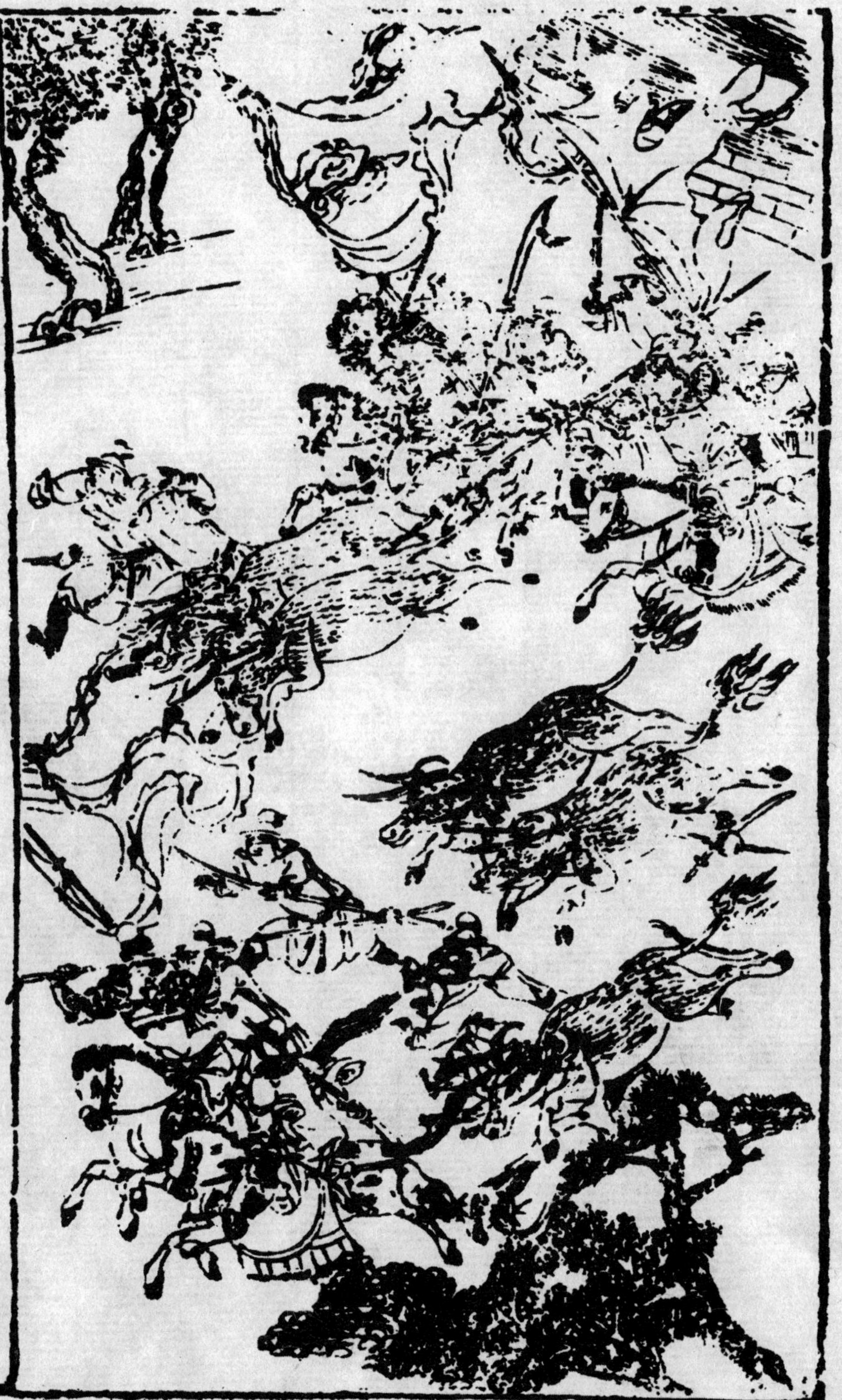

火牛奇計雖能妙
到底還虧騎劫惠

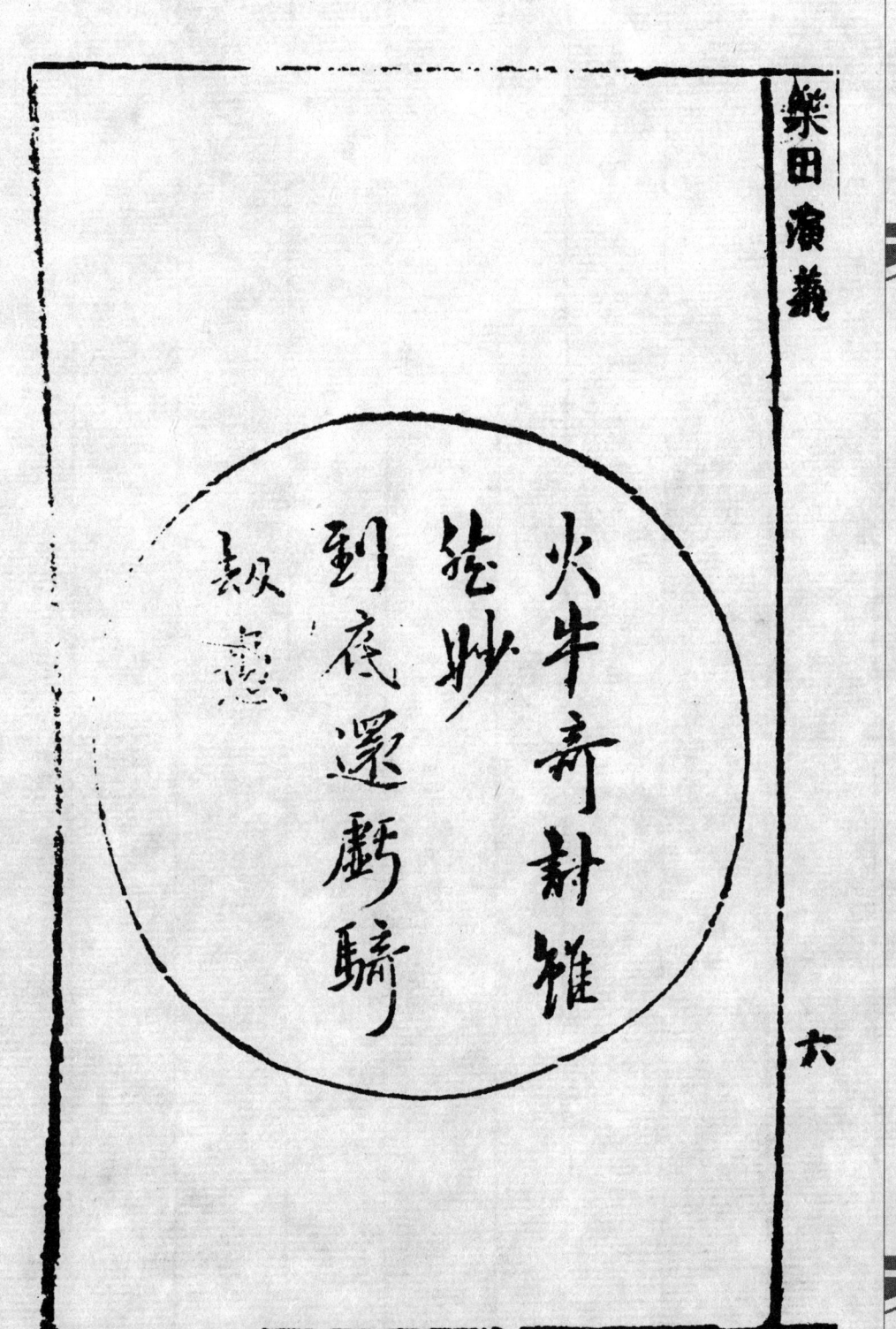

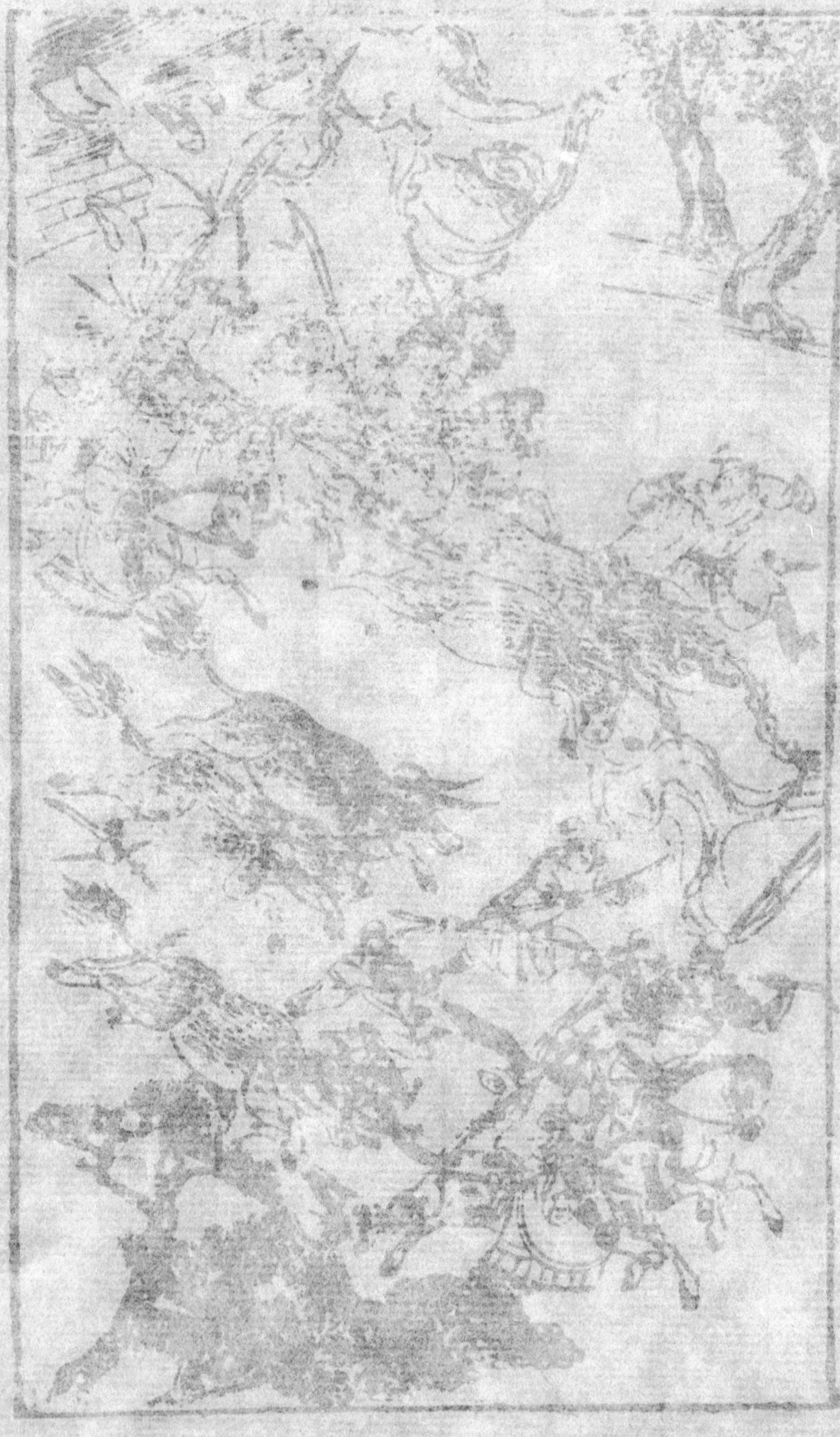

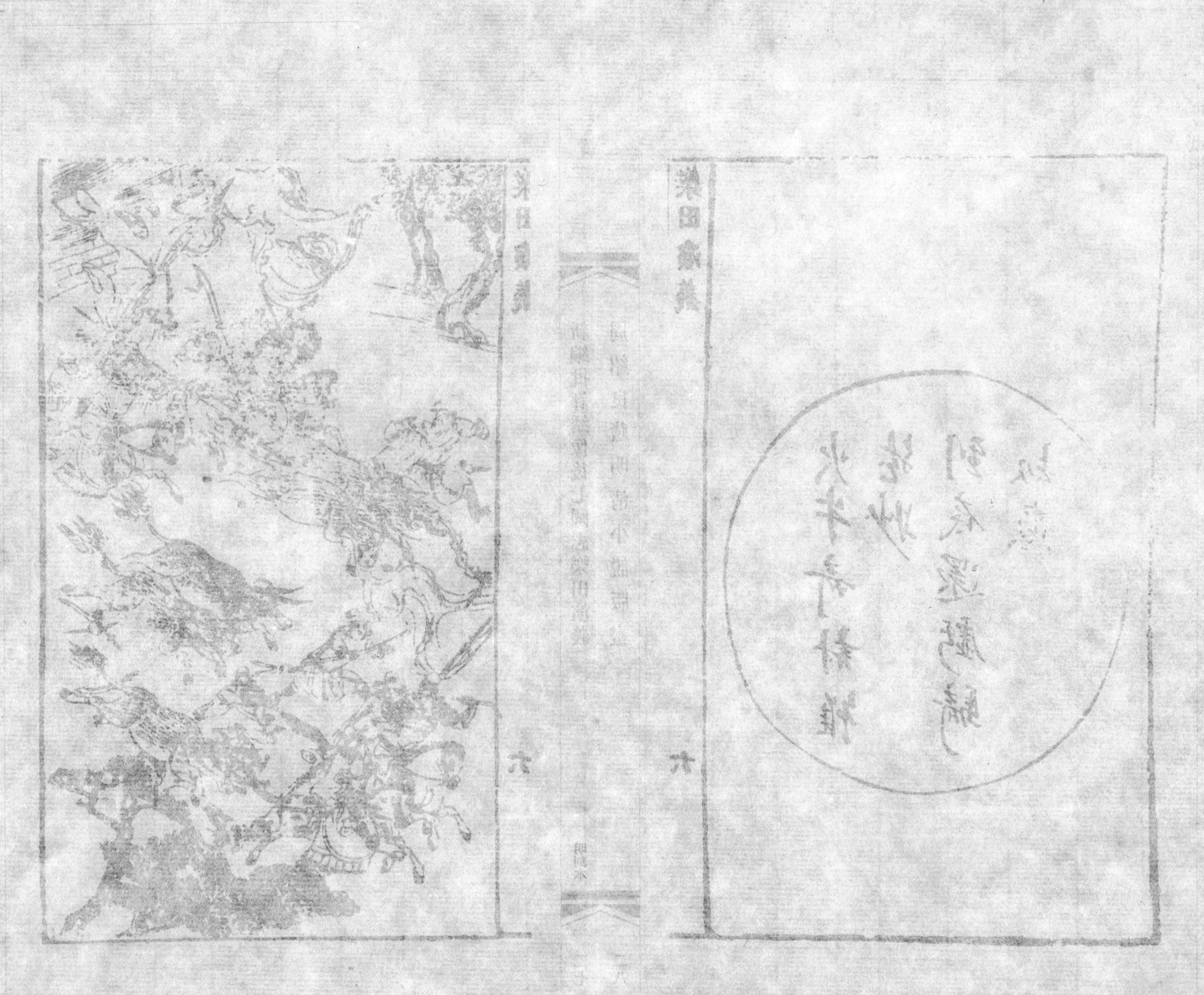

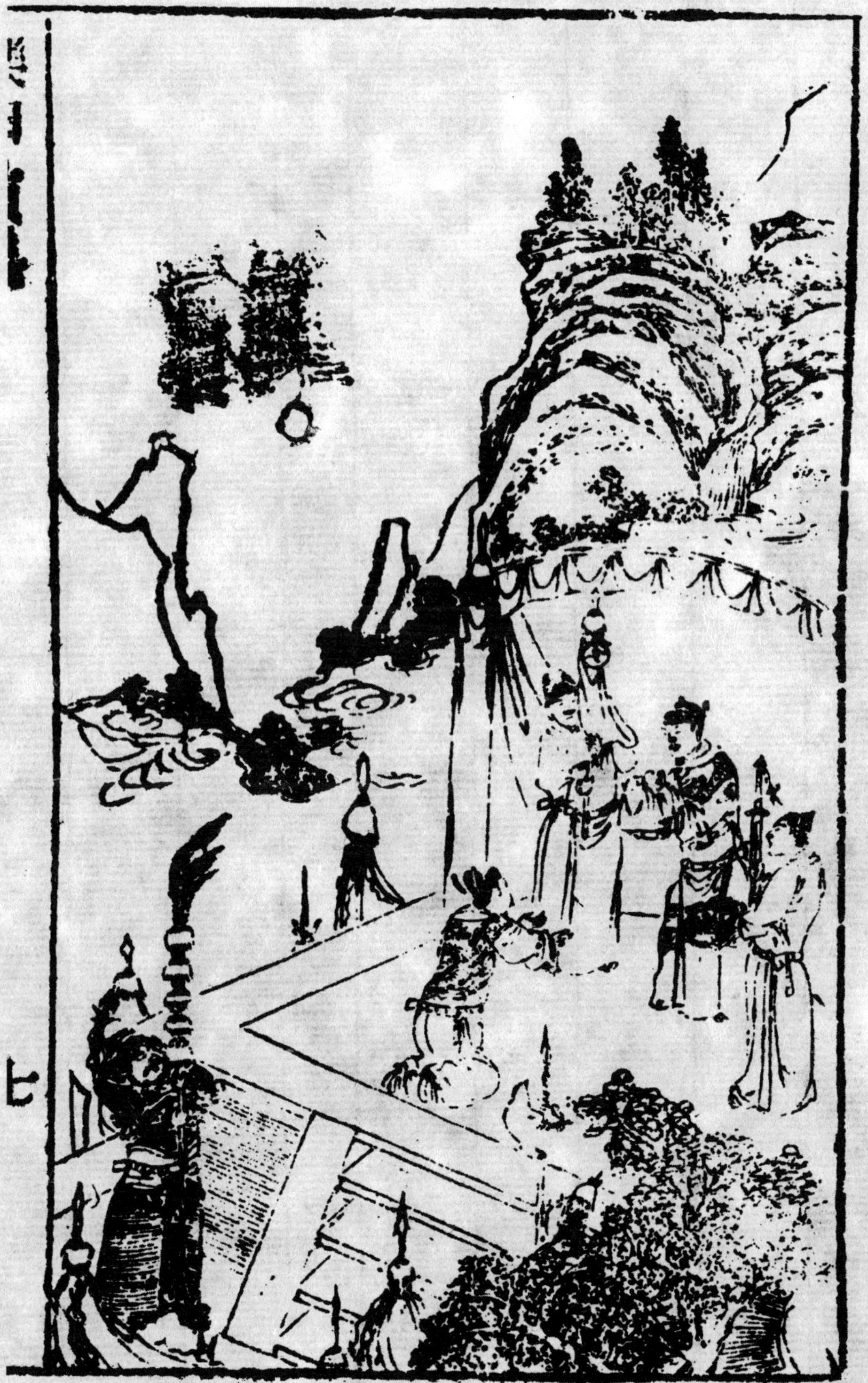

明刻本

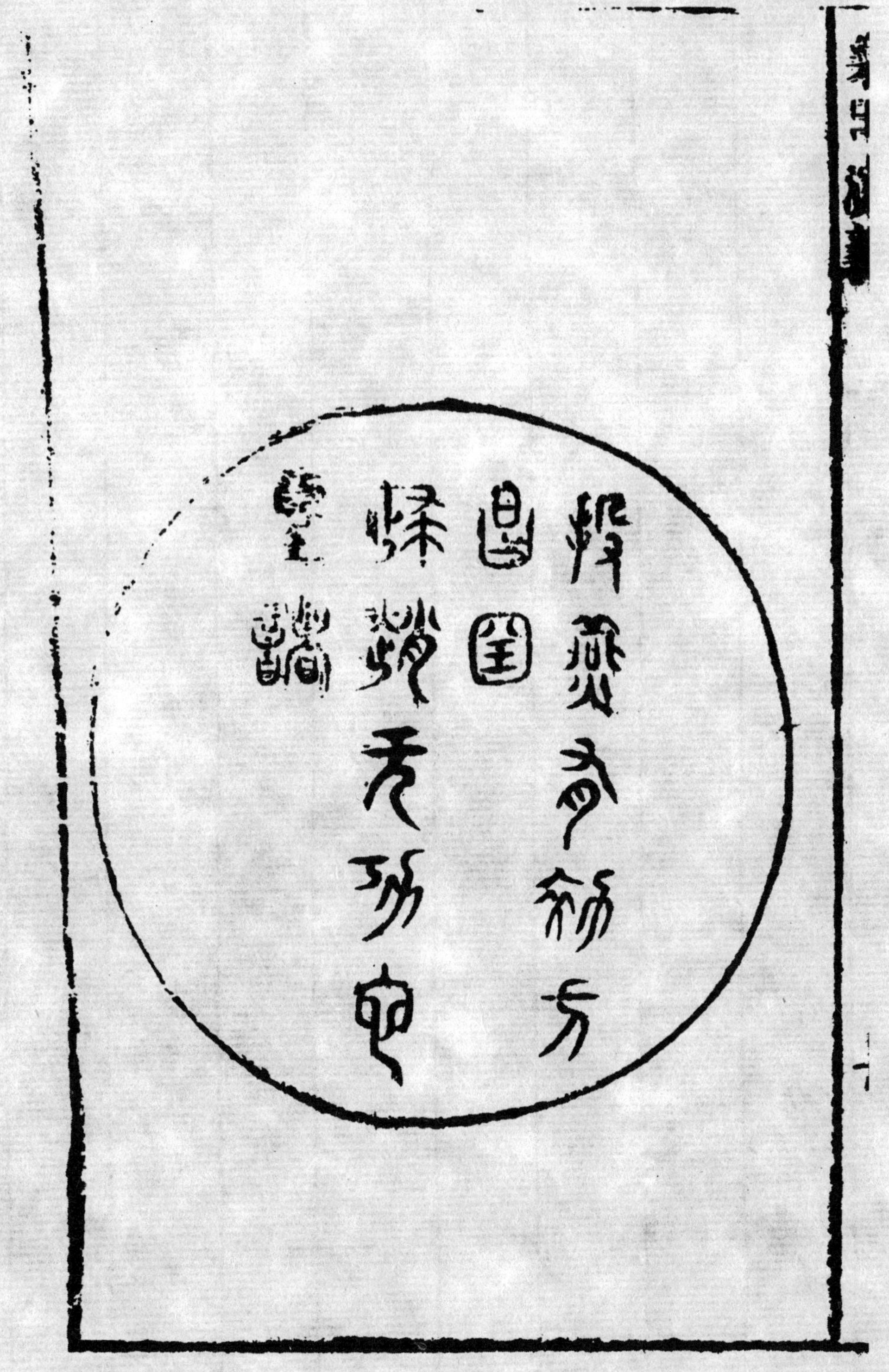

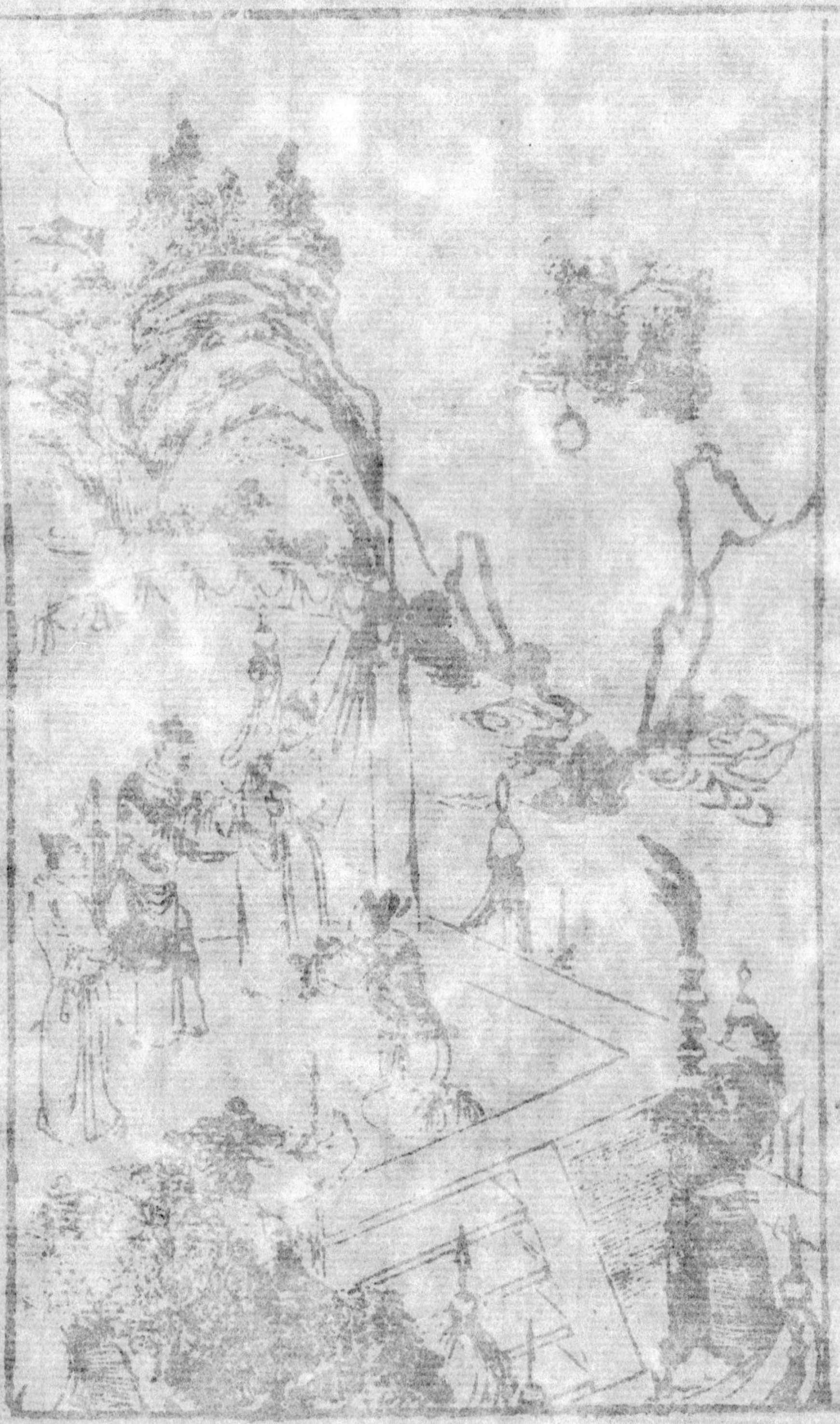

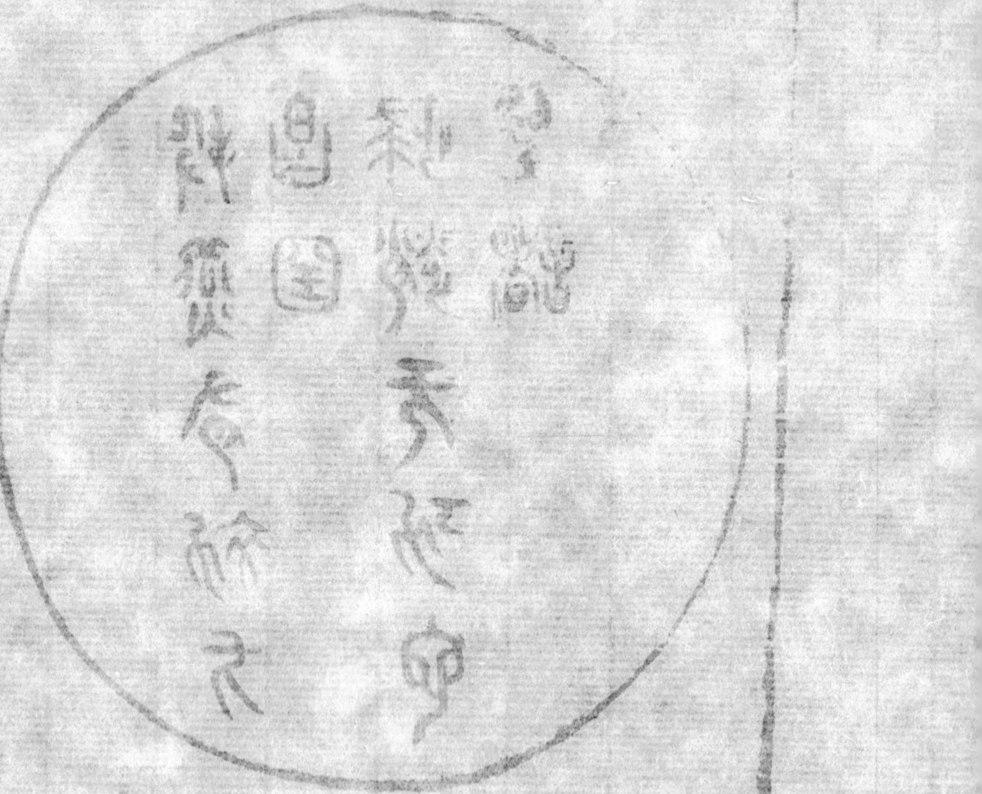

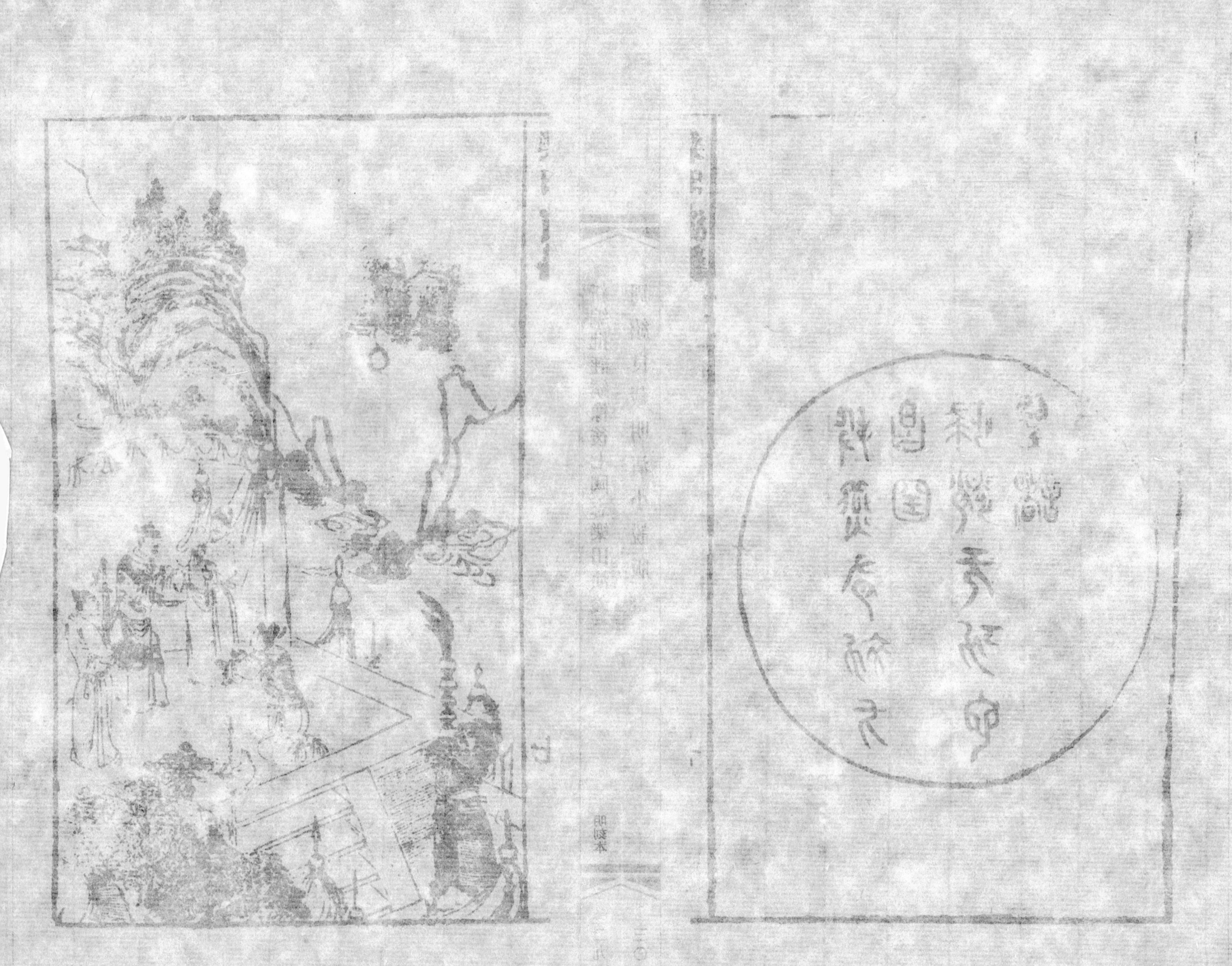

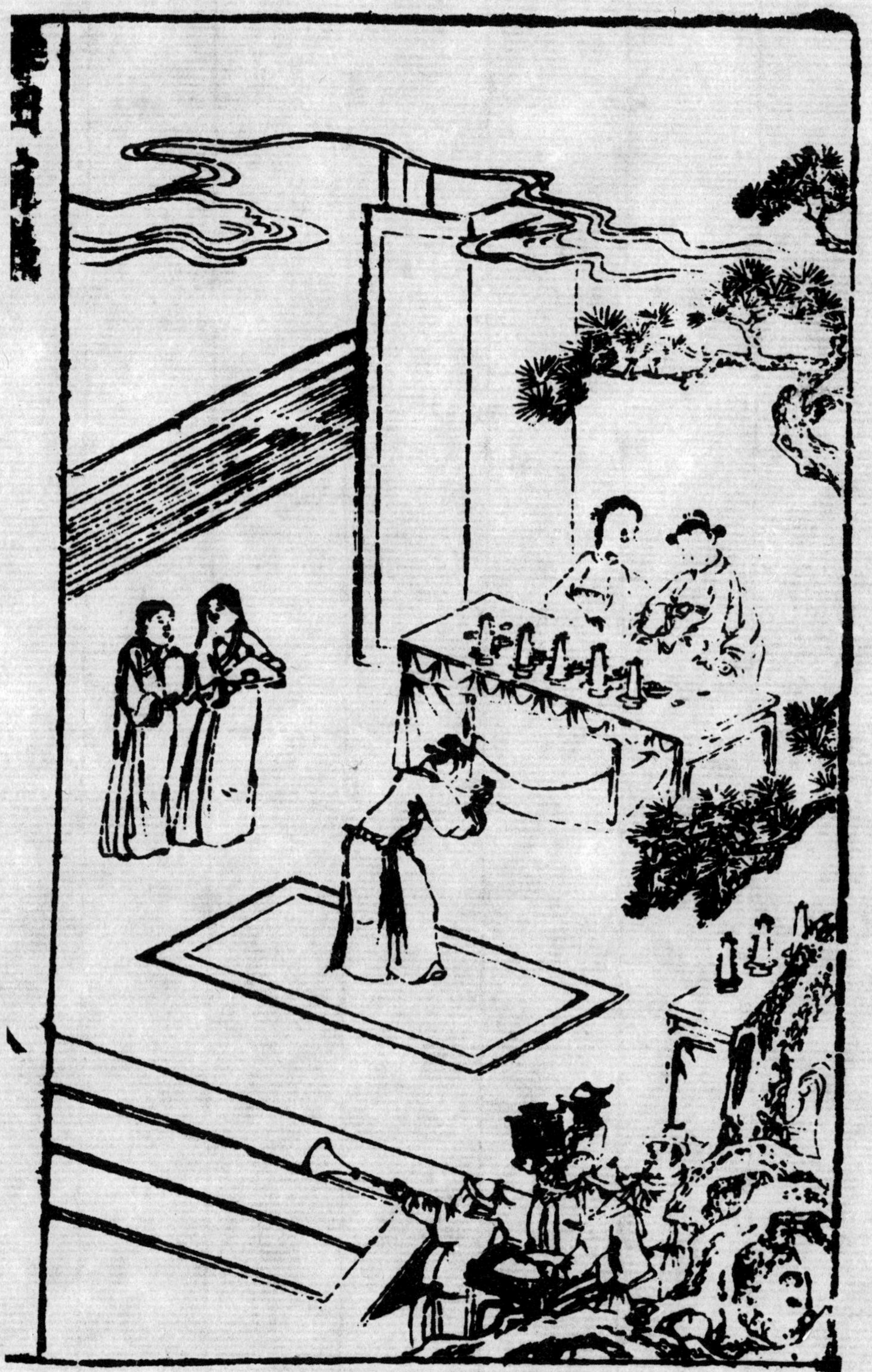

明刻本

父子夫妻重嘉會
望諸昌國冊名標

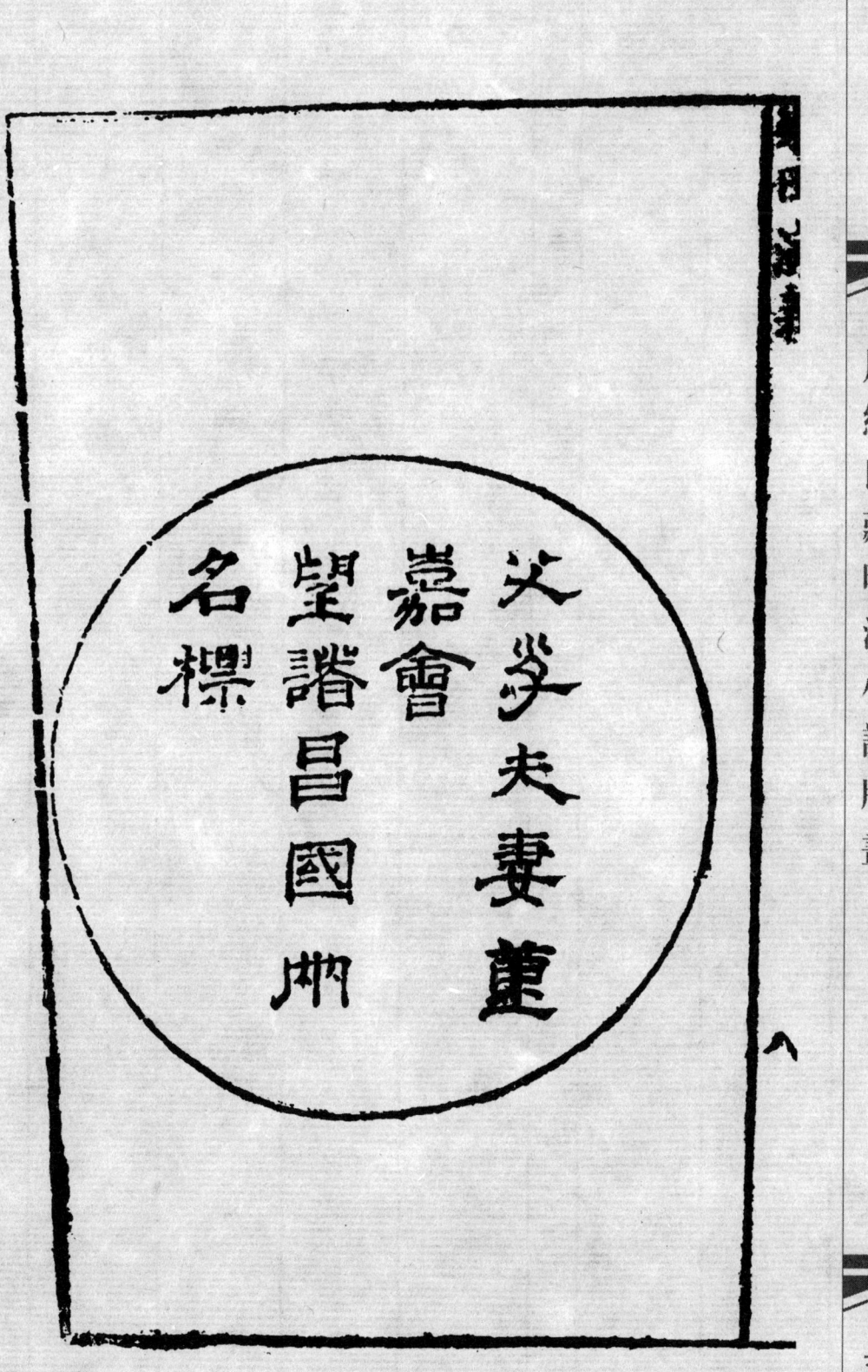

各縣聖馨園帆

嵩會

夫毛夫妻重

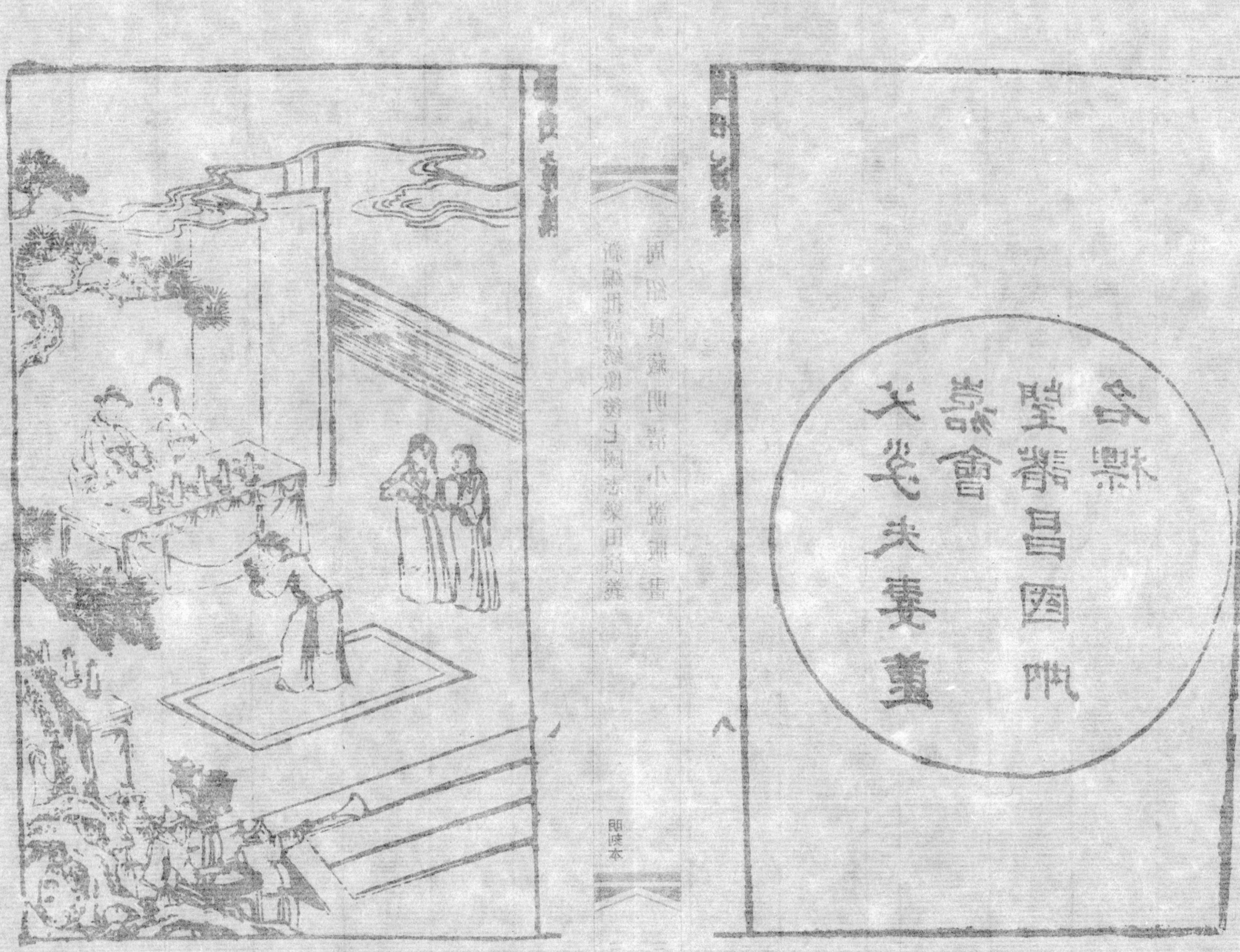

《新編批評綉像後七國志樂田演義》　明刻本

講史小說，自開闢以來以迄宋代俱有志傳，如《新刻按鑒編纂開闢衍繹通俗志傳》至《大宋演義中興通俗演義》皆有明刻本見於著録，唯《後七國樂田演義》一書，亦屬清代以前作品，却迄未見明刻本傳世。友人陳迎冬兄，詩人也，教授山西大學，於太原市上獲一舊刊本，書品極不佳，卷析狼藉，幾乎無法展現。祇以其形制頗舊，遂留之，初未甚重視也。一九五九年春，「反右」已近結束，承邀至其書齋觀所得吳梅村書聯，因出舊書一包，其中即此書也，以余熟於琉璃廠諸書肆，托為重裝。因携歸囑文禄堂王君以金鑲玉法整治之。既卒工，展現之下，精彩备甚，乃明刻之佳製，而為世所未見之《新編批評綉像後七國樂田演義》也。

茲選圖八幅：

一、假稱讓位唐虞事　實纂君王不用刀

二、身當勿用祇宜潛　事急時危貴用權

三、漫言人眾便橫行　强國還須節制兵

四、祇因貧困裏　俏眼識英雄

五、仰遵母命去從王　左袒能誅淖齒亡

六、火牛奇計雖然妙　到底還虧騎劫愚

七、投燕有劾方是□　趨趙無功心望諸

八、父子夫妻良嘉會　望諸昌國册名標

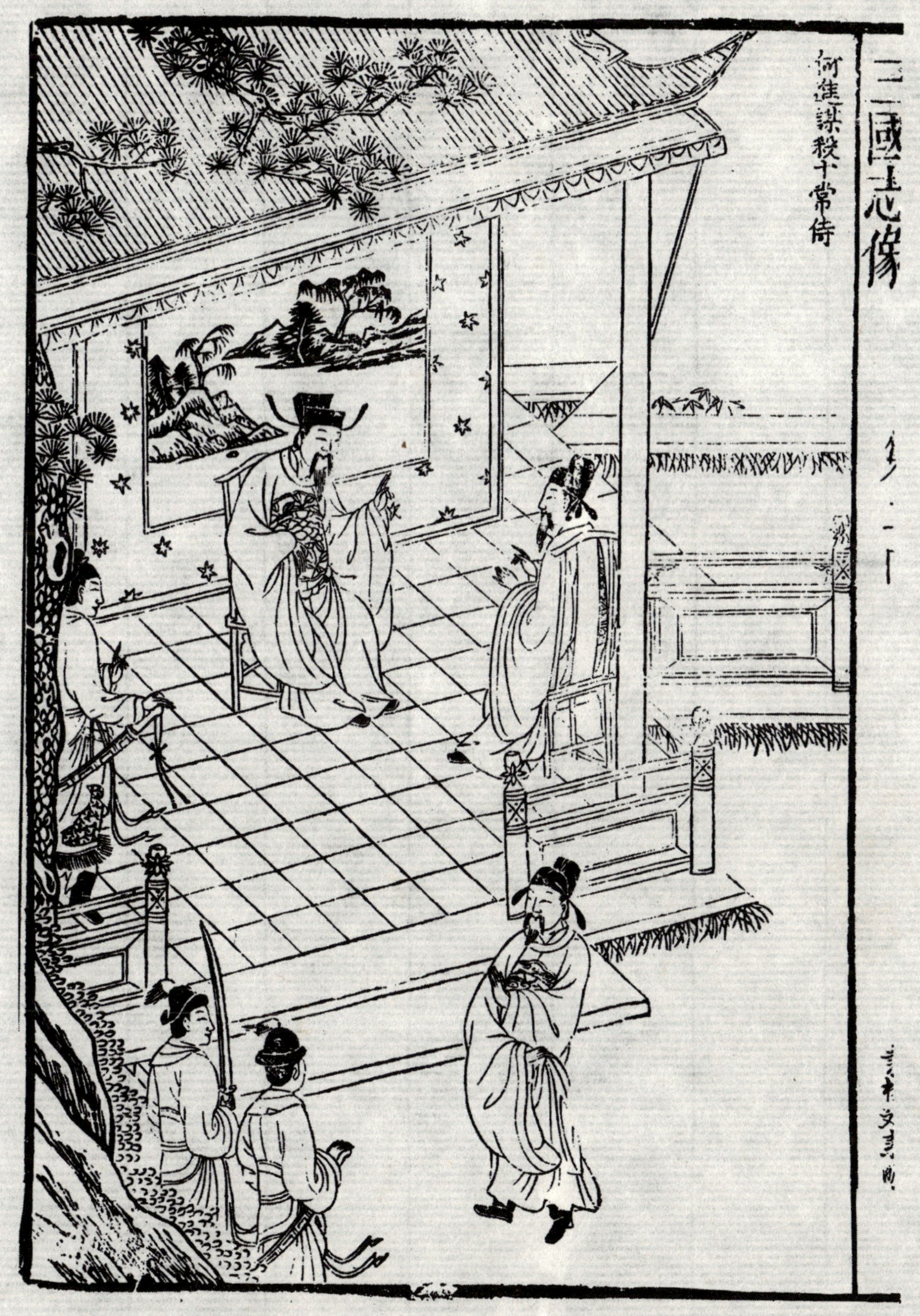

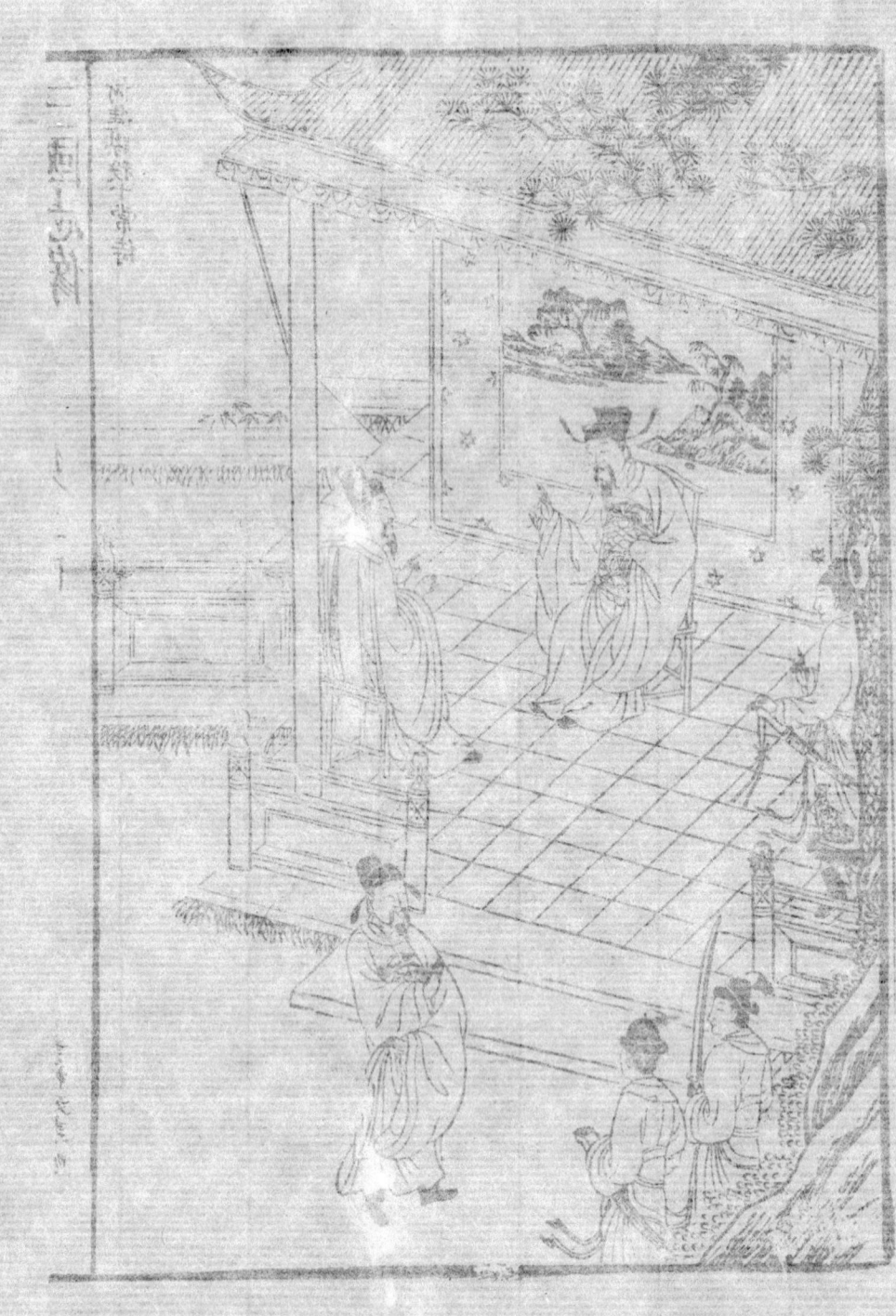

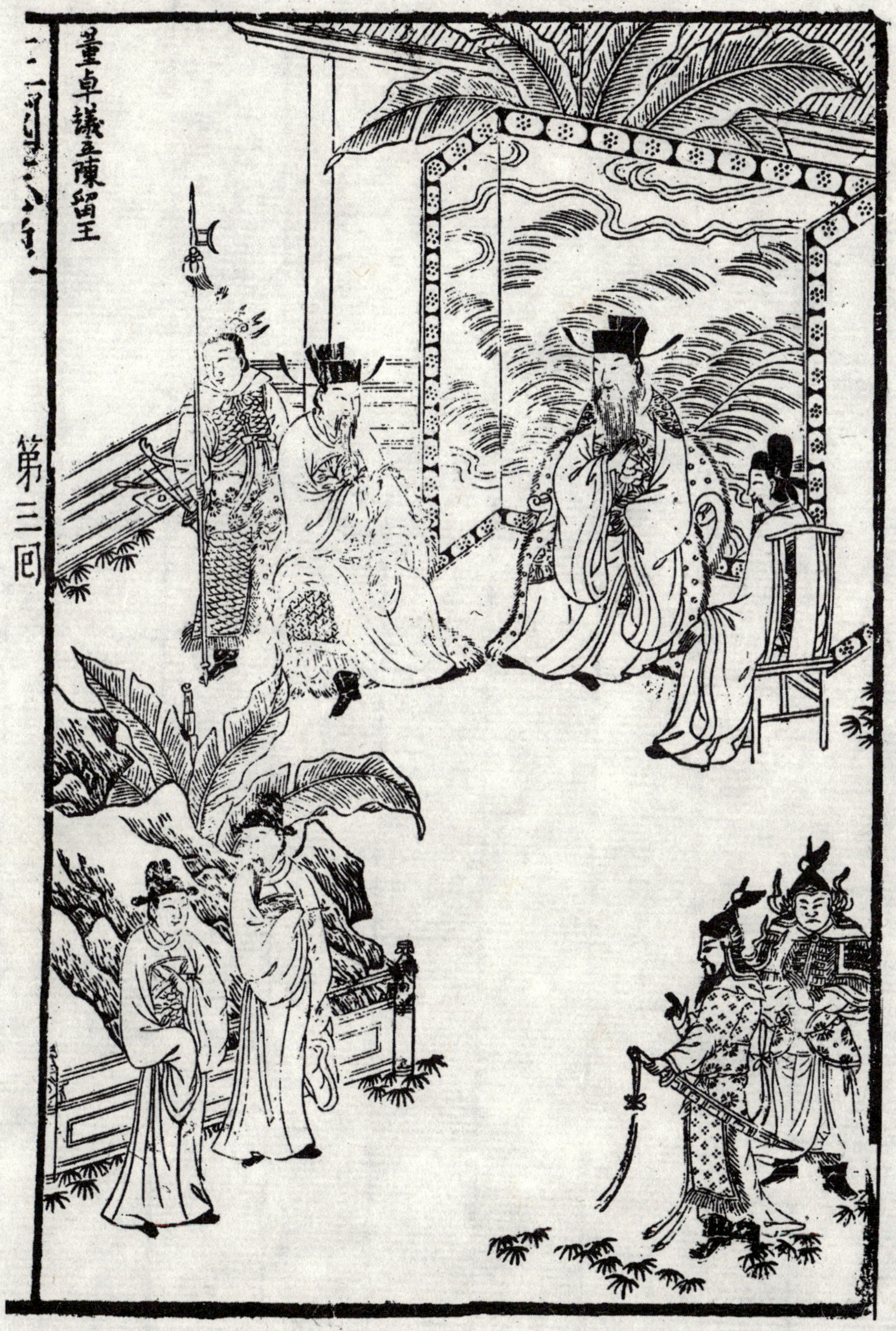
董卓議立陳留王
第三回

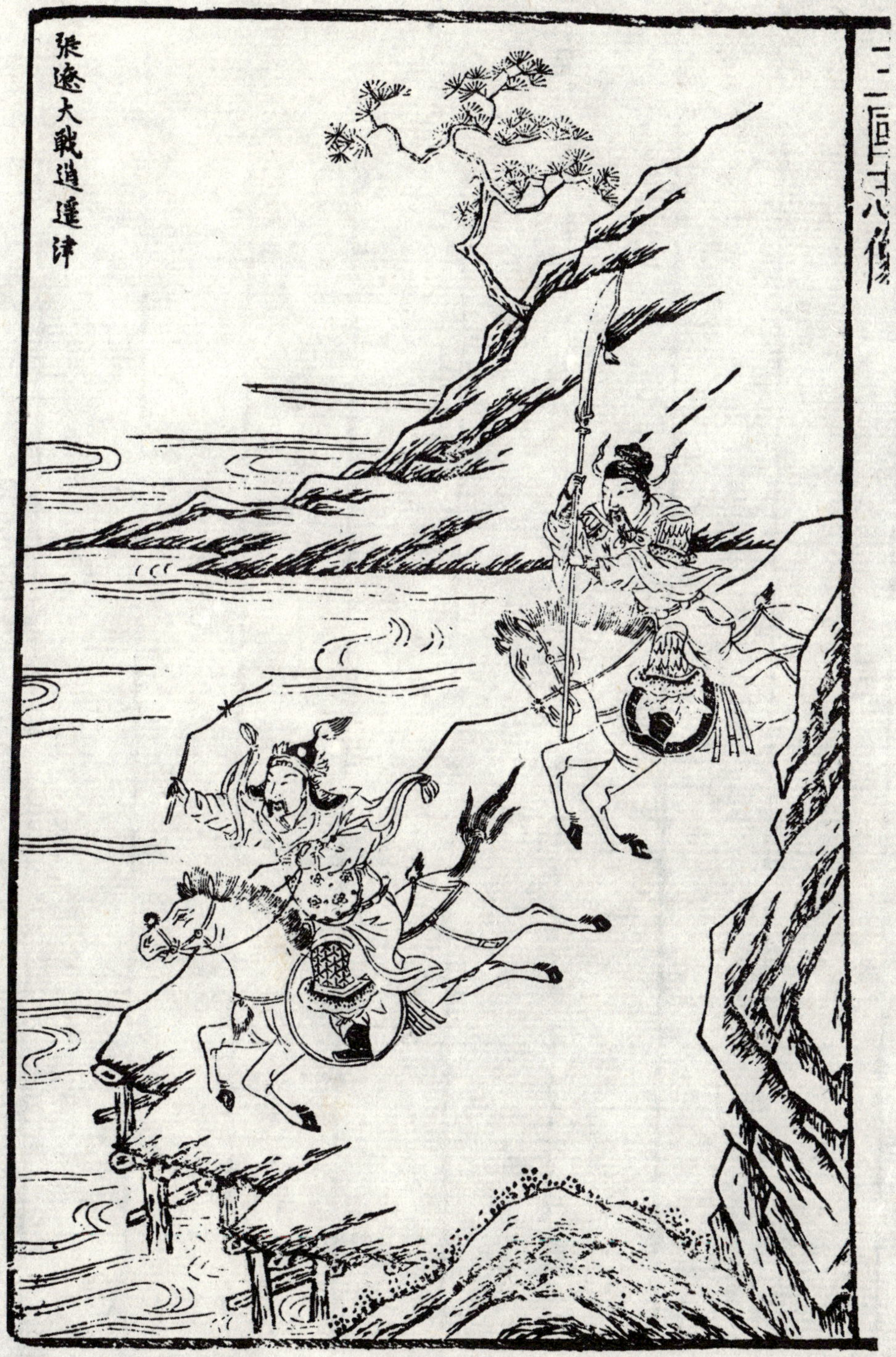
張遼大戰逍遙津

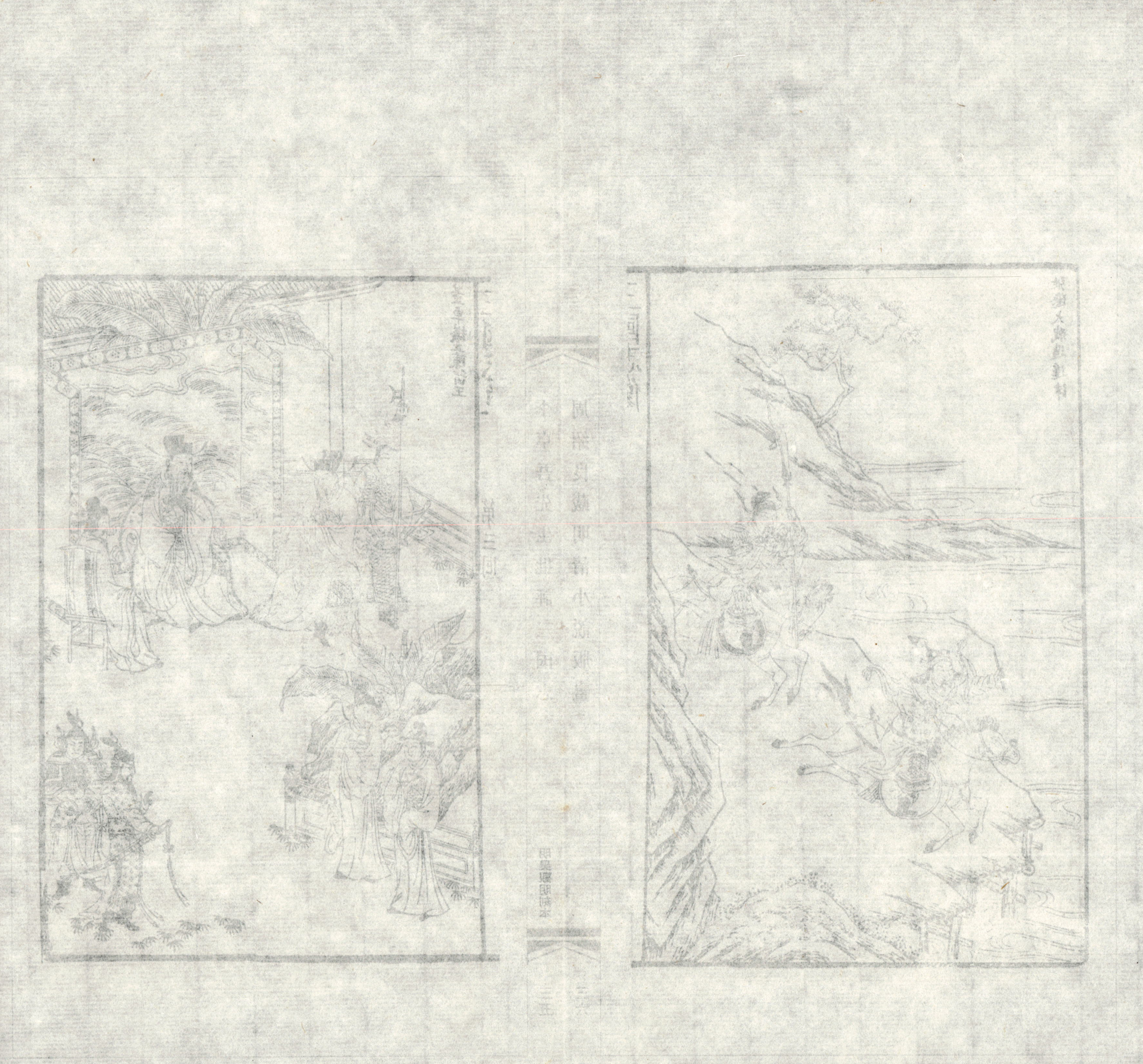

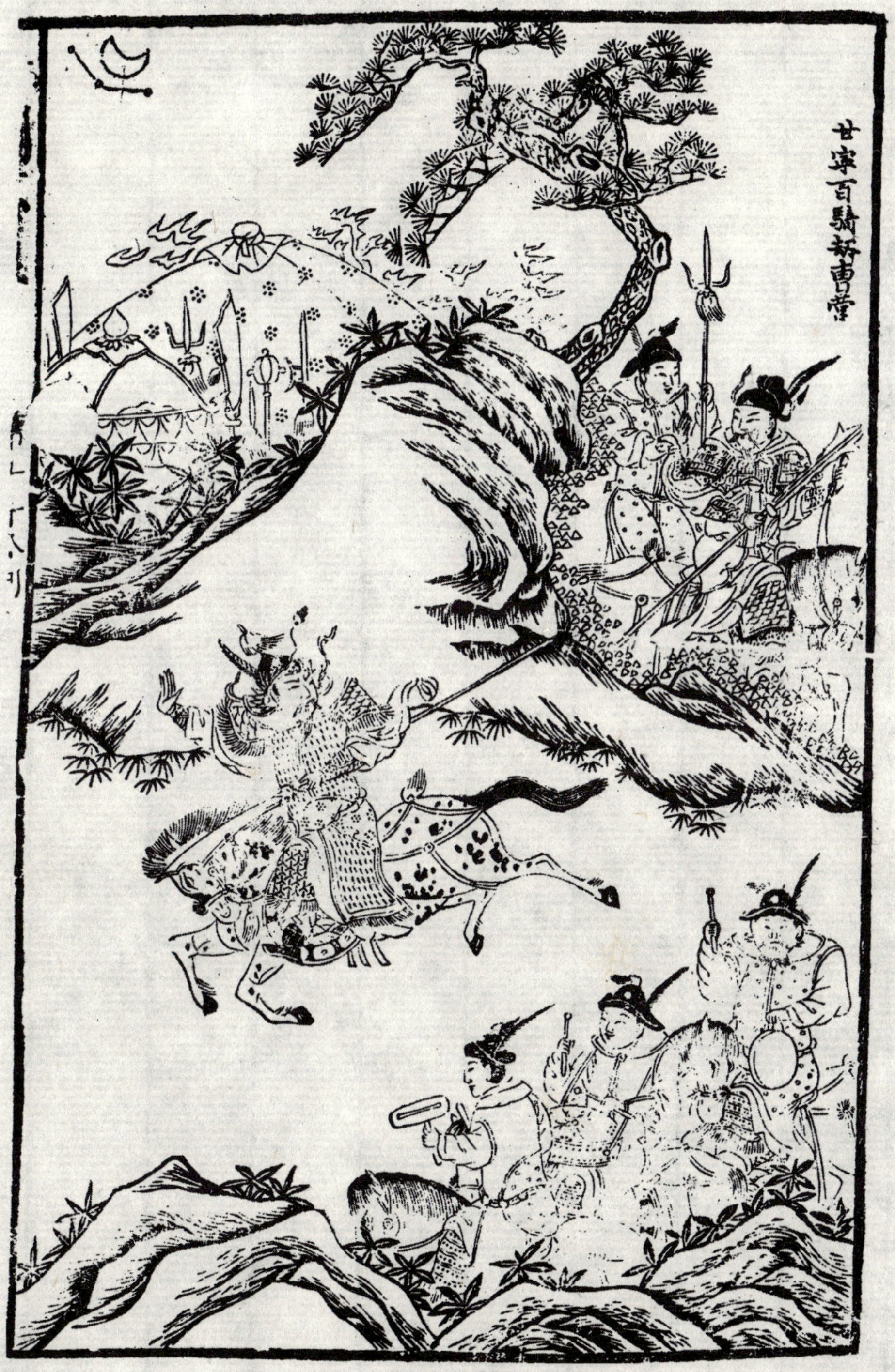

明吴觀明刻本

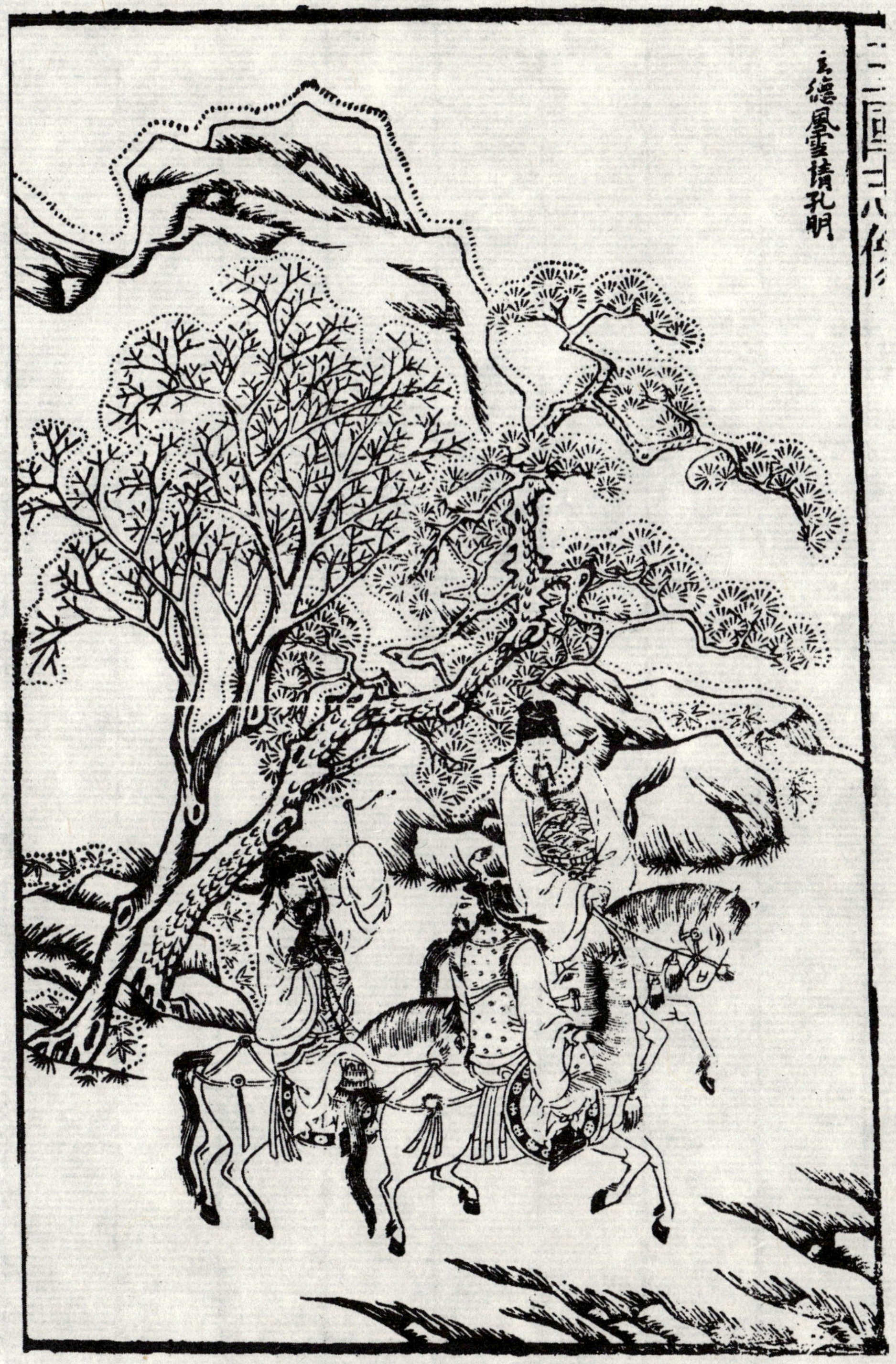

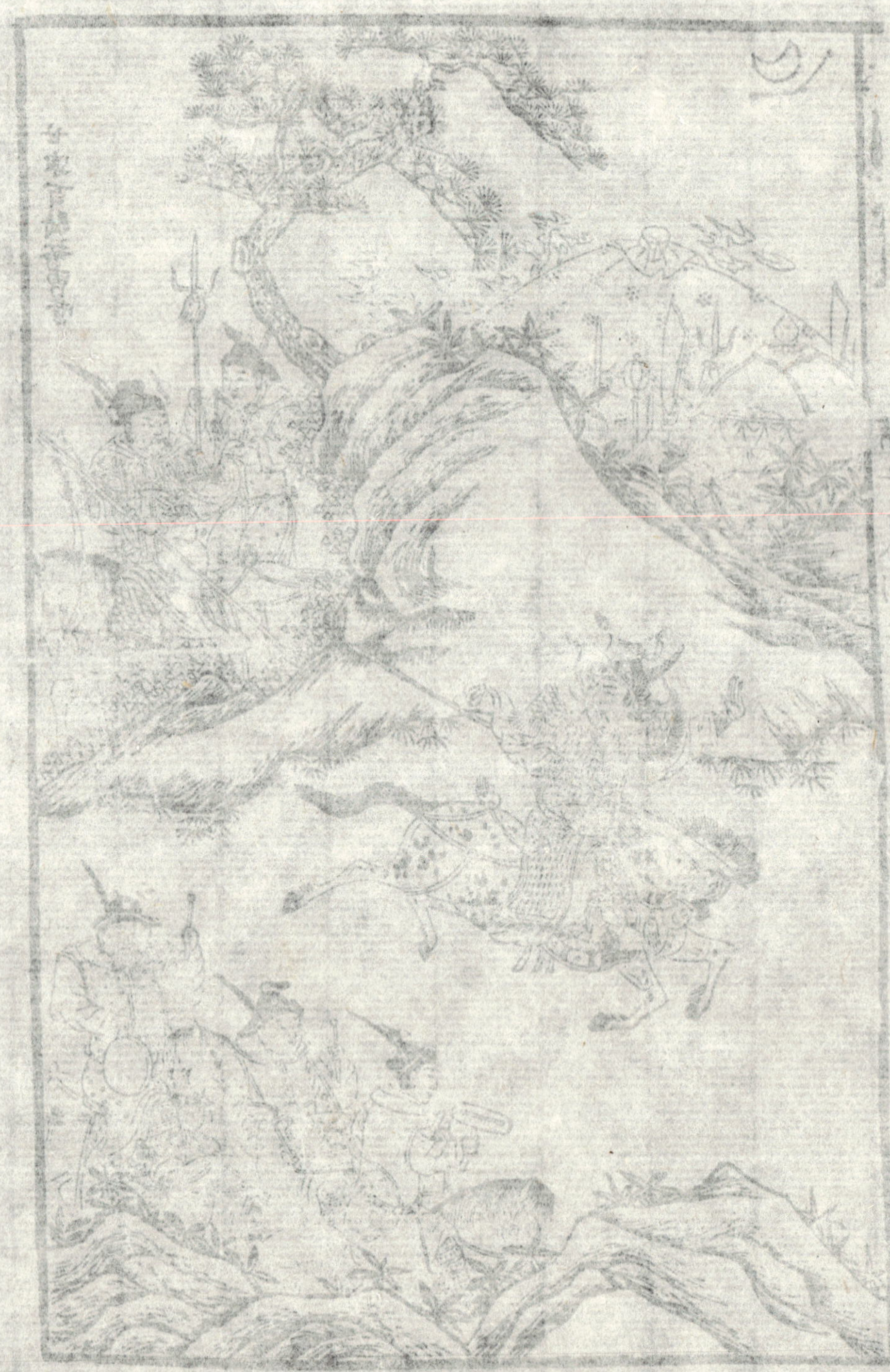

明吳觀明刻本

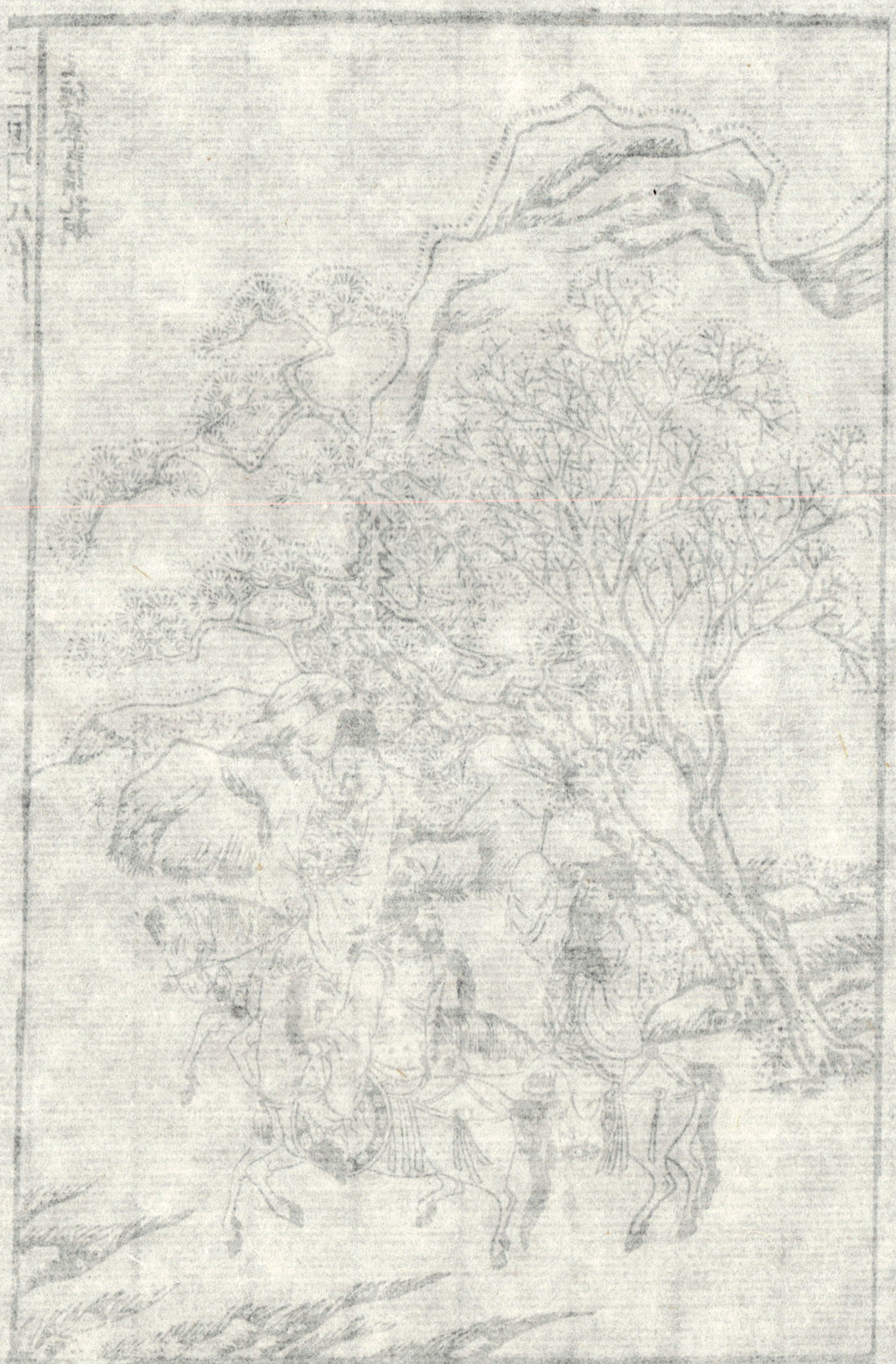

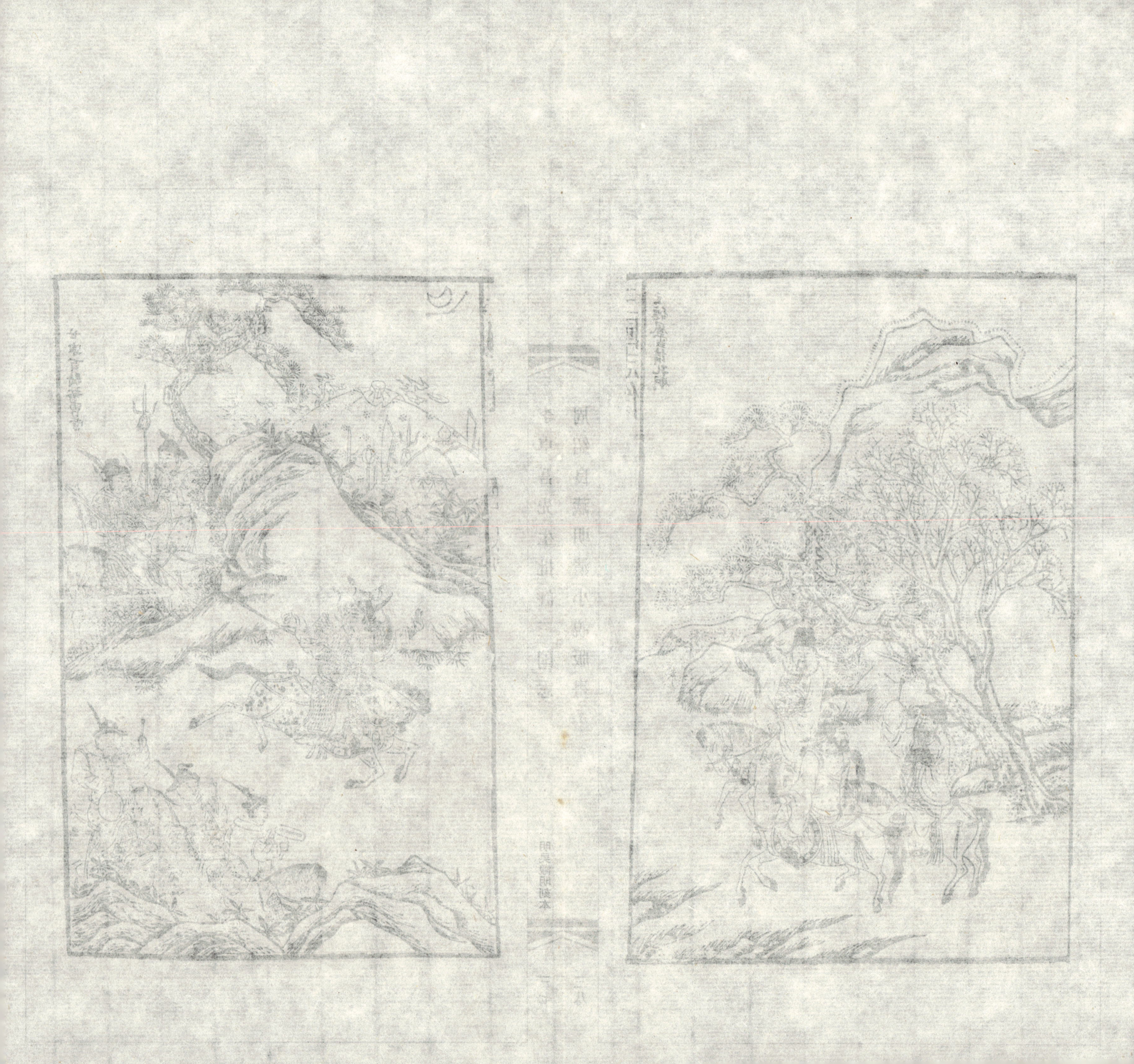

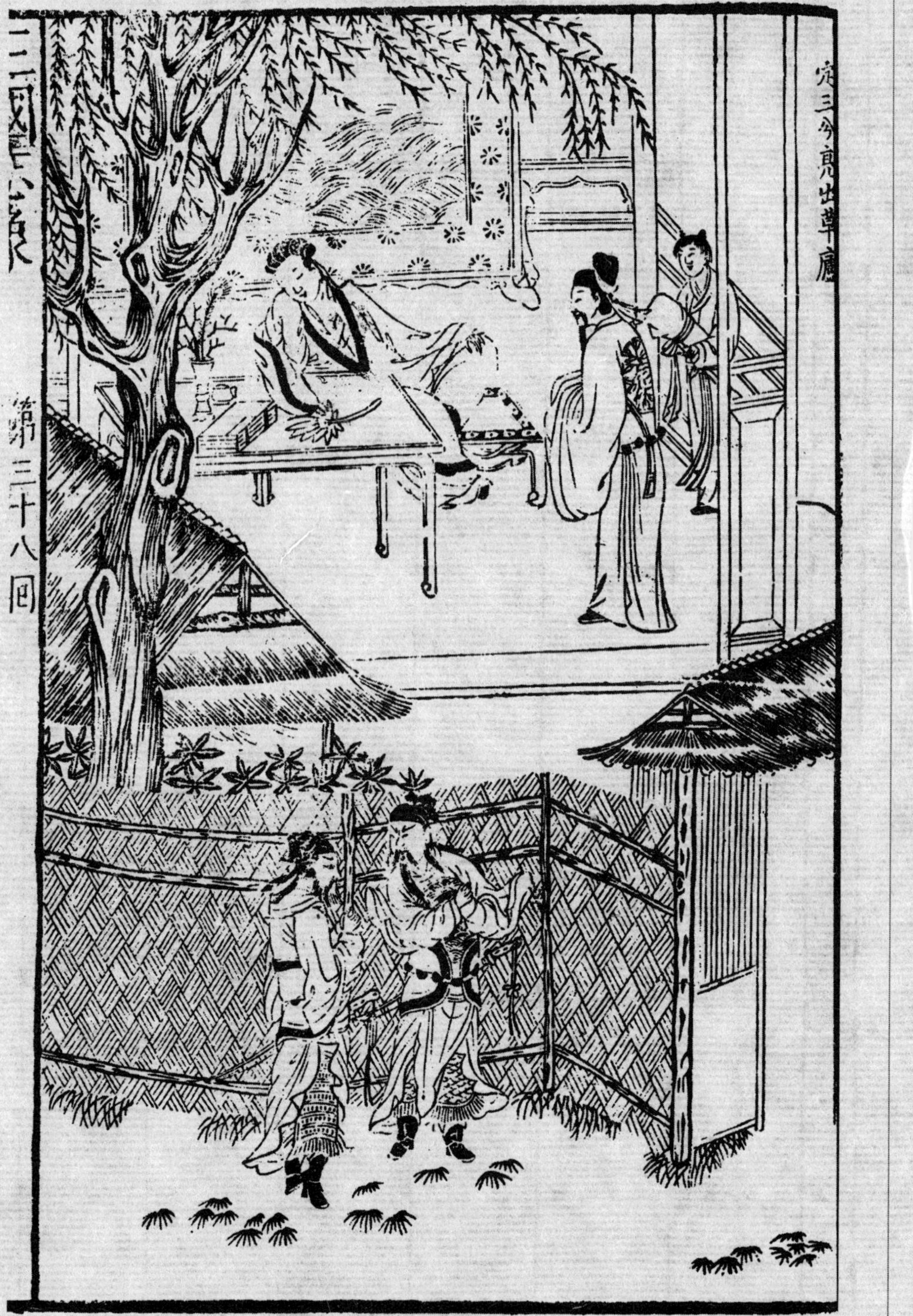
定三分亮出草廬
第三十八回

《李卓吾先生批評三國志》

明吳觀明刻本

《三國演義》版本極多，明以前刻本多稱為《三國志通俗演義》。此吳觀明刻本，屬李卓吾評本系統，據學者研究，明刊李評本當以此本為最早。此本插圖皆為名工劉素明繪刻。扉頁有識語云：『此刻圖繪精工，批評游戲，較《水滸》、《三國》更為出色，亦與先刻《批評三國志》本一字不同，覽者辨之。』茲選圖六幅：

一、何進謀殺十常侍
二、董卓議立陳留王
三、張遼大戰逍遙津
四、甘寧百騎劫曹營
五、玄德風雪請孔明
六、定三分亮出草廬

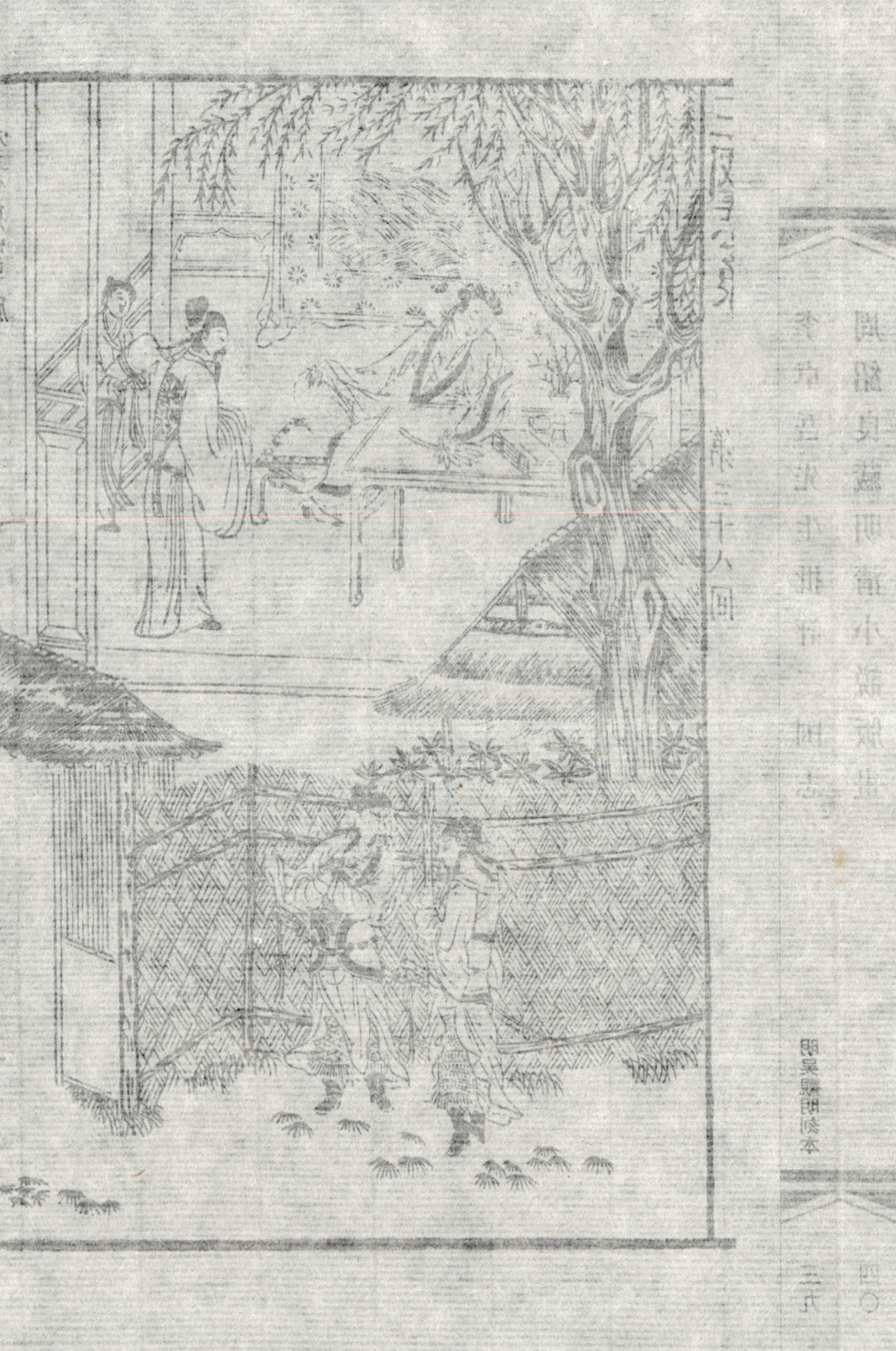

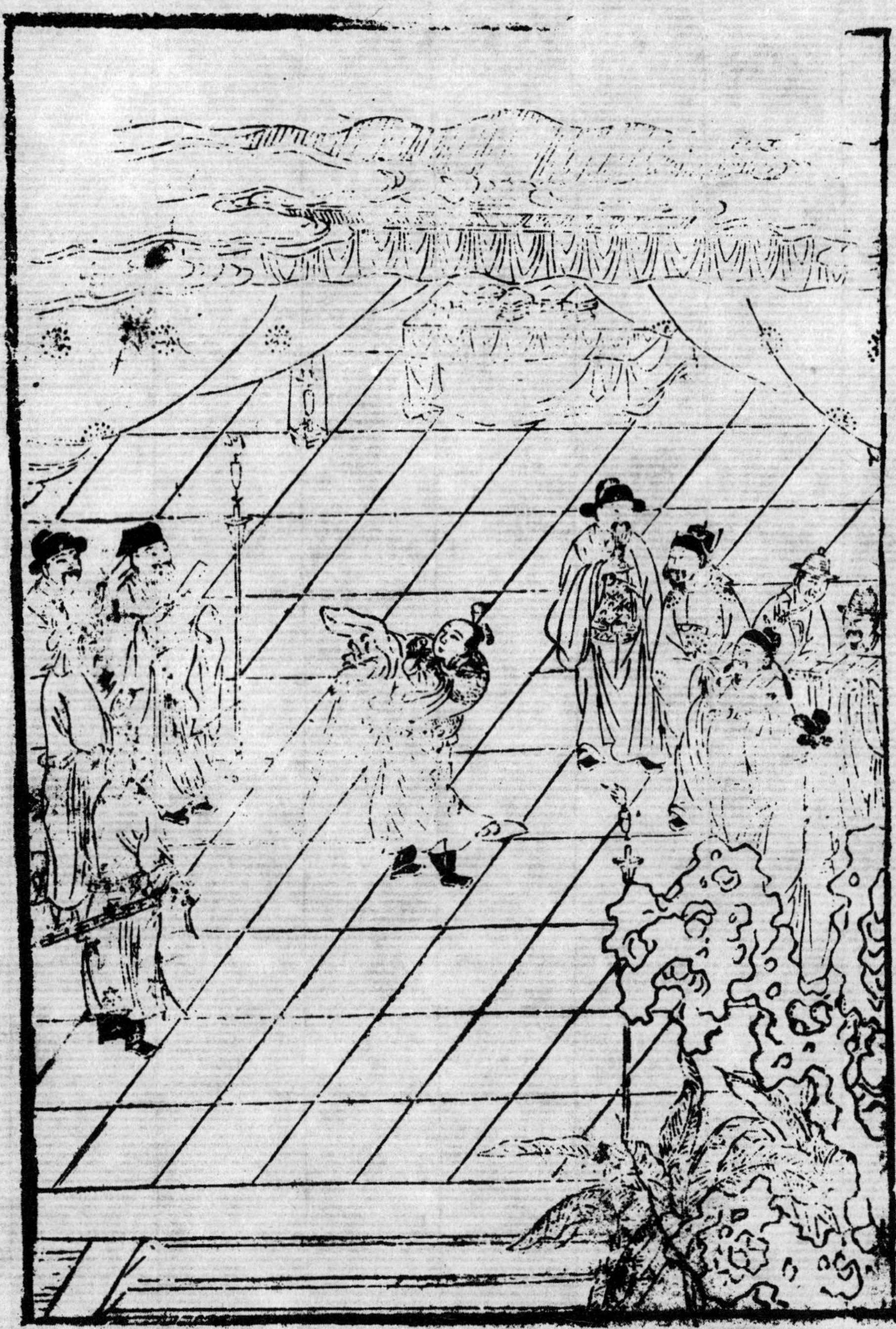

清遺香堂刻本

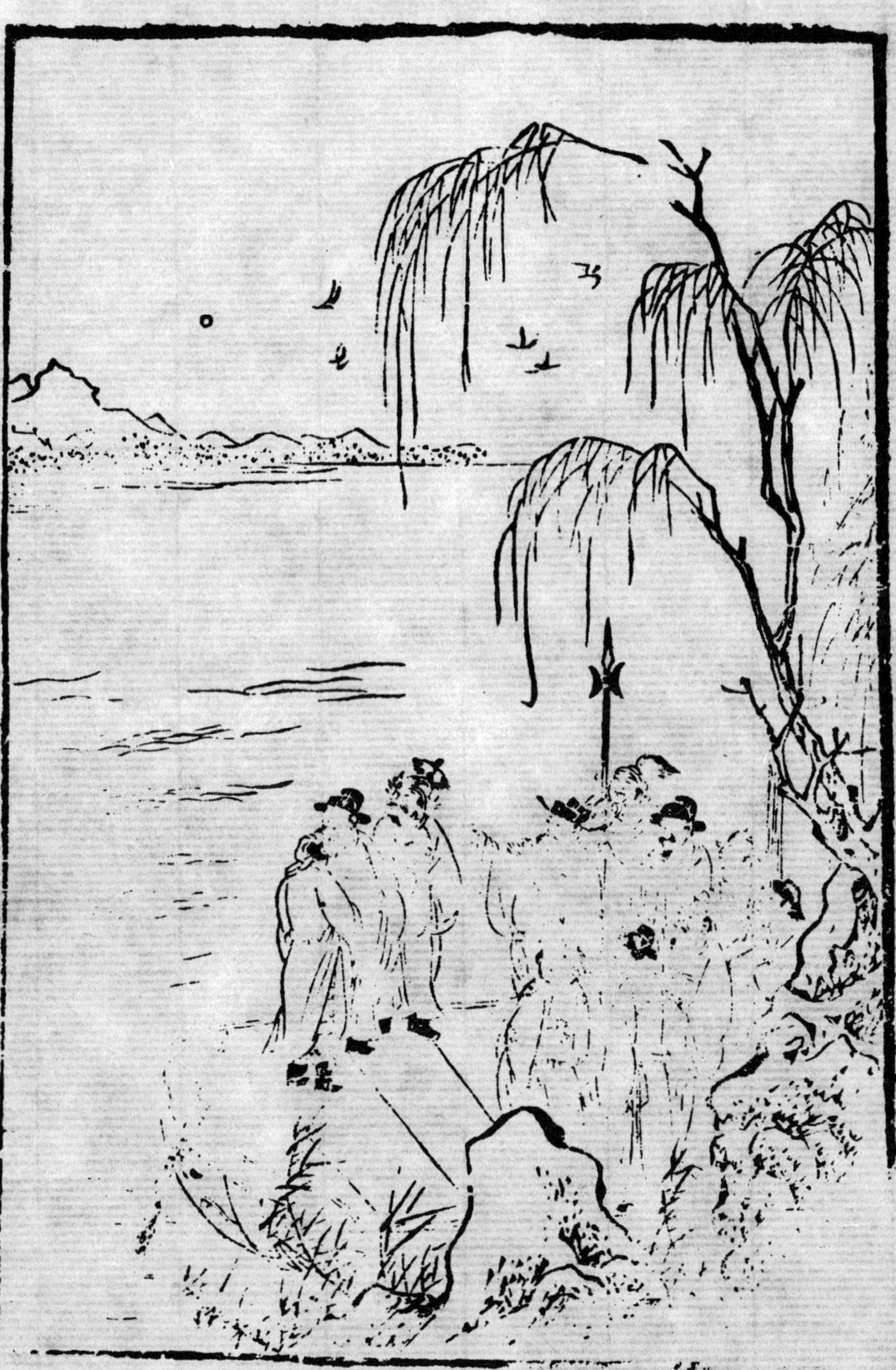

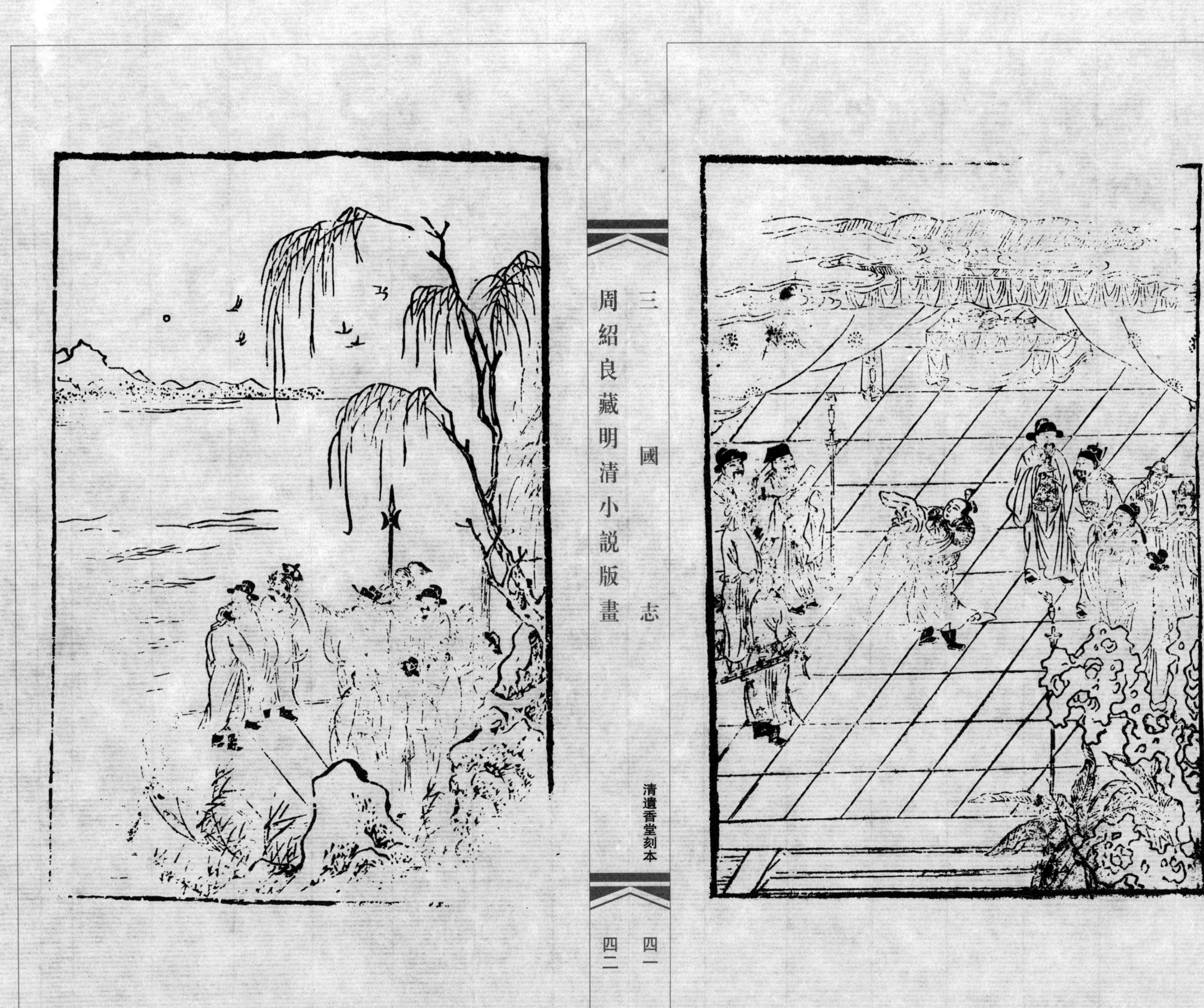

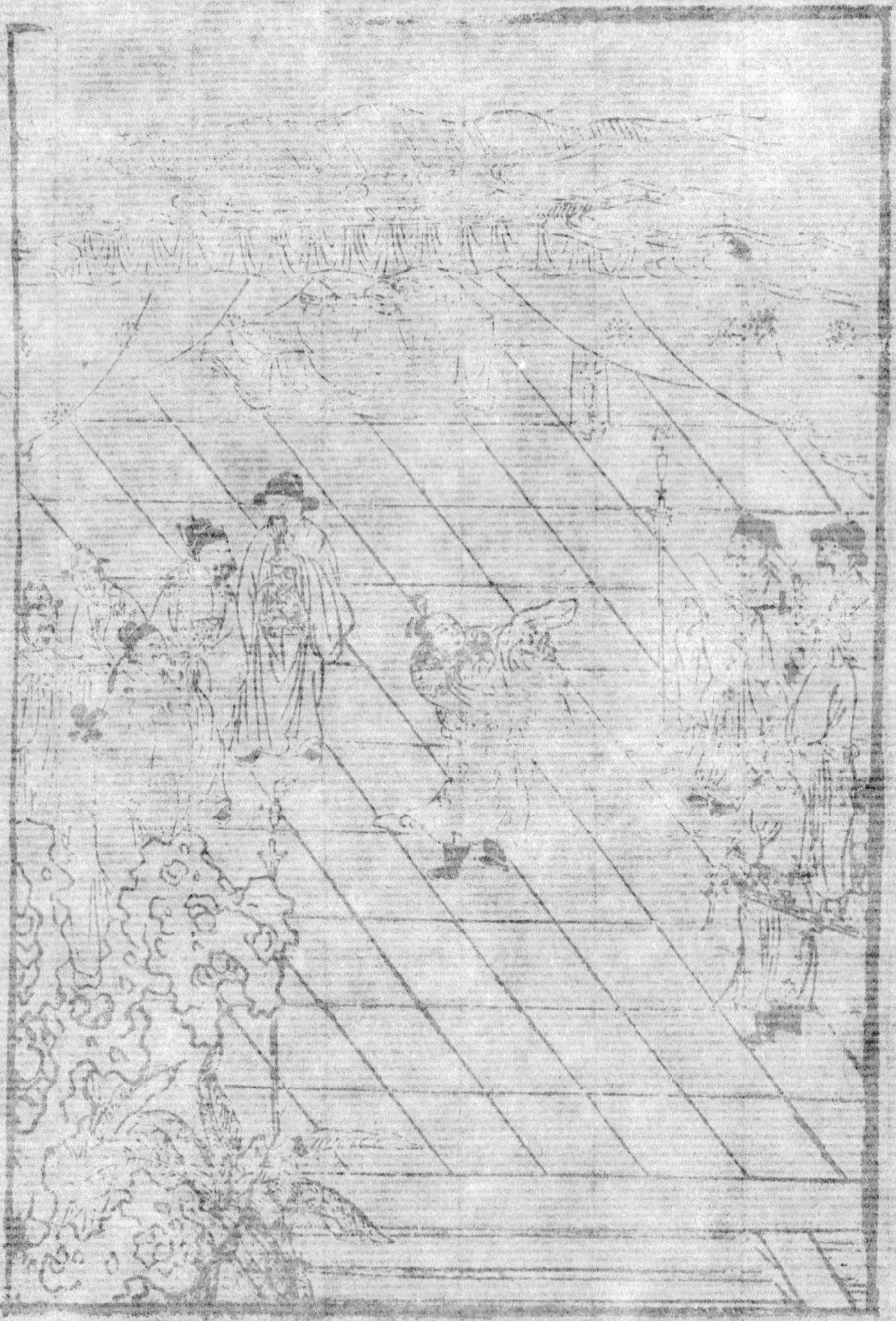

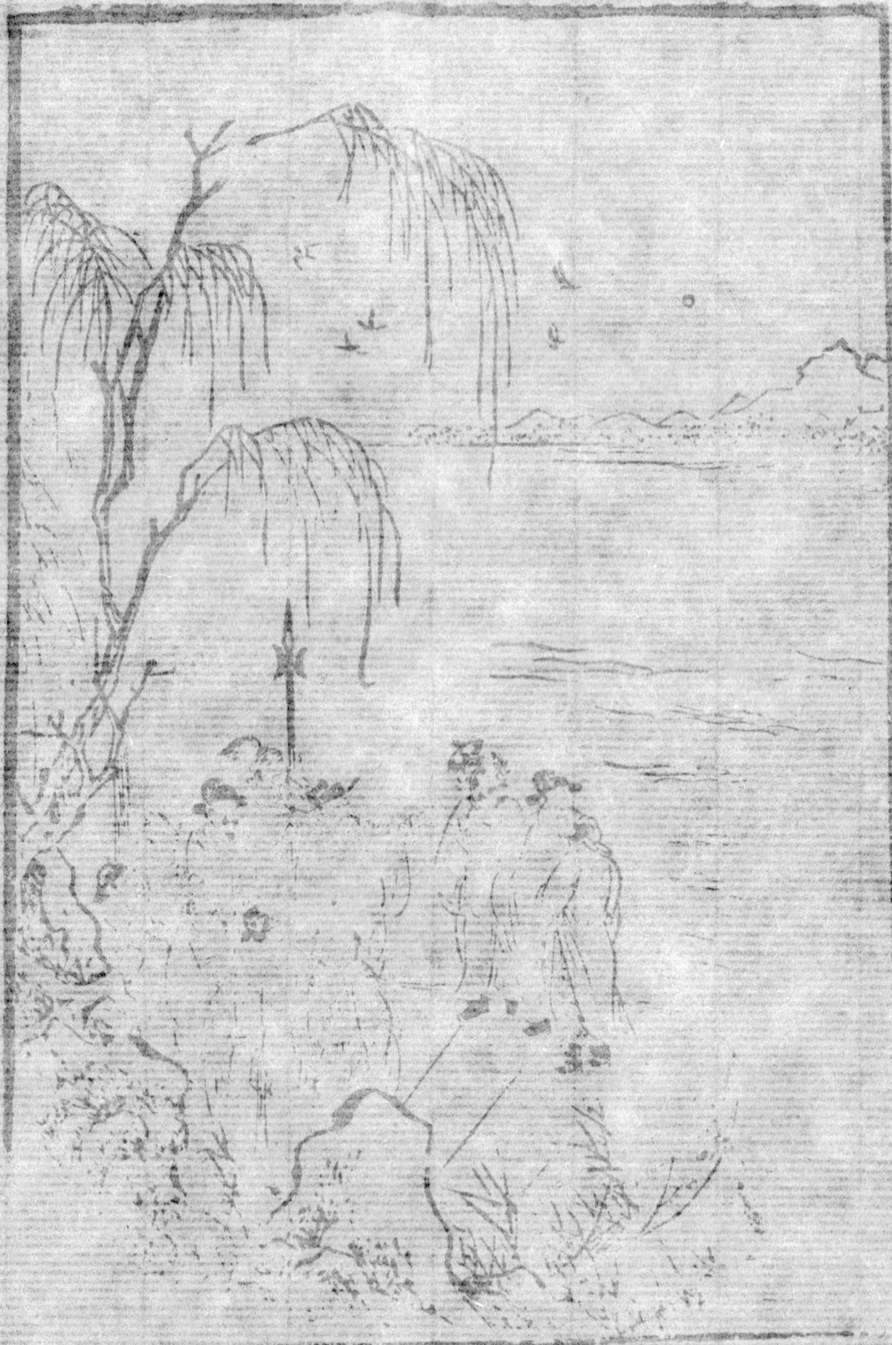

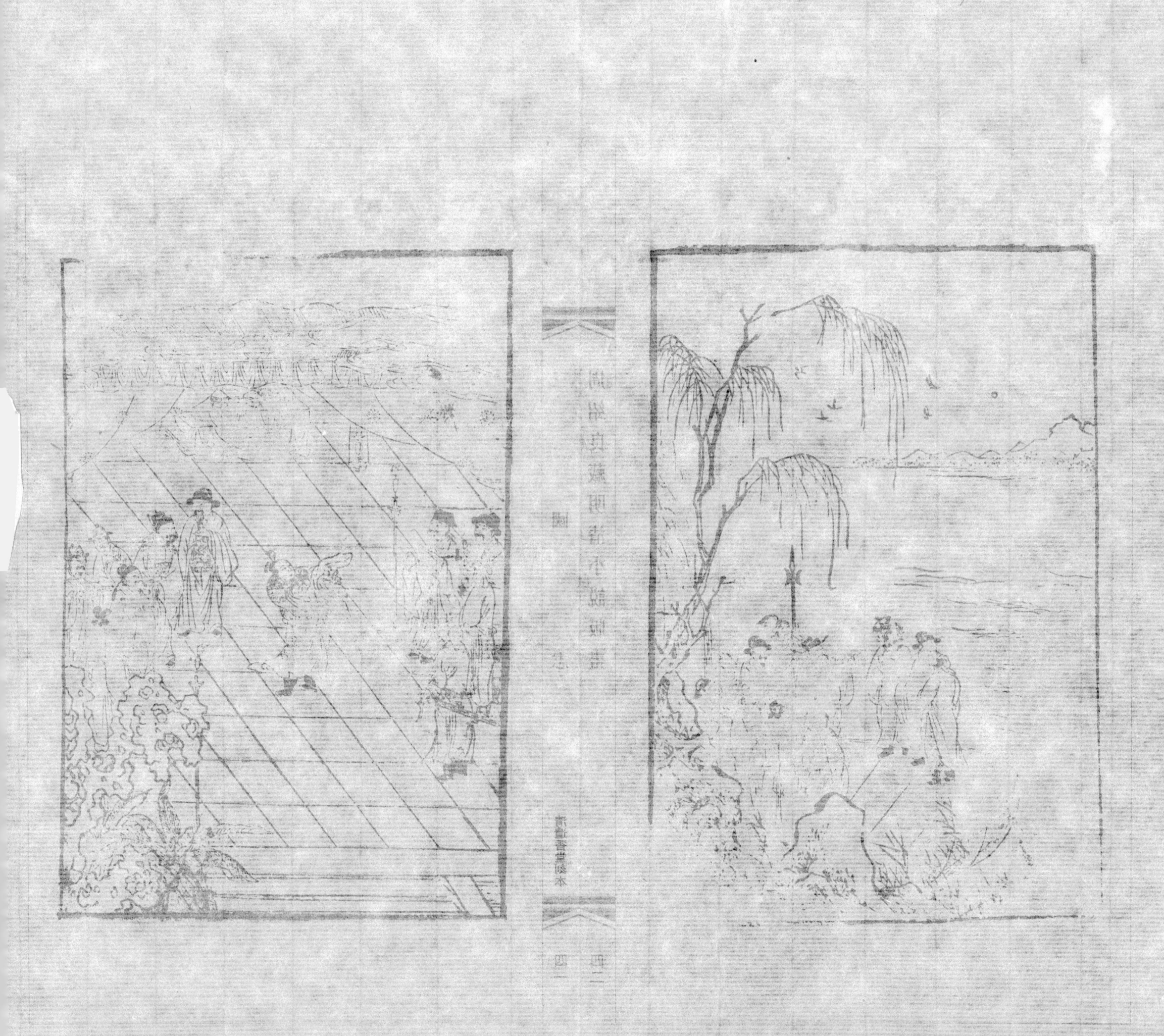

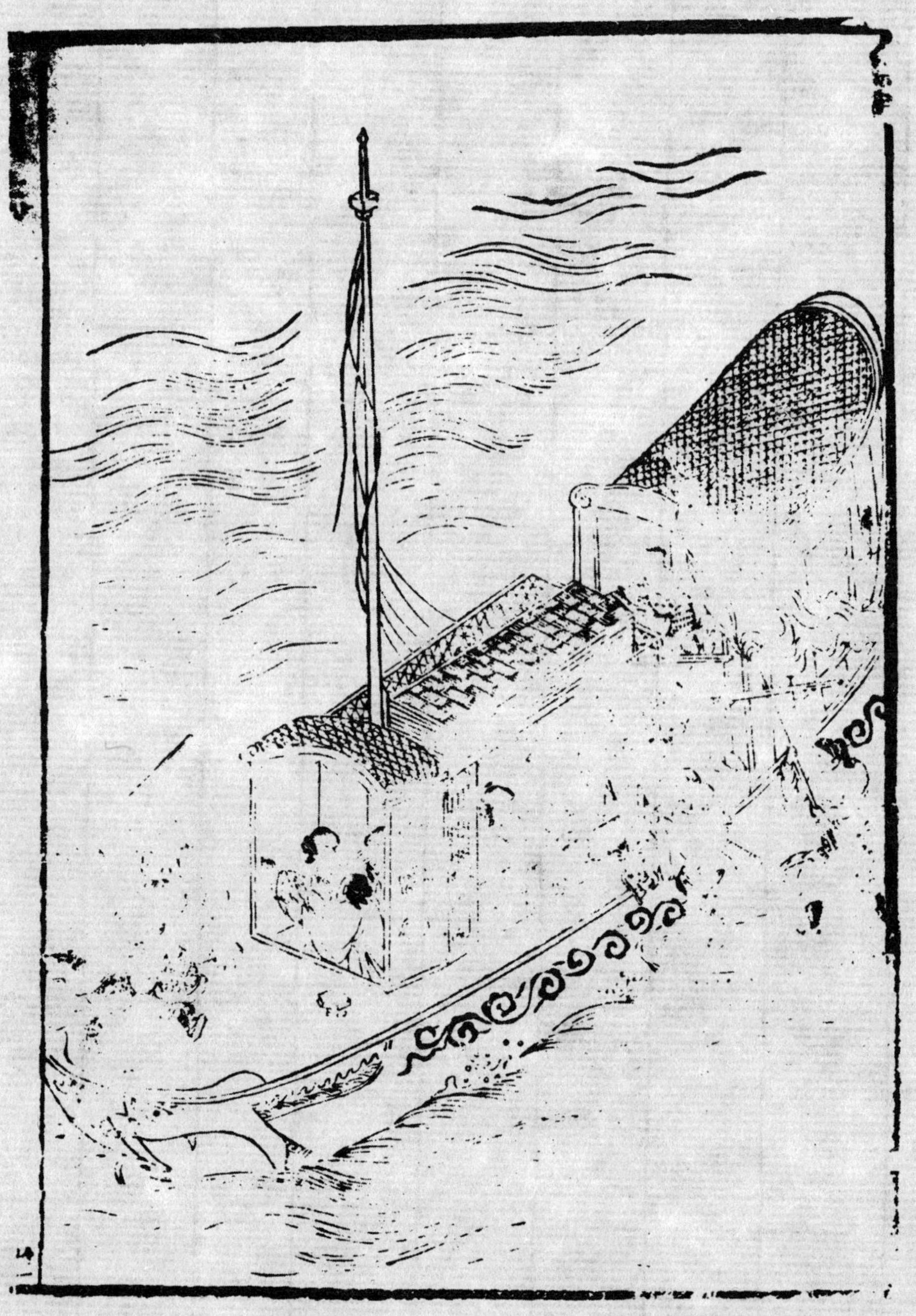

三國志

清遺香堂刻本

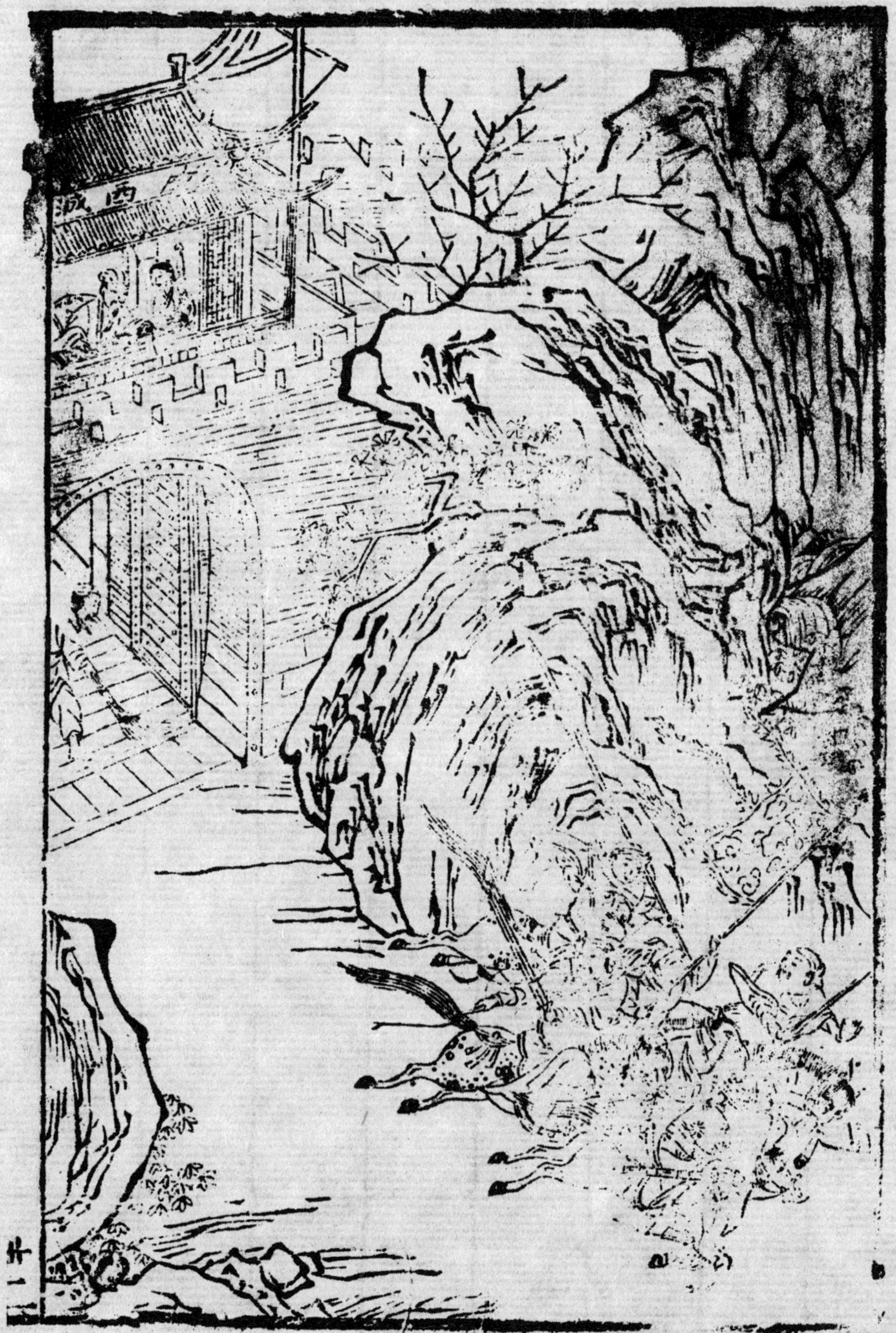

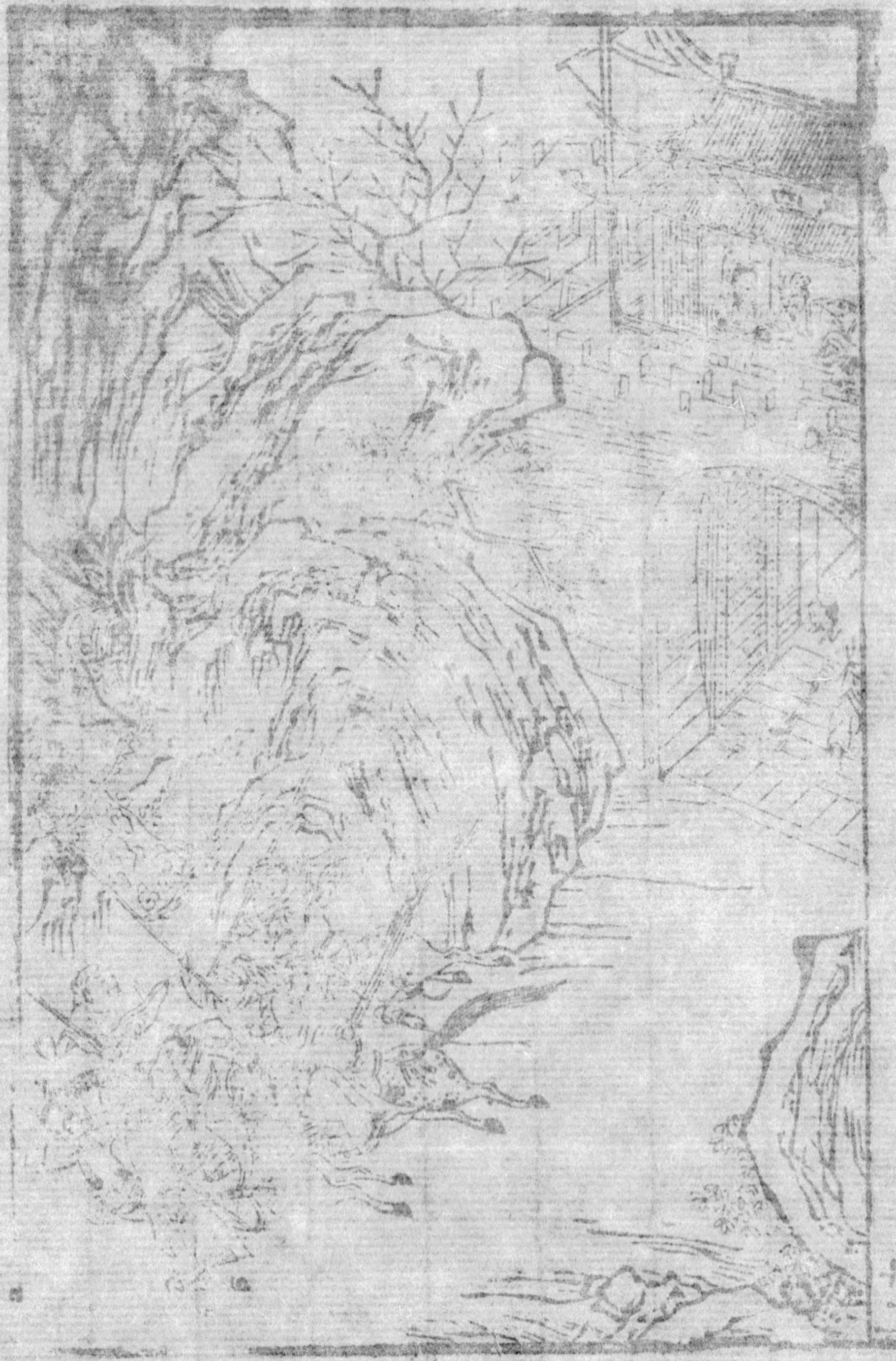

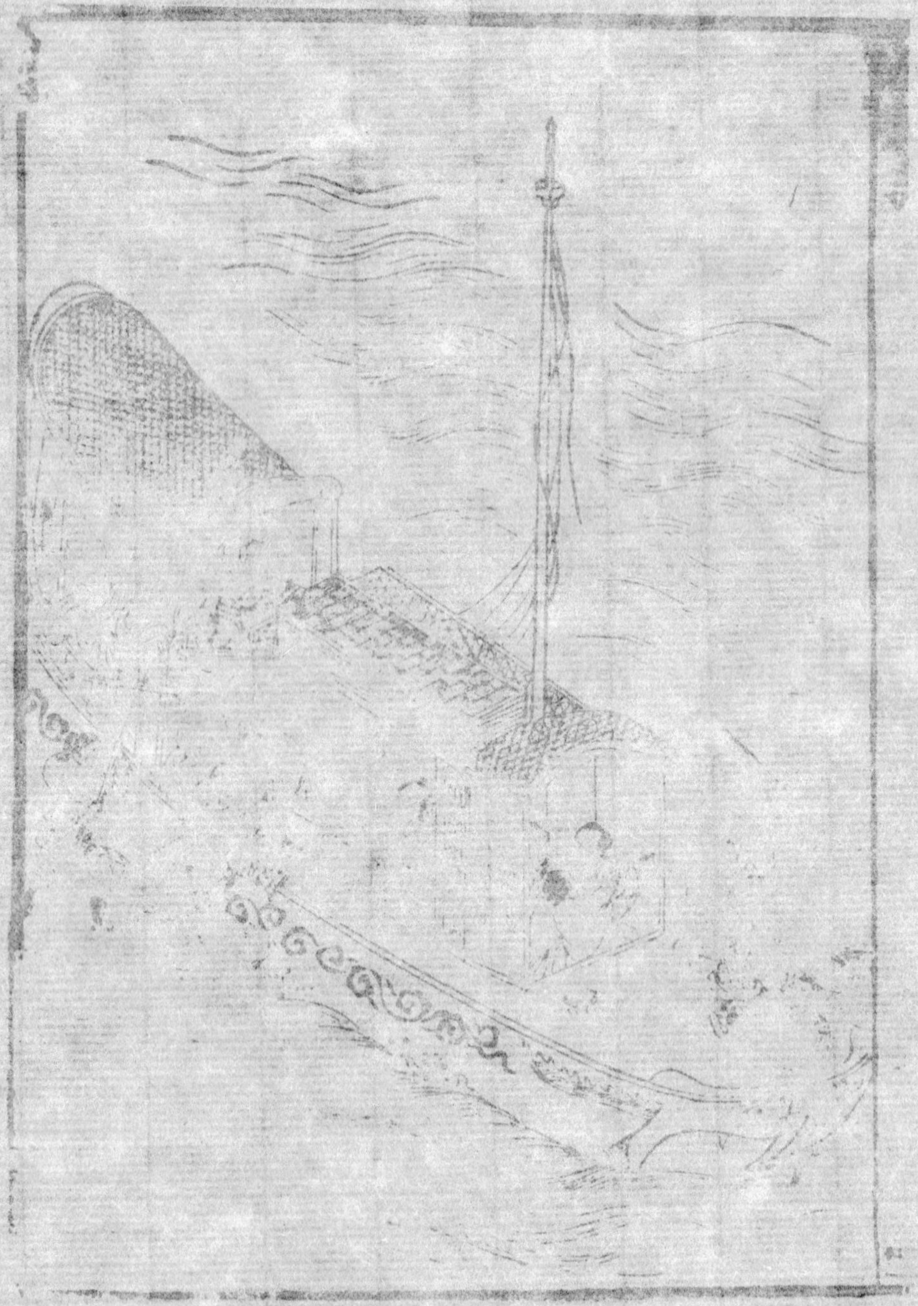

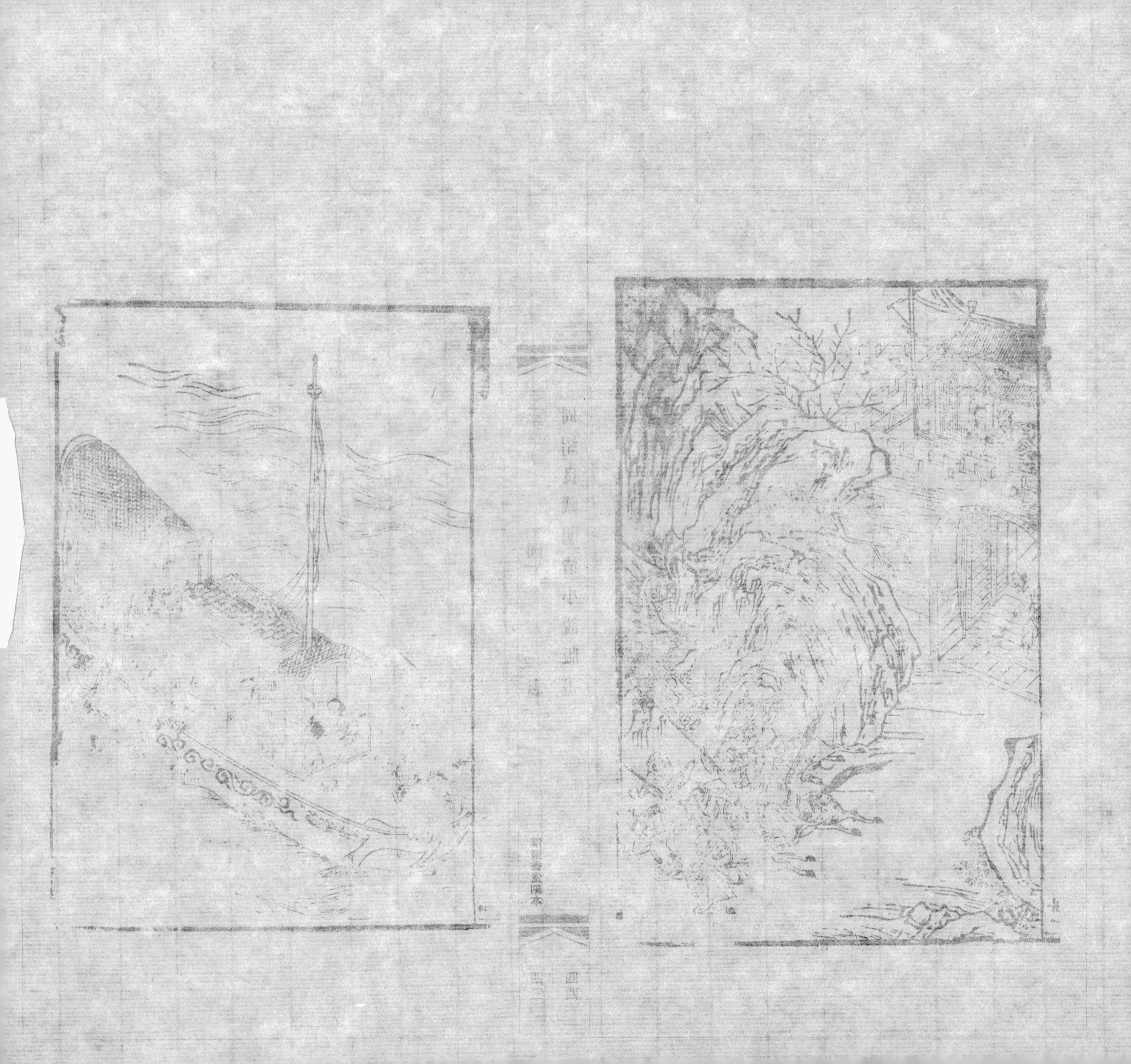

《三國志》 清遺香堂刻本

所謂遺香堂本，首有壬申（明崇禎五年，公元一六三二年）夢藏道人序：

（前缺）陳壽□□□□□□□許其能□□□□□□考不免□□□□識少其本，意自有所屬耳。羅貫中氏取其書演之，更六十五篇為百二十回。合則珠聯，分則辨物，實有意旨，不發躍如。其必雜以街巷之譚者，正欲愚夫愚婦共曉共暢人與是非之公，而不謂遭一剞劂，即遭一改竄也。今夫《齊諧》、《虞初》、《夷堅》、《諸皋》并隸小說，苟非其人，亦不成家。而今欲以目不識丁之流，取古人更置者，再為更置，何怪眉目移，父脉絕，令讀者幾以貫中為口實。夫貫中有良史才，小說自隱耳。而致為後人代受嗤鄙，冤哉！吾安得不為貫中一洗之。因特求名藩古本，大加訂正，間猶有詞賦未合者，悉取著作原本定之。於是羅君所演，忽還故物。然其指歸，雖躍如而未發失，今不明。恐更有俗子之附會矣。按國史創於著作，而意有偏屬，故於正閏賢愚之評斷，屢為昔賢所糾。晉習鑿齒作《漢晉春秋》，謂蜀以宗室為正，至晉文平蜀，乃為漢亡晉興。唐李德林謂曹賊罪百田常，禍千王莽，而陳壽依違其事，遂以魏為正朔之國。合參二家，壽之正閏失歸已大略具見矣。北魏毛修之謂陳壽曾為武侯書佐，得撻百下，故其論武侯言多挾恨，即德林亦謂陳壽由父辱受髡，故厚誣諸葛。合參二家，壽之賢愚失品，又大略可見矣！貫中合三而一，而模寫諸葛獨至，蓋其意明以古今之正統屬章式，以古今之一人屬諸葛也。能作是觀，思過半矣。愚夫婦與是非之公矣。不者，正其舛訛不發其意指，吾安知世之肉眼不以良史許壽，而以說家薄貫中也。

壬申午日夢藏道人書于蒲室。

茲選圖四幅：

一、□□□□　二、橫槊賦詩　三、截江奪阿斗　四、空城記

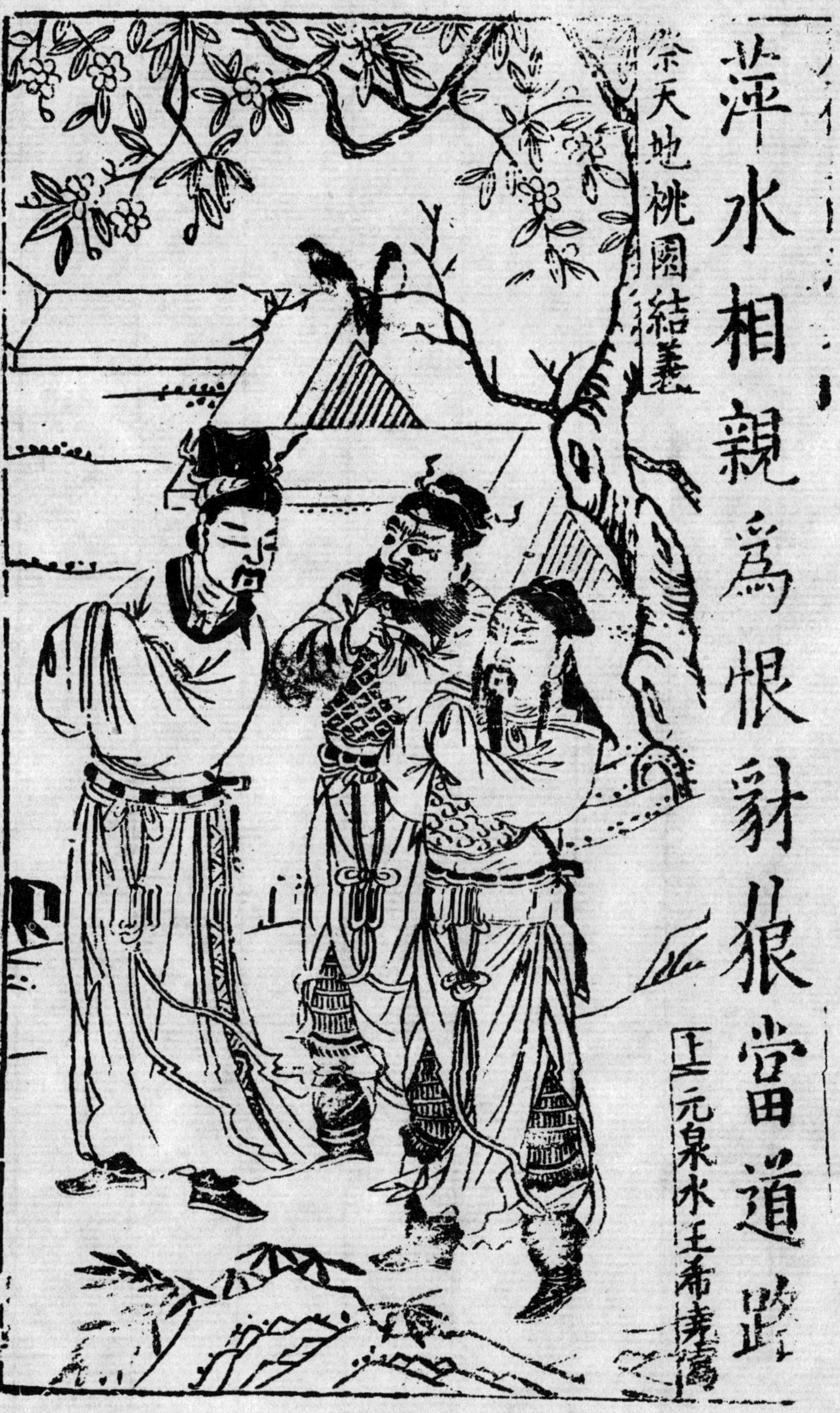
萍水相親爲恨豺狼當道路
祭天地桃園結義
上元泉水王希堯寫

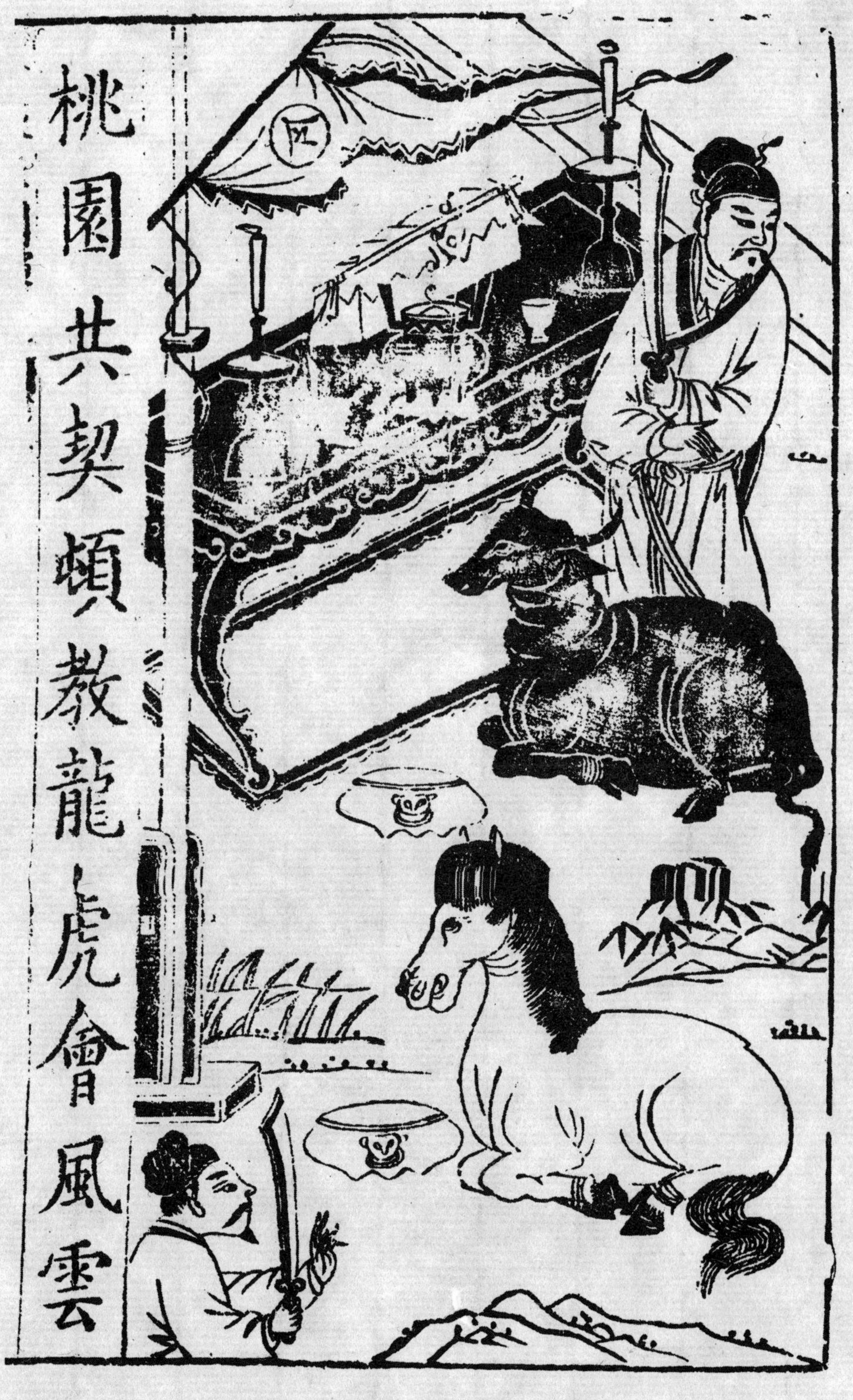
桃園共契頓教龍虎會風雲

明萬曆十九年周曰校刻本

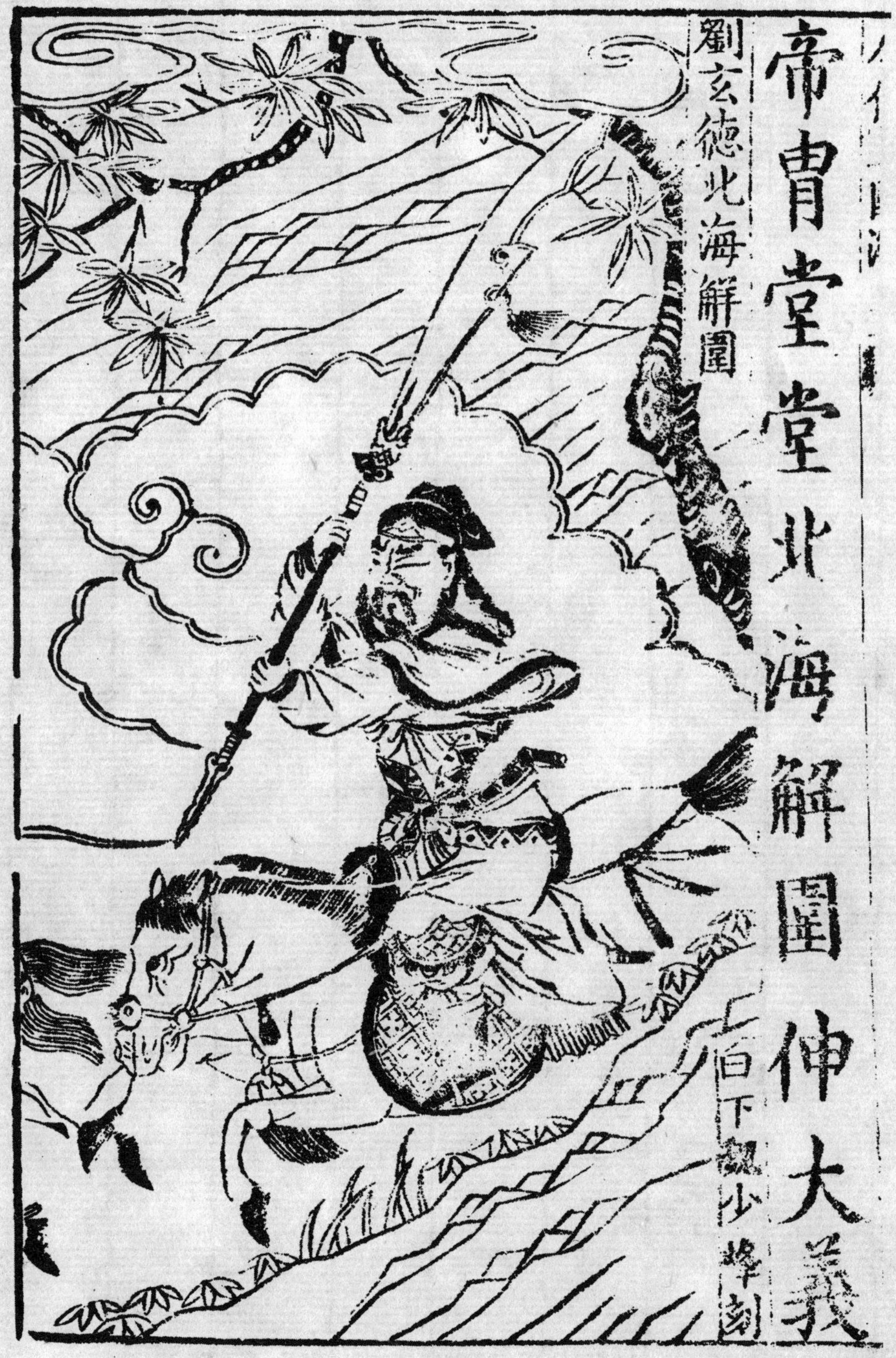
帝胄堂堂北海解圍伸大義
劉玄德北海解圍
白下魏少峰刻

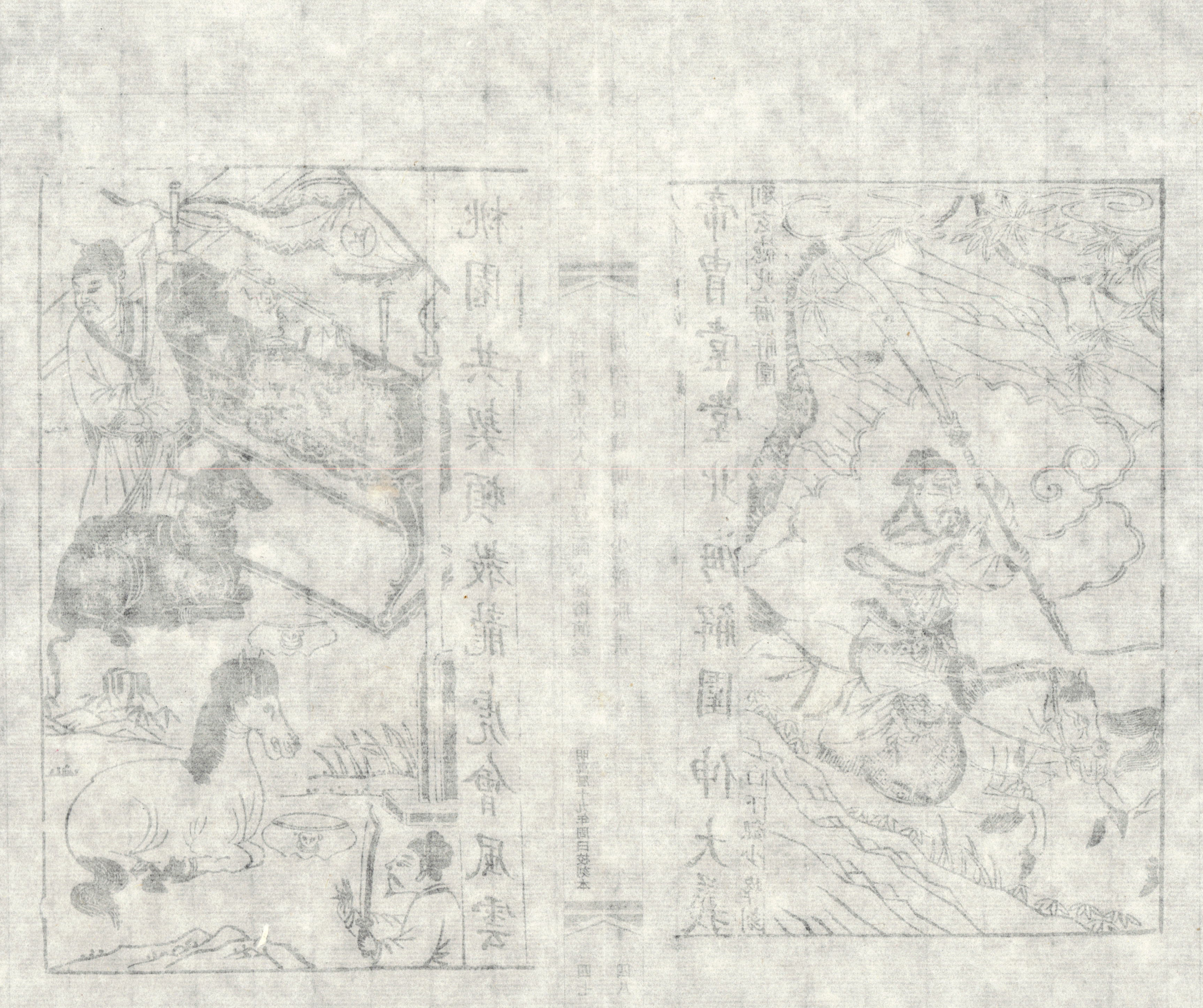

虎臣赳赳前區斬將逞雄威

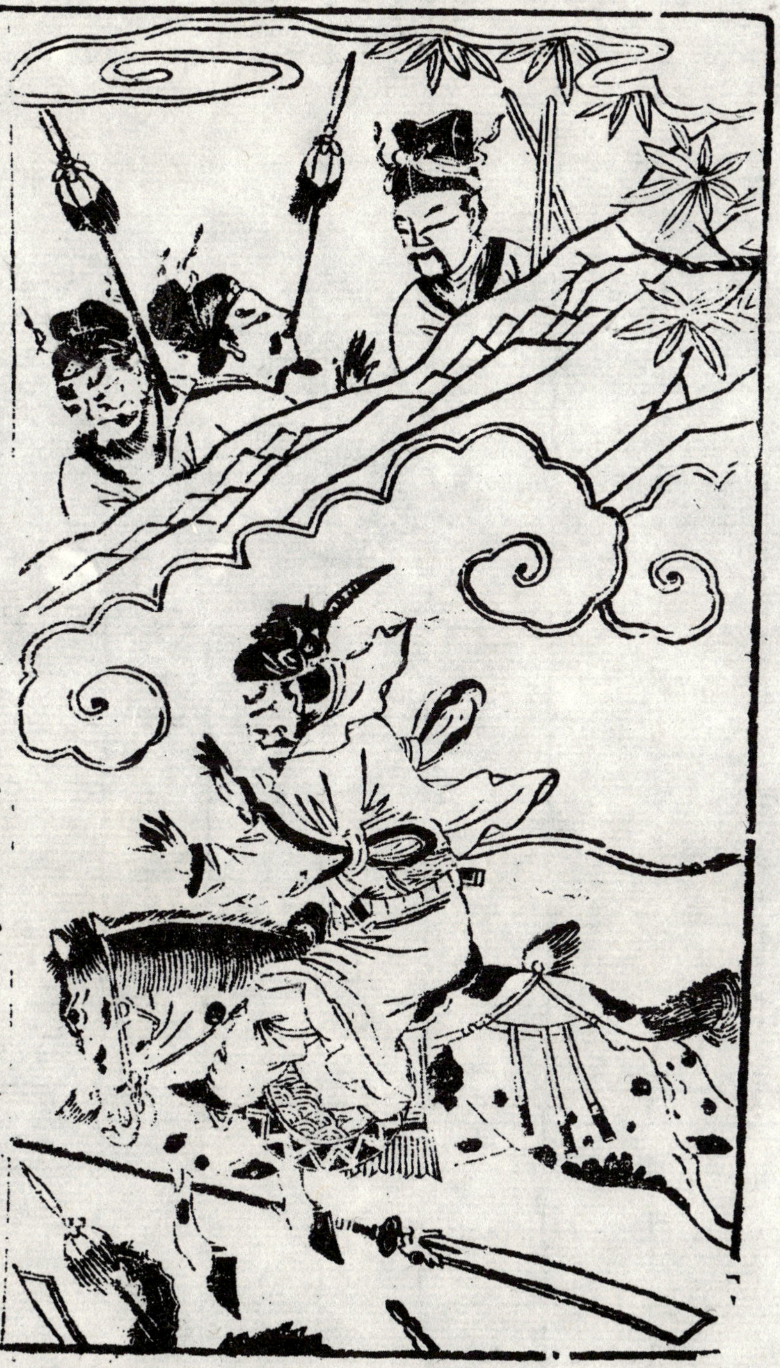

明萬曆十九年周曰校刻本

全像三國演義卷

洪水禍深枉用方天長畫戟

白門曹操斬呂布

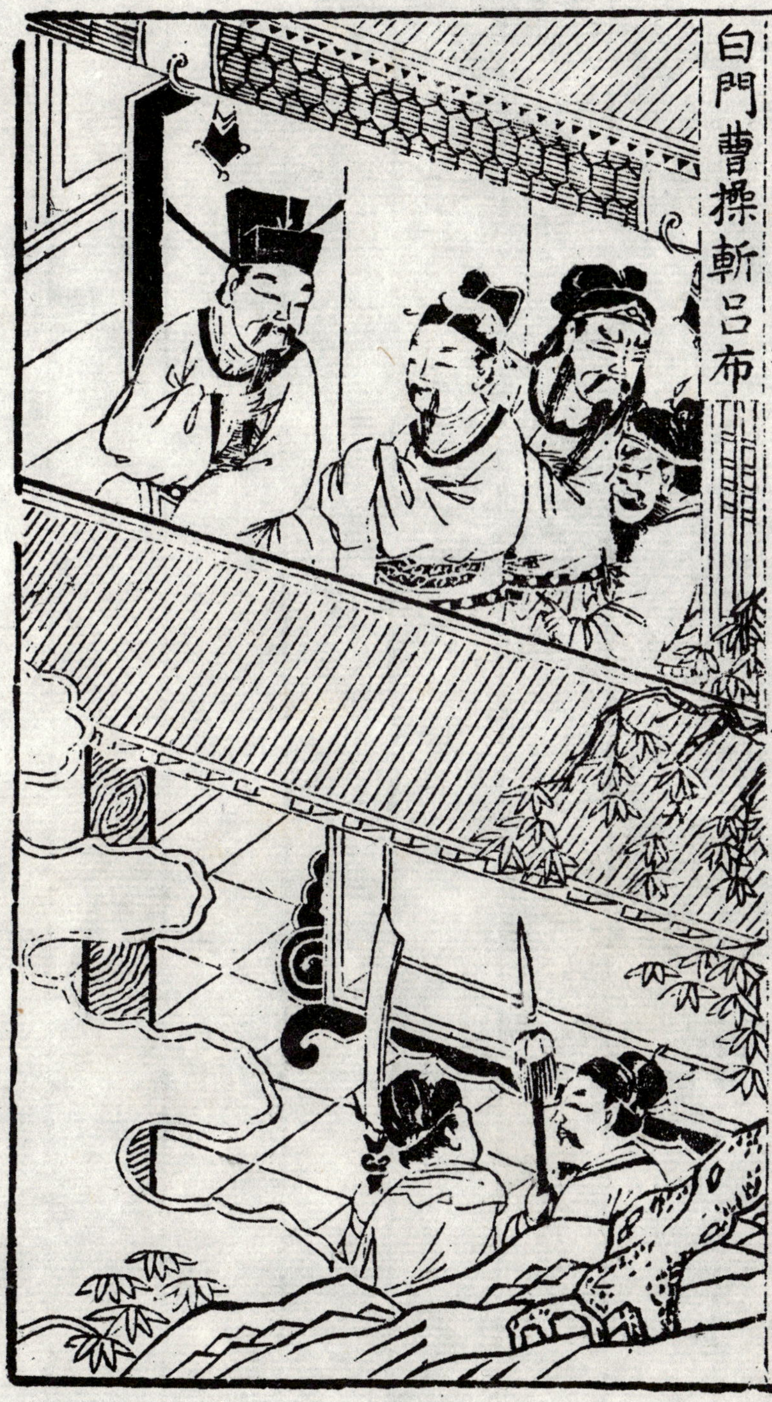

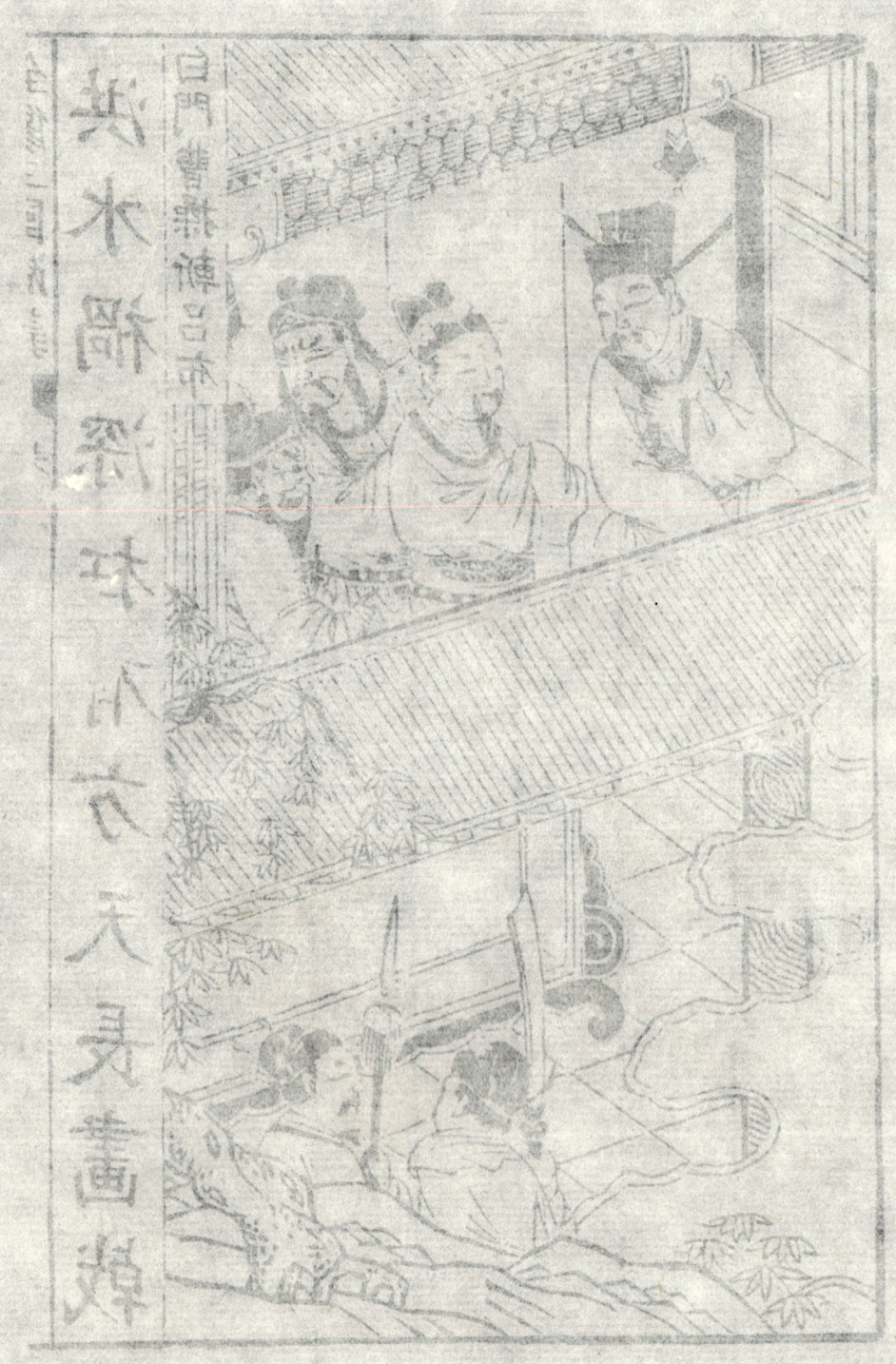

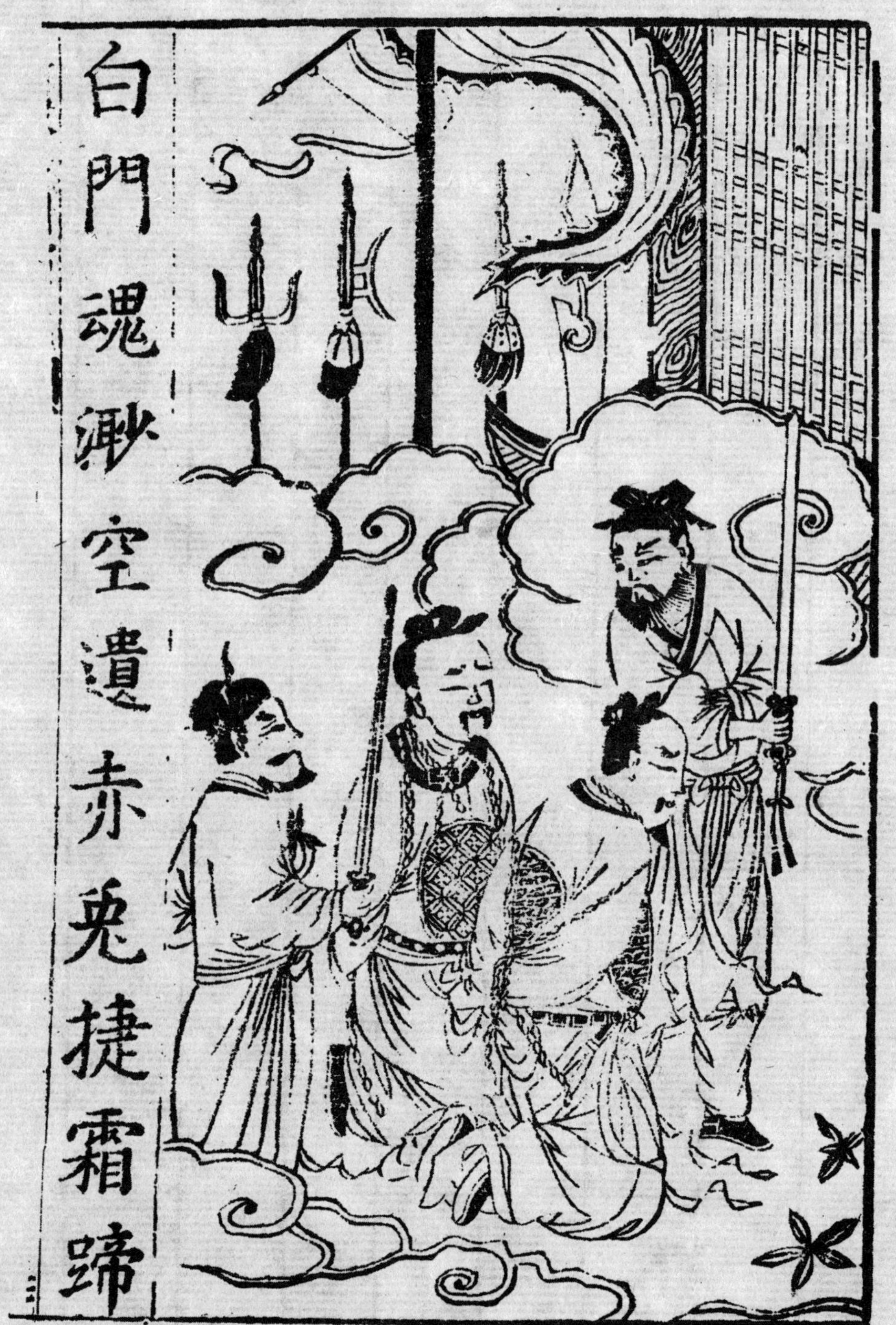
白門魂渺空遺赤兎捷霜蹄

明萬曆十九年周曰校刻本

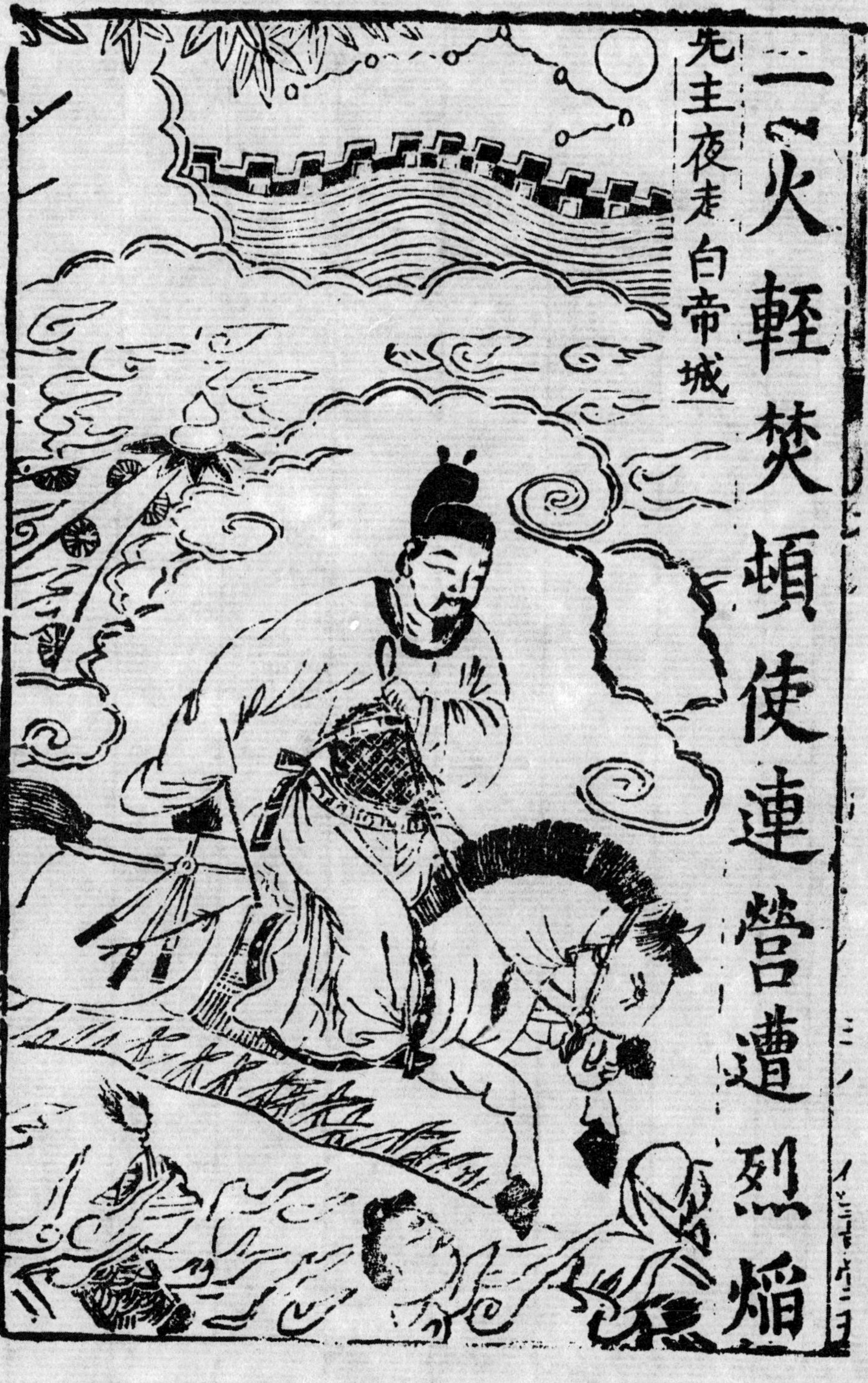
一火輕焚頓使連營遭烈焰
先主夜走白帝城

先主夜走白帝城

一把火輕焚萬頃夜連營盡遭烈焰

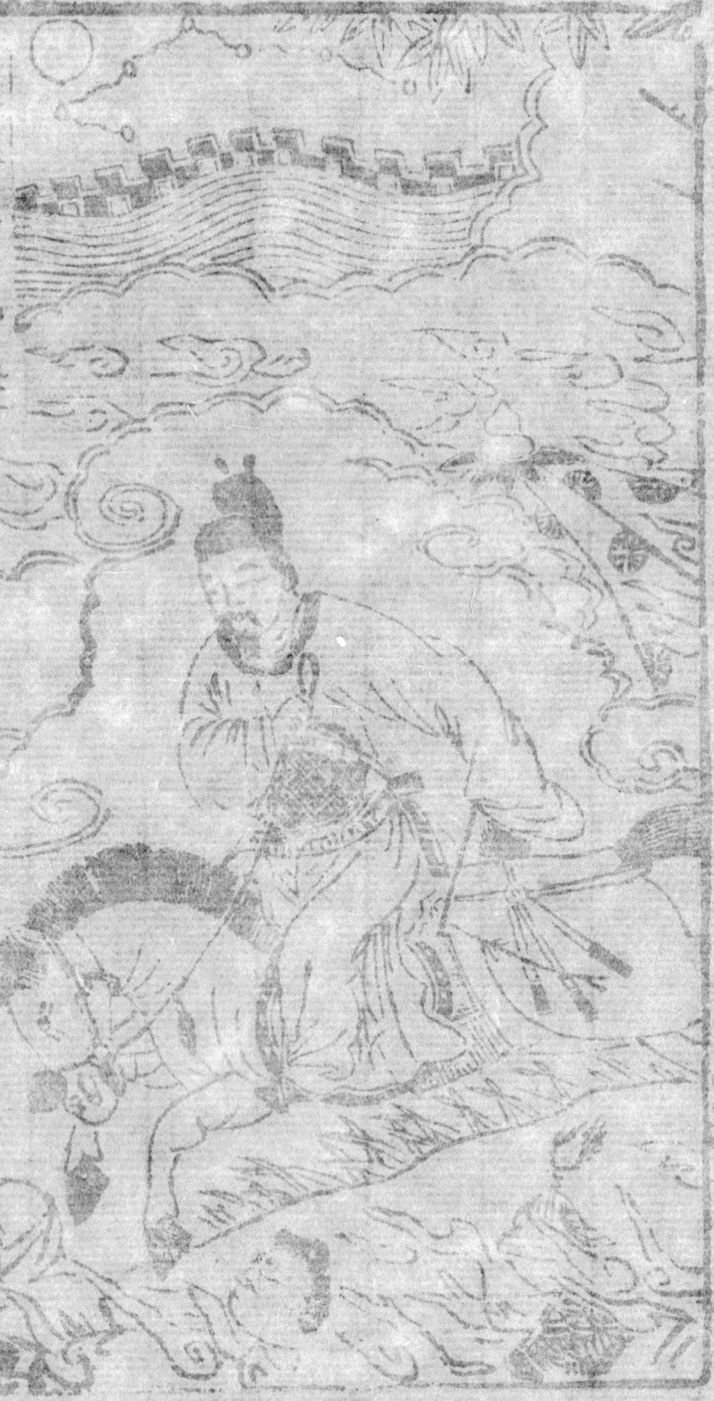

明萬曆十九年周日校刻本

白門魂斷空遺赤兔捷霜蹄

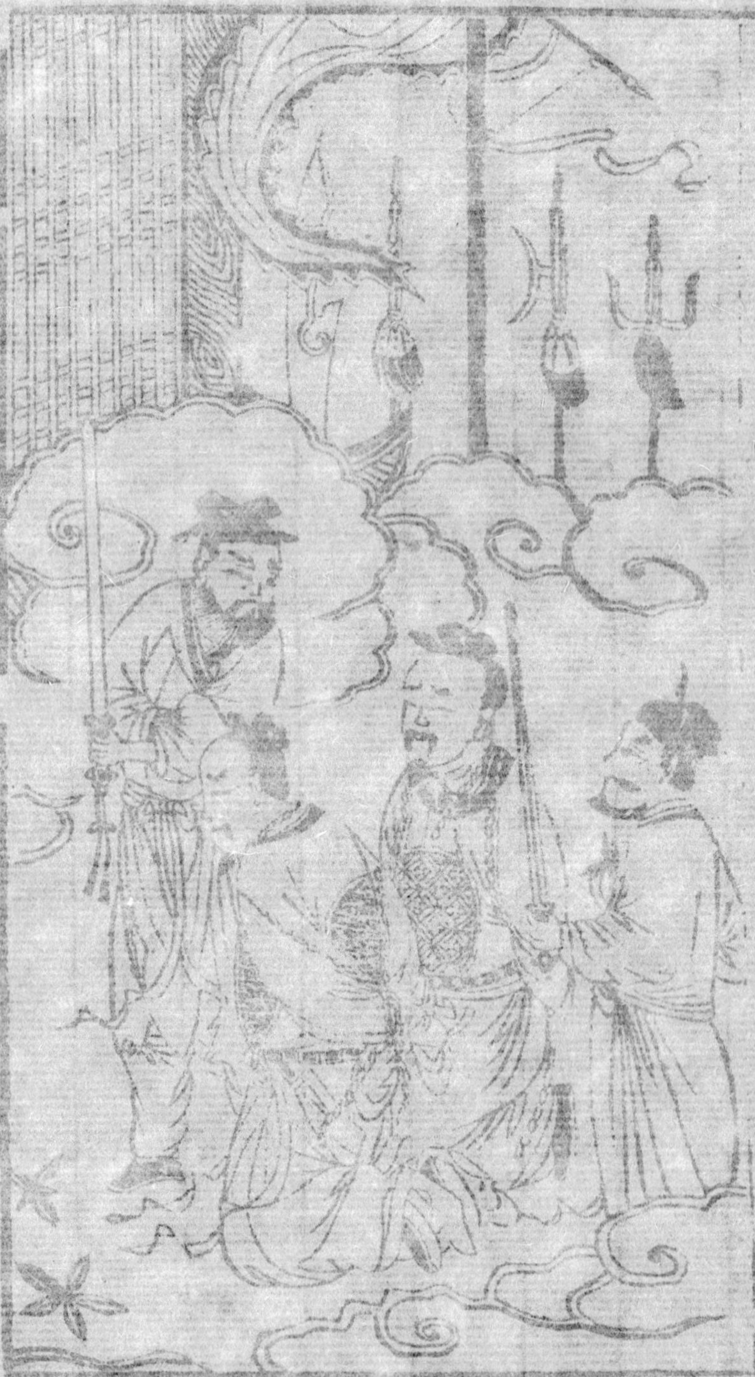

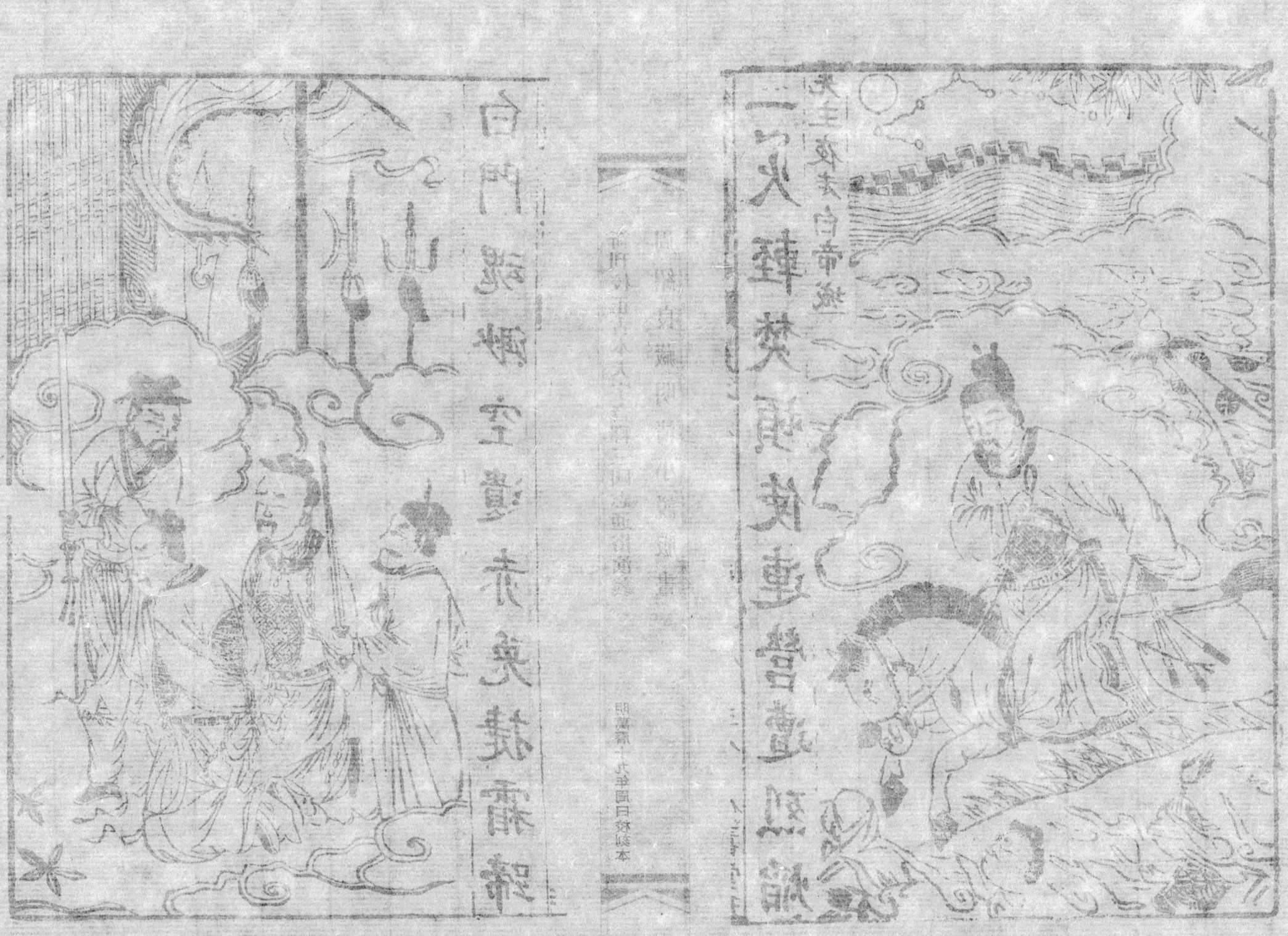

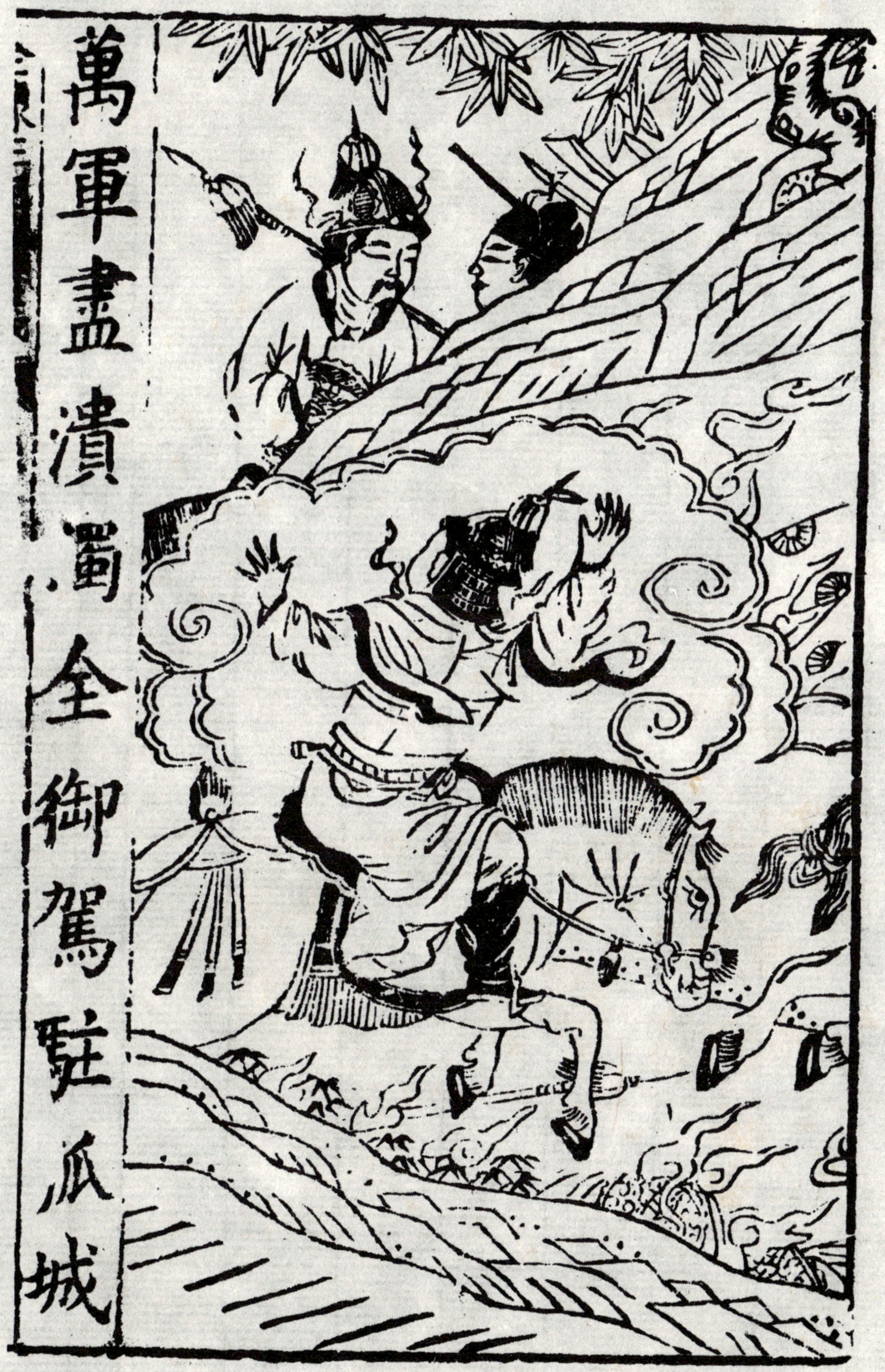
萬軍盡潰蜀全御駕駐瓜城

《新刊校正古本大字音釋三國志通俗演義》　明萬曆十九年周曰校刻本

十二卷，二百四十則，明萬曆（十九年，公元一五九一年）金陵萬卷樓周曰校刻本，但版心下題『仁壽堂刊』。署作者與出版家為『晋平陽侯陳壽史傳』、『後學羅本貫中編次』、『明書林周曰校刊行』。有『庸愚子』序，『關中修髯子』引。引後有字一行：『萬曆辛卯季冬吉望刻於萬卷樓』。按此一序一引皆録自舊本。先於此書的嘉靖壬午（元年，公元一五二二年）二十四卷二百四十則本《三國志通俗演義》，首為弘治甲寅（七年，公元一四九四年）庸愚子序，章二：『金華蔣氏』、『大器』；次為嘉靖壬午（公元一五二二年）關中修髯子引，章一：『關西張尚德章』。明著二人籍貫姓名。嘉靖壬午本為現傳《三國志通俗演義》最早的刻本，蔣氏序，不知嘉靖本自前此何本轉録；張氏引，則似專為嘉靖本所作。萬曆辛卯本則自嘉靖此本（或其後另一刻本）轉録，刪去印章以掩沿襲之迹（或所據之另一刻本已無印章）。

出版家周曰校，為明代南京書賈，書坊名『萬卷樓』。以此樓名義刻印的通俗小說，現存約九種。具年代有始自萬曆十五年（公元一五八七年）的《國色天香》，到崇禎八年（公元一六三五年）的《新編掃魅敦倫東度記》，前後刻書約五十年。與萬曆年間同在南京的周如山書坊『大業堂』，周希旦『大業堂』可能同族連號。大業堂亦以出版通俗小說著稱。

此書所附插圖既多且精。北京大學圖書館藏本現存一百九十三幅。雙面連式，保持了當時已成為古典類型的建安插圖版式。但每幅左右均附對聯一副，又是明代中晚期對聯盛行的流行格式，從中似乎顯

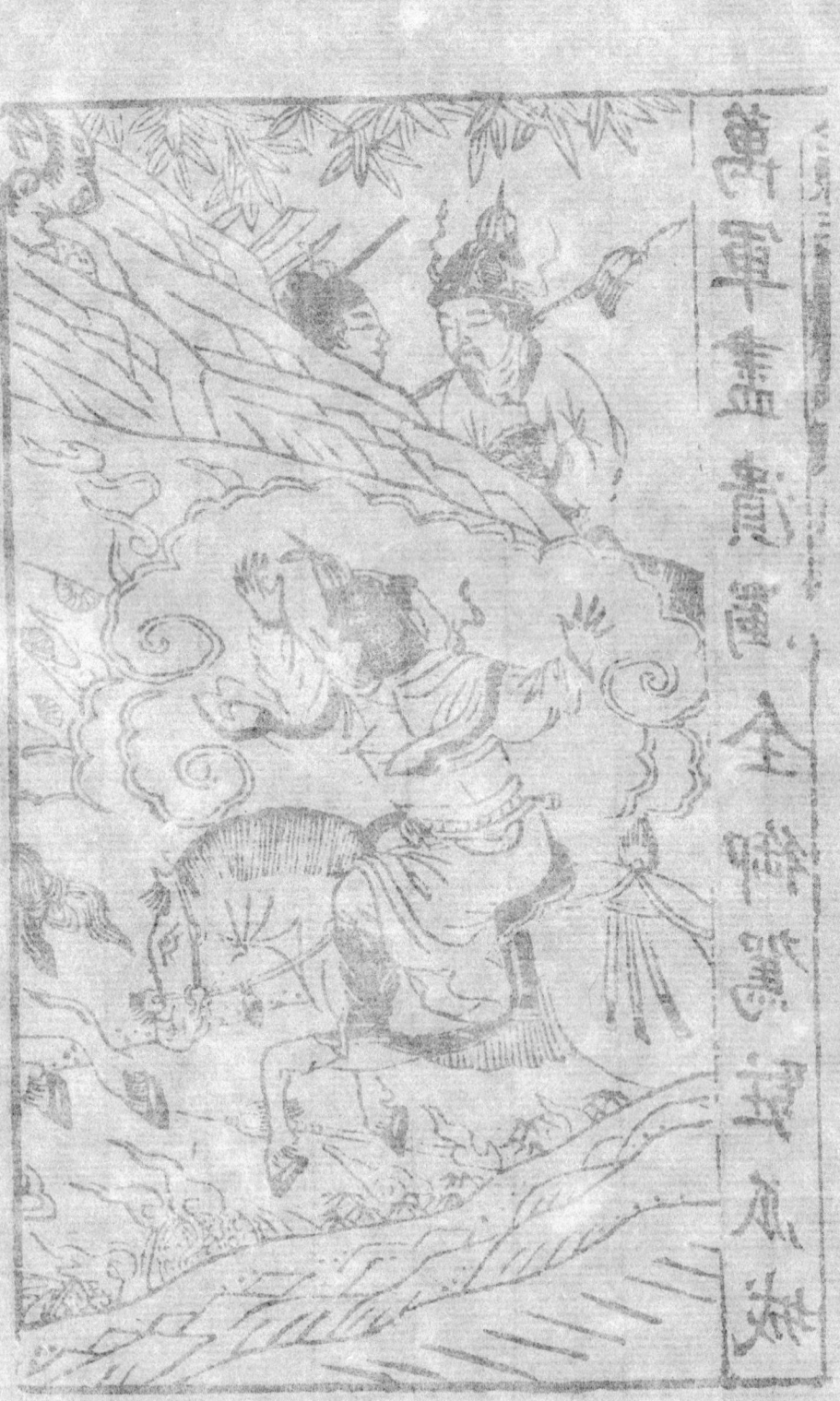

示出行業競爭中不惜工本力求新穎突出的姿態。同時的萬曆二十八年（公元一六〇〇年）福建書坊萃慶堂余氏所刻對聯彙編《大備對宗》，僅附單面左右附對聯文字插圖五幅，持以較此，寒酸甚矣。插圖附刻繪圖人姓名為：『上元泉水王希堯寫』，說明王氏是當時南京畫工，這本書中的插圖大概都是他的手筆。刻工姓名標明『白下魏少峰刻』，鐫刻帶有三國金戈鐵馬的遒勁奔放氣勢，人物繪聲繪色，綫條灑脫工細，刀法老到精練，乃是明代小說版畫中最可稱為上乘之作。這兩位都是南京人，正體現當時江浙地方板畫的成就。

這是明刊本中流傳比較多的一個本子，平妖堂一部，現在北京大學圖書館，李一氓氏藏有殘本。據孫楷第《日本東京所見小說書目》，文求堂田中氏、村口書店各有一部。又其書有複本，可見傳流頗廣。

今選四圖：

一、祭天地桃園結義　二、劉玄德北海解圍　三、白門曹操斬呂布　四、先主夜走白帝城

新刊校正古本大字音釋三國志通俗演義

明萬曆十九年周曰校刻本

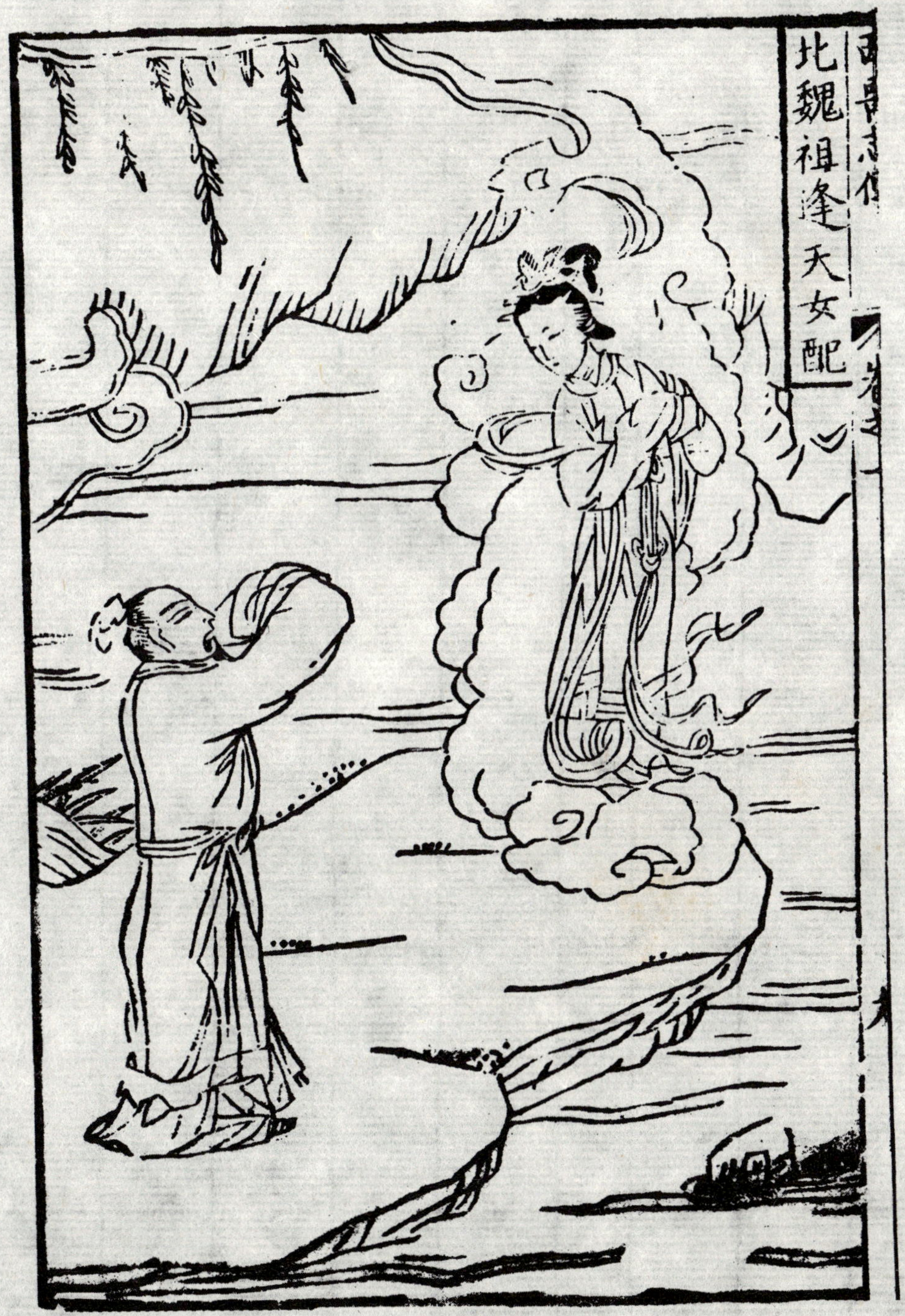

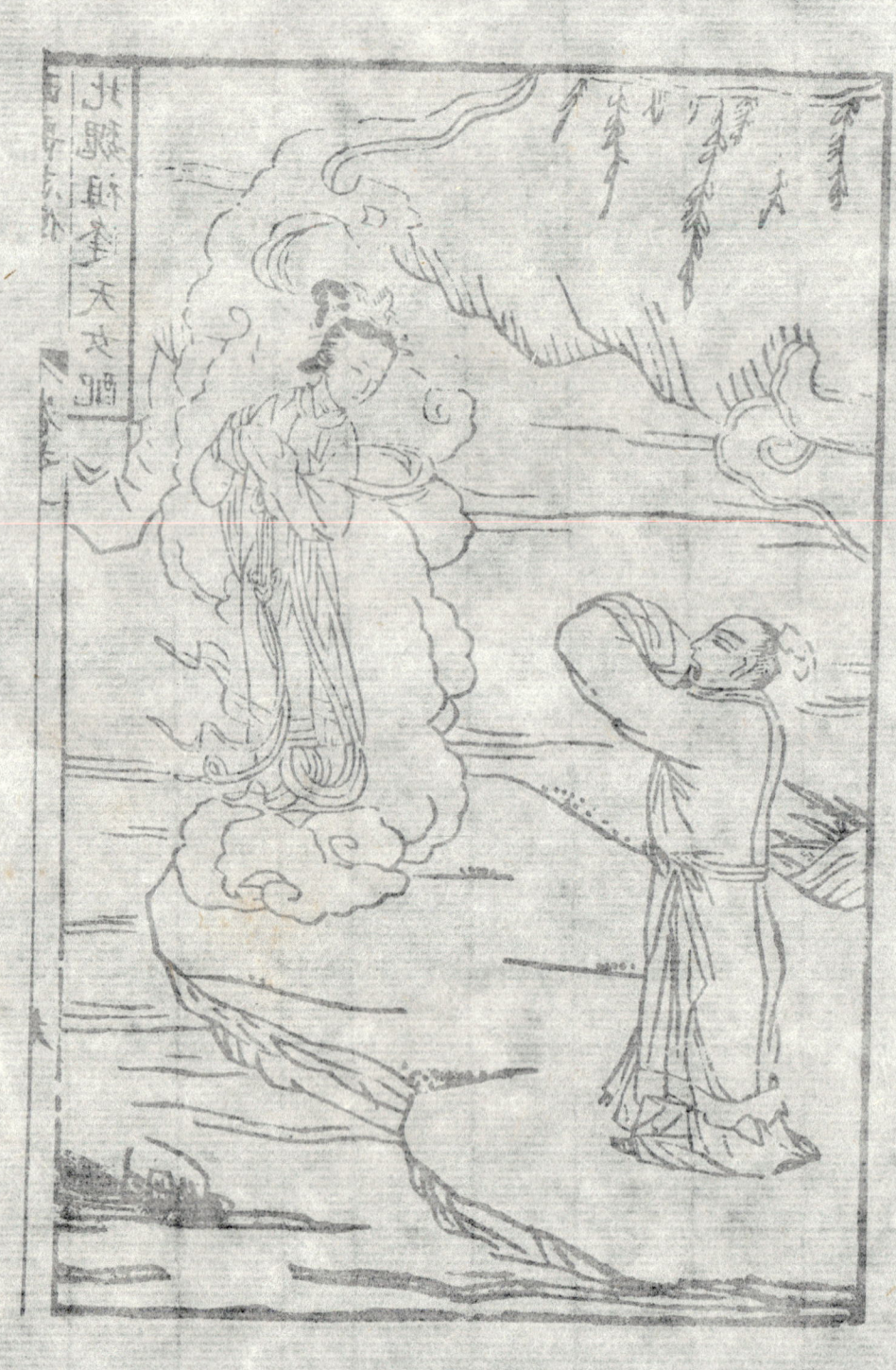

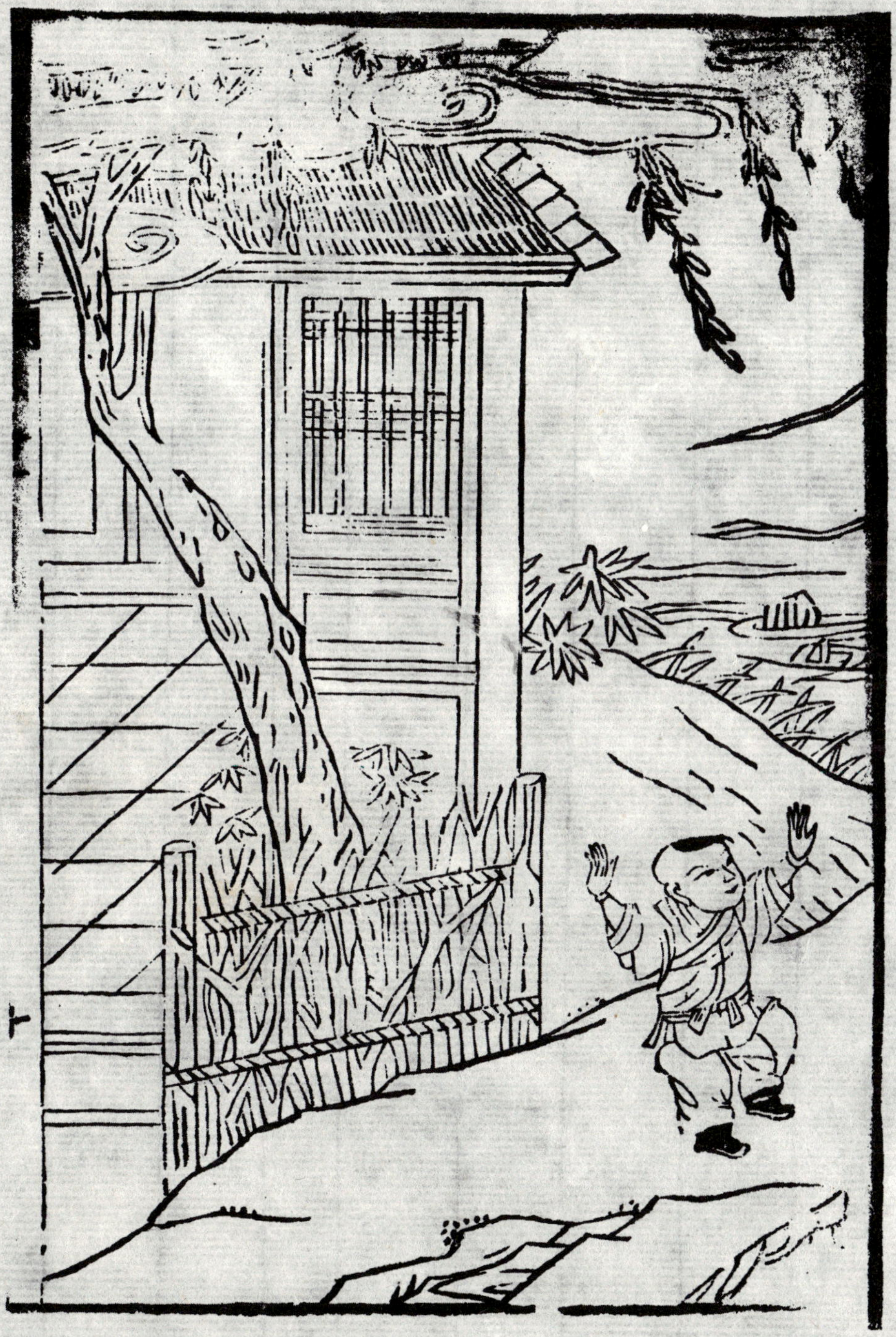

明書林周氏大業堂刻本

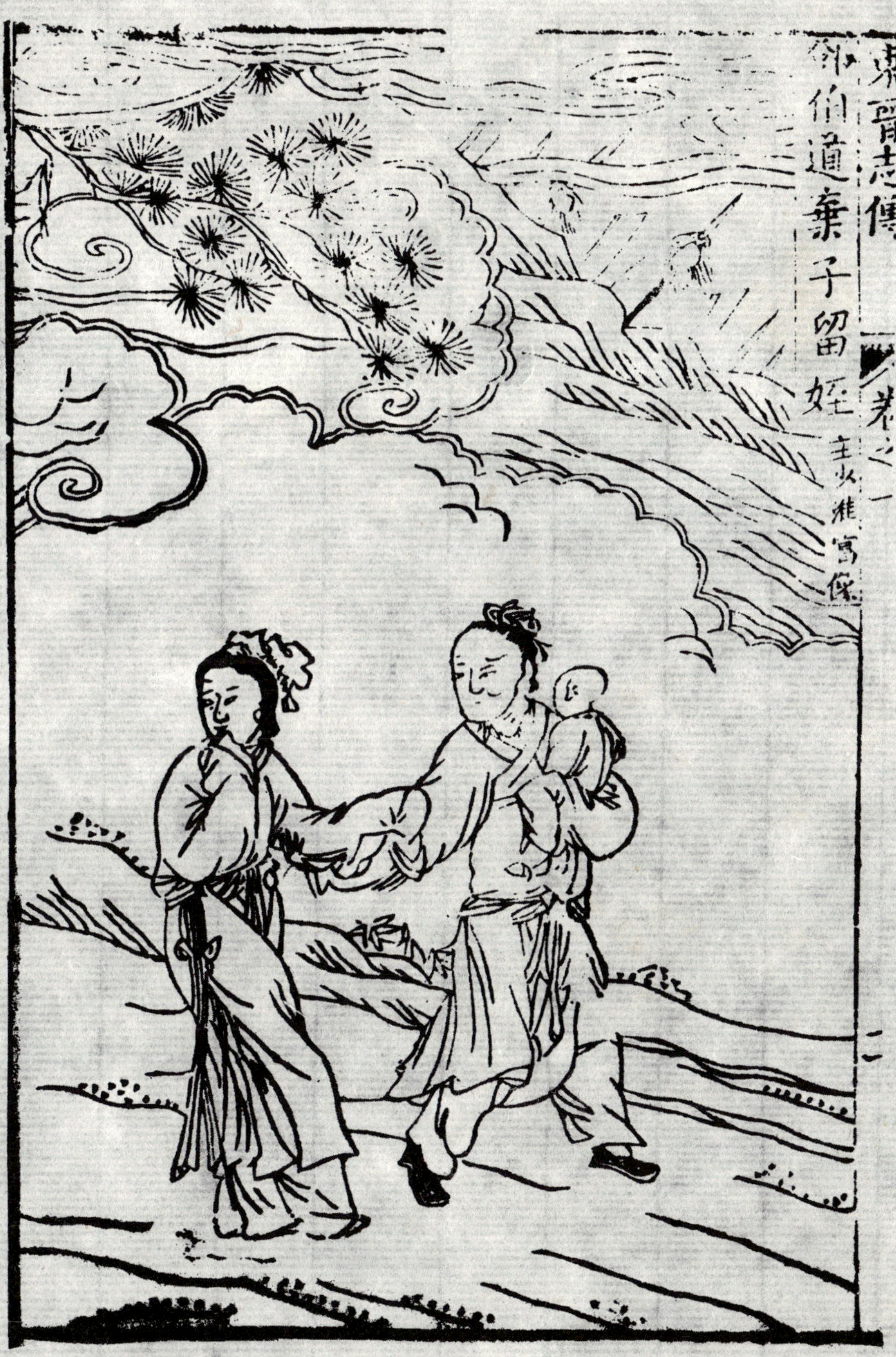

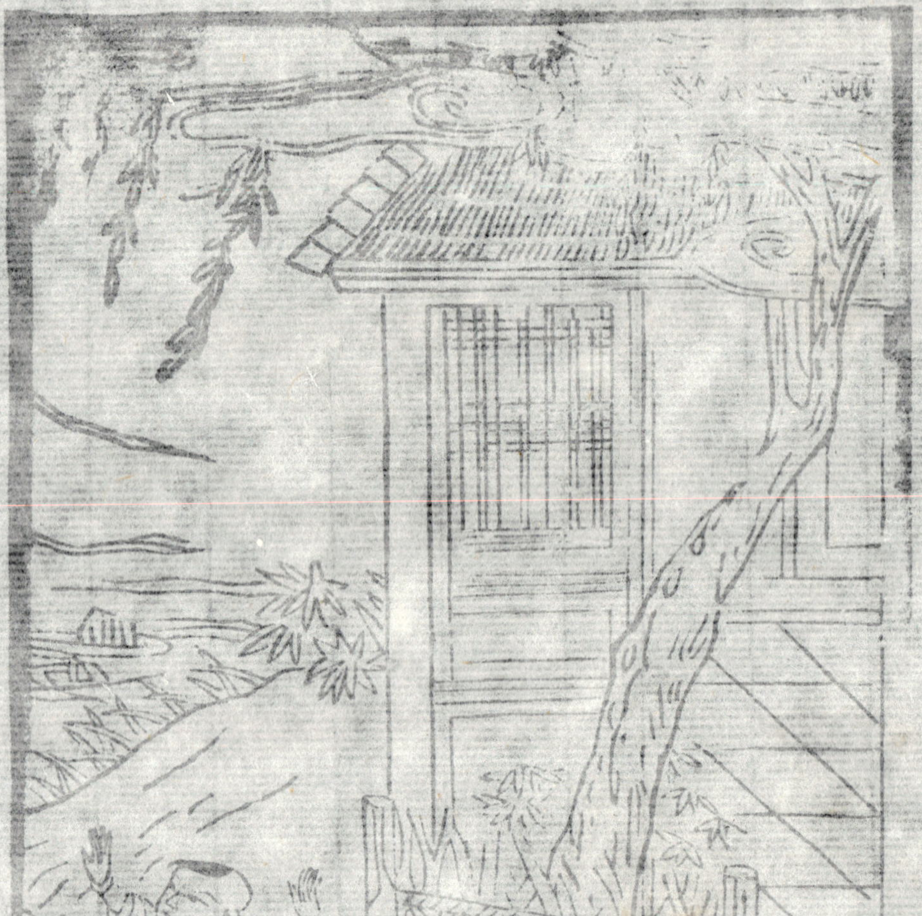

明書林周氏大業堂刻本

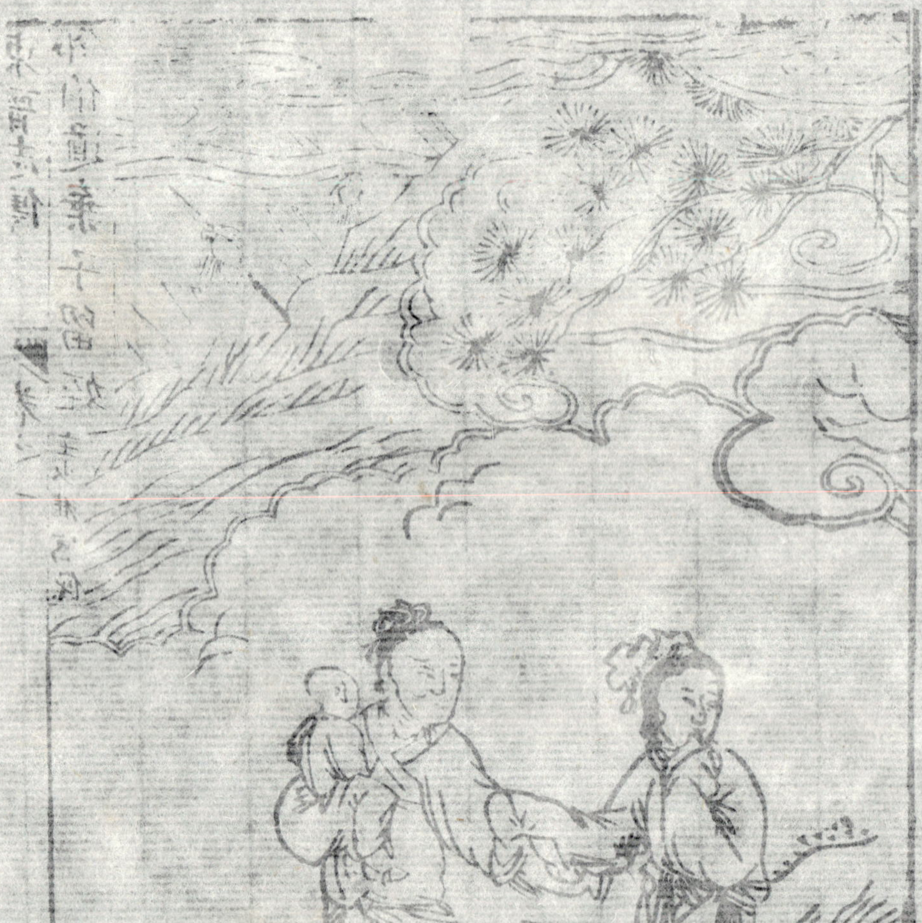

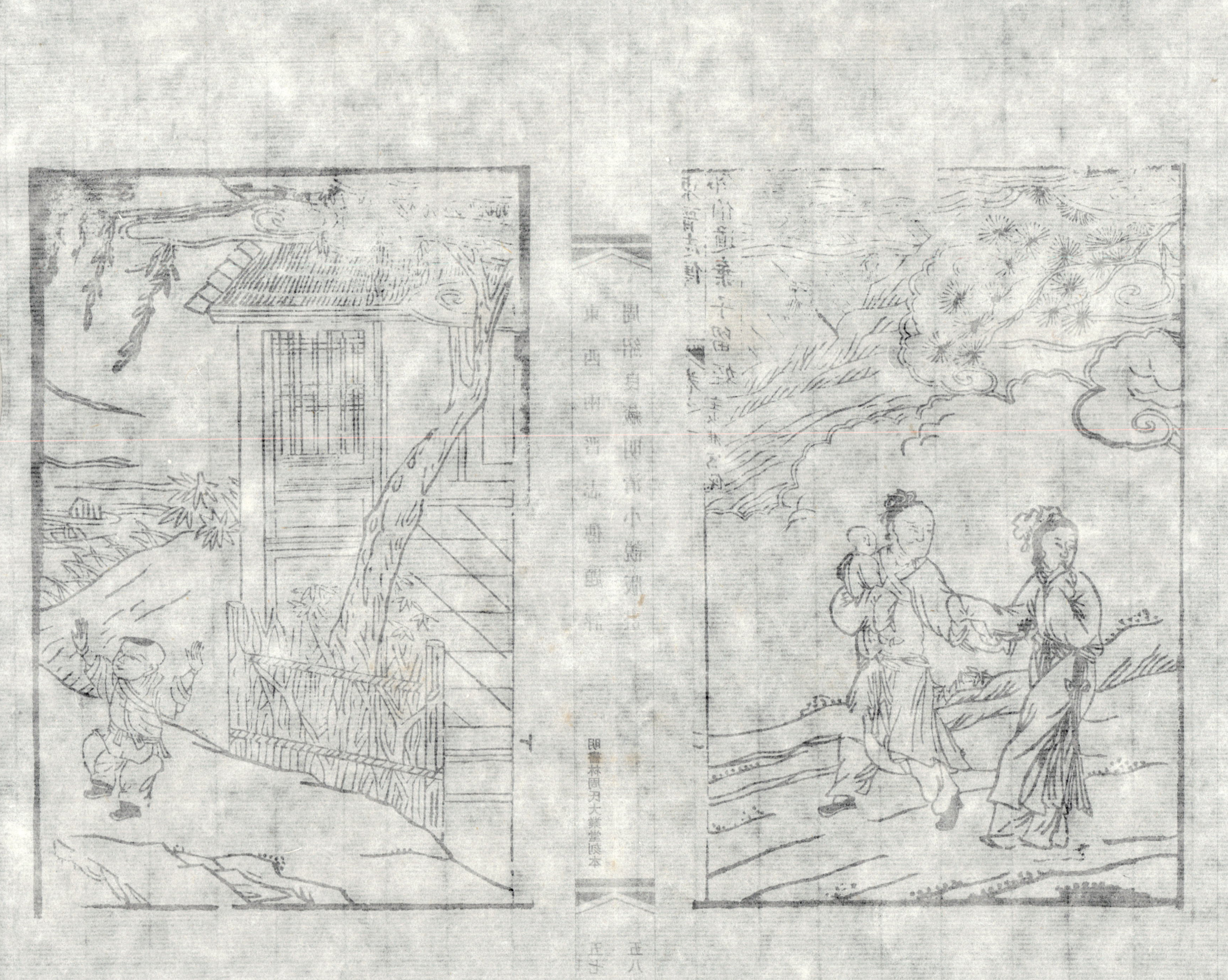

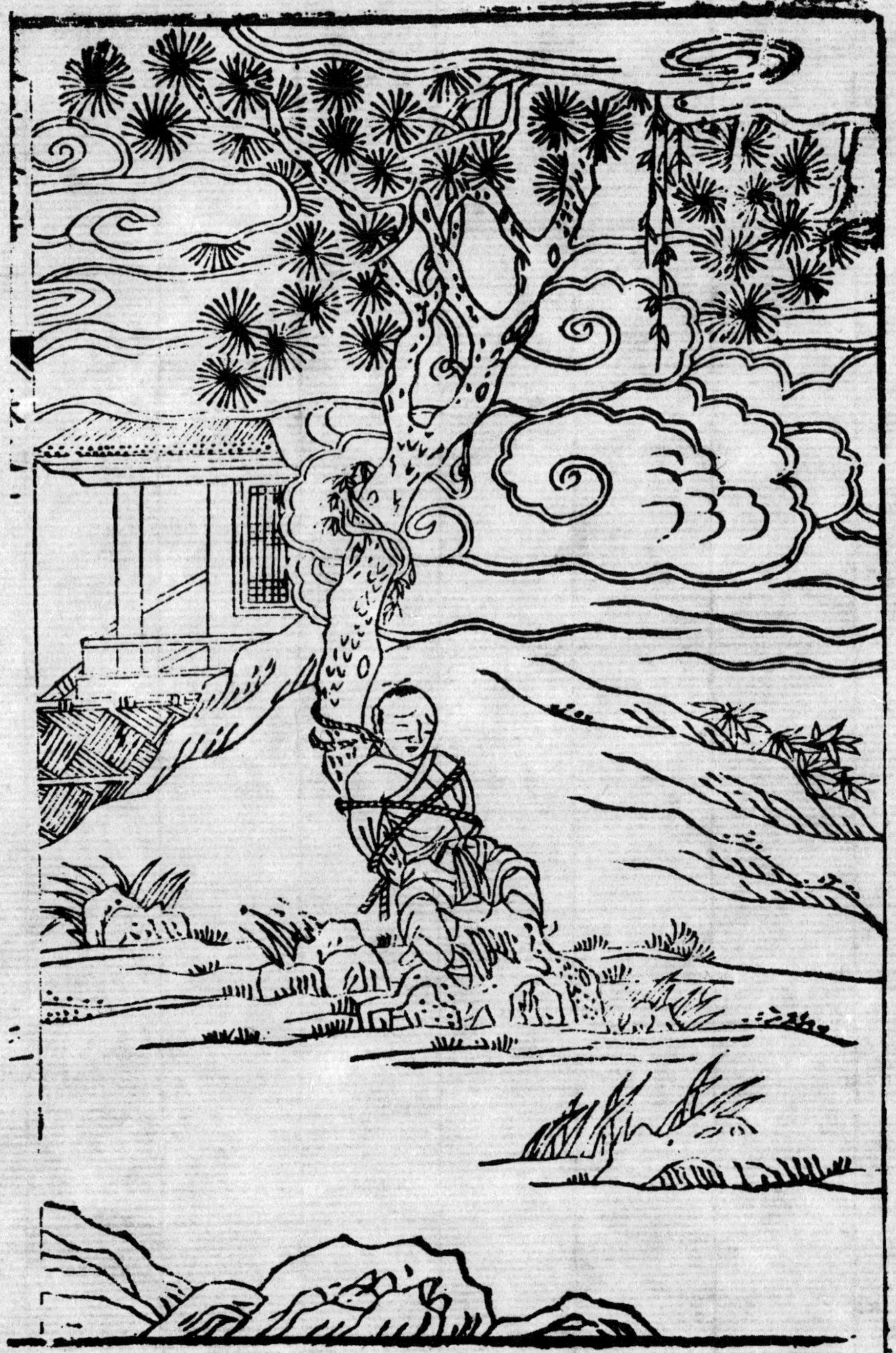

東西兩晉志傳題評

明書林周氏大業堂刻本

《東西兩晉志傳題評》　明書林周氏大業堂刻本

全名《新鍥重訂出像注釋通俗演義西晉志傳題評四卷東晉志傳題評八卷》。本書敷演兩晉歷史，敘述較為簡略。周氏大業堂為金陵著名書坊，其刻書插圖多為王少淮所繪，圖案兩側喜用對聯點綴，極有特色，可稱明代版畫的一類代表。茲選圖二幅。

一、北魏祖逢天女配（西晉卷一）

二、鄧伯道棄子留侄（東晉卷一）

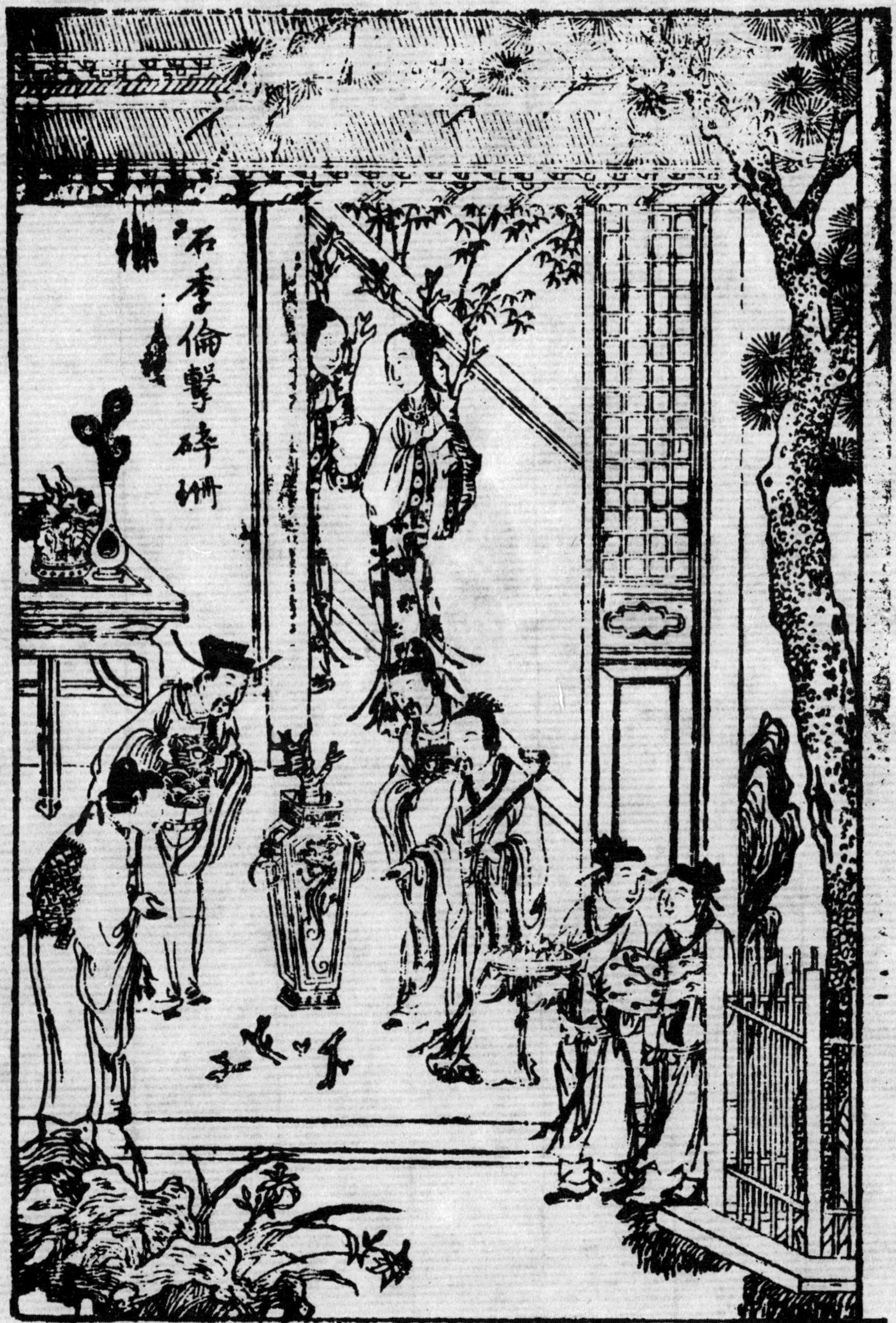

明武陵泰和堂刻本

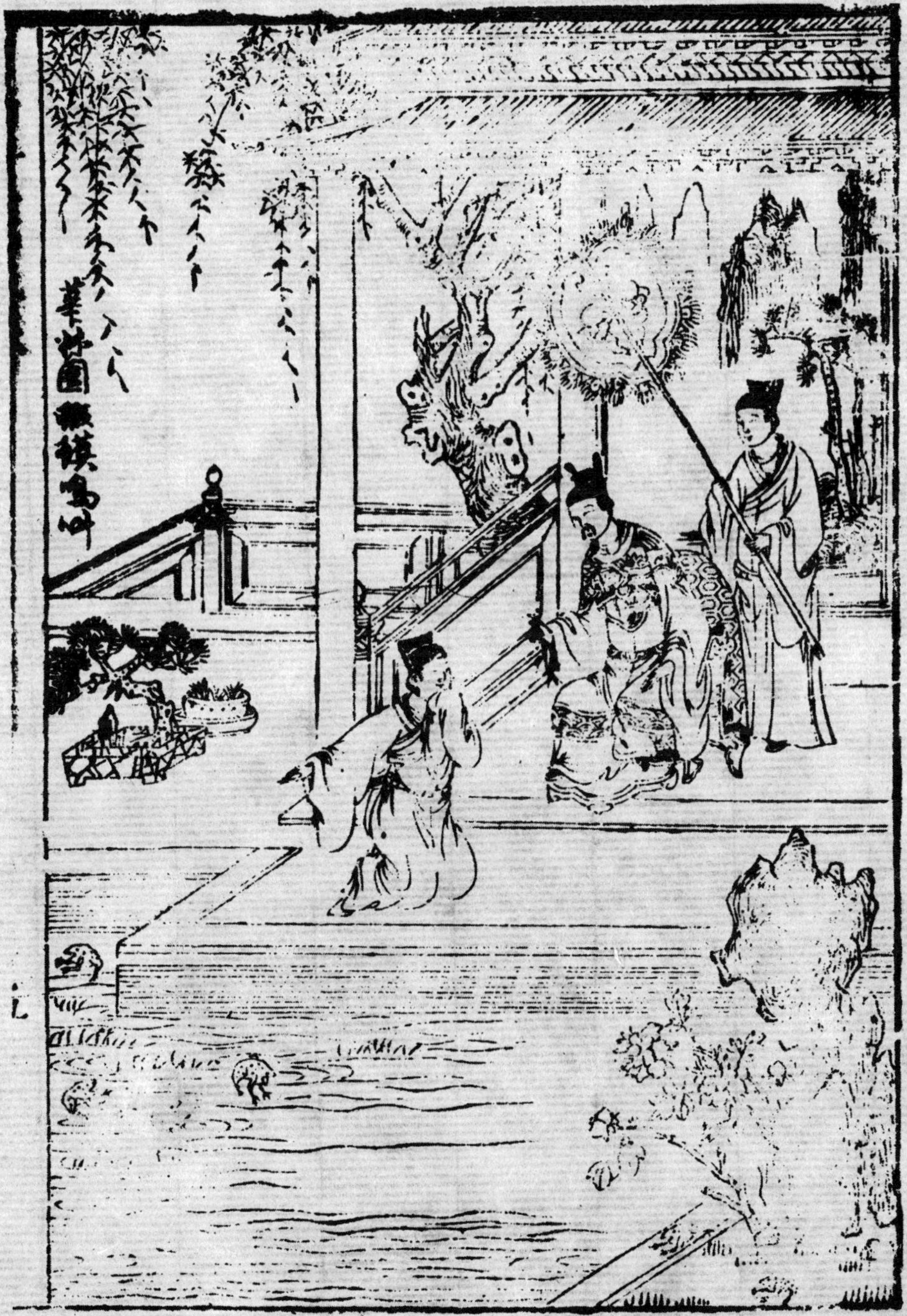

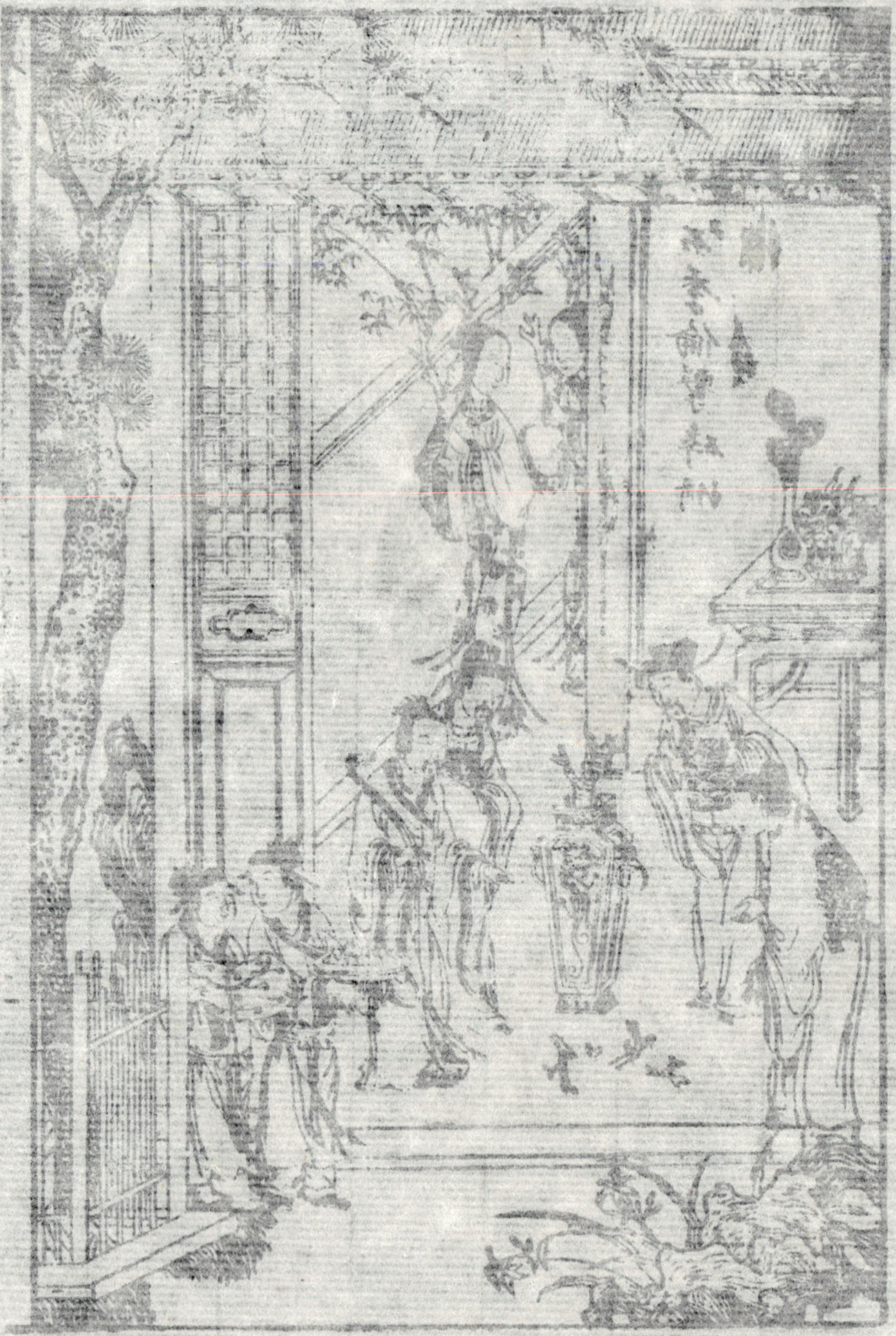

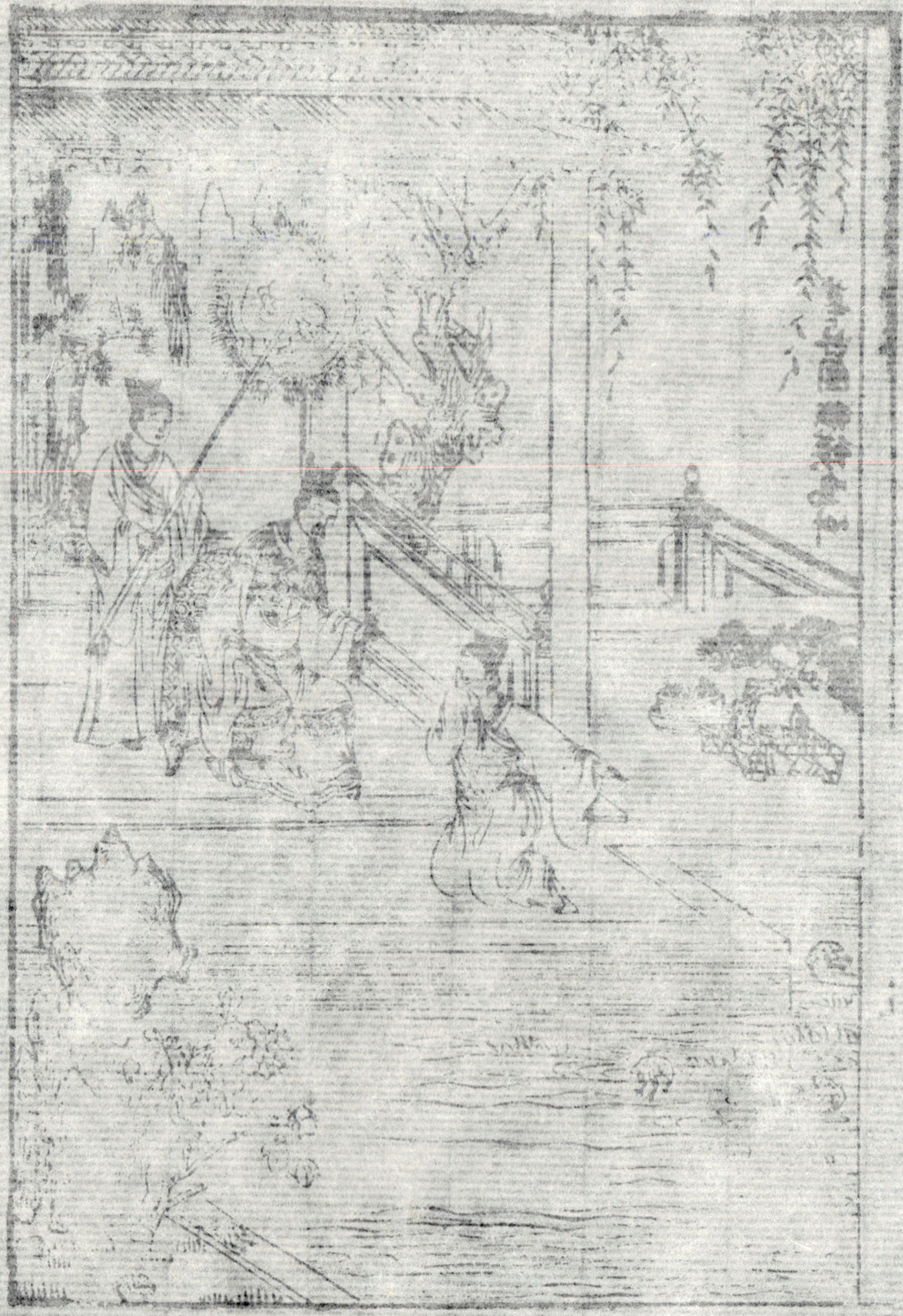

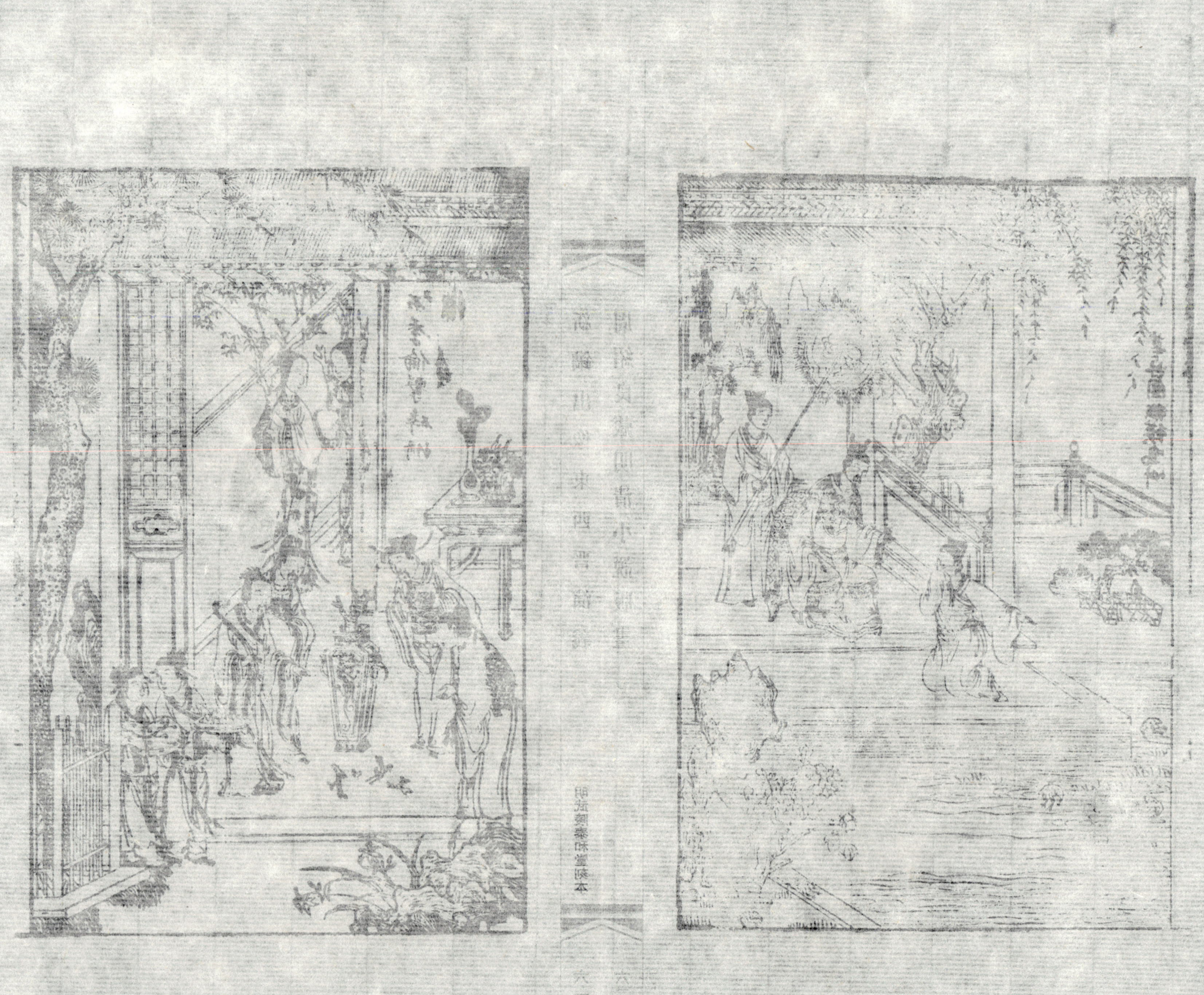

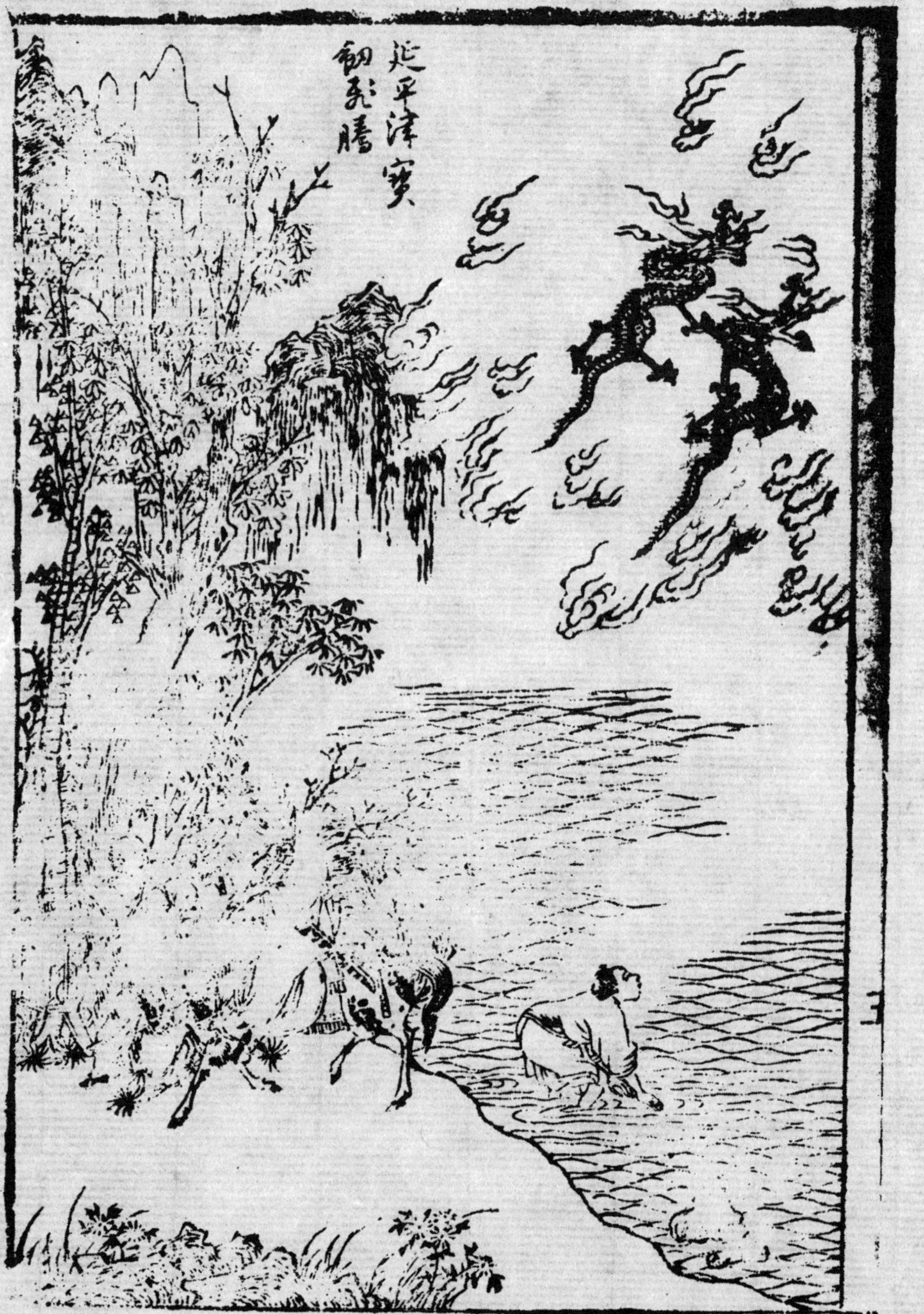
延平津寶
劍化騰

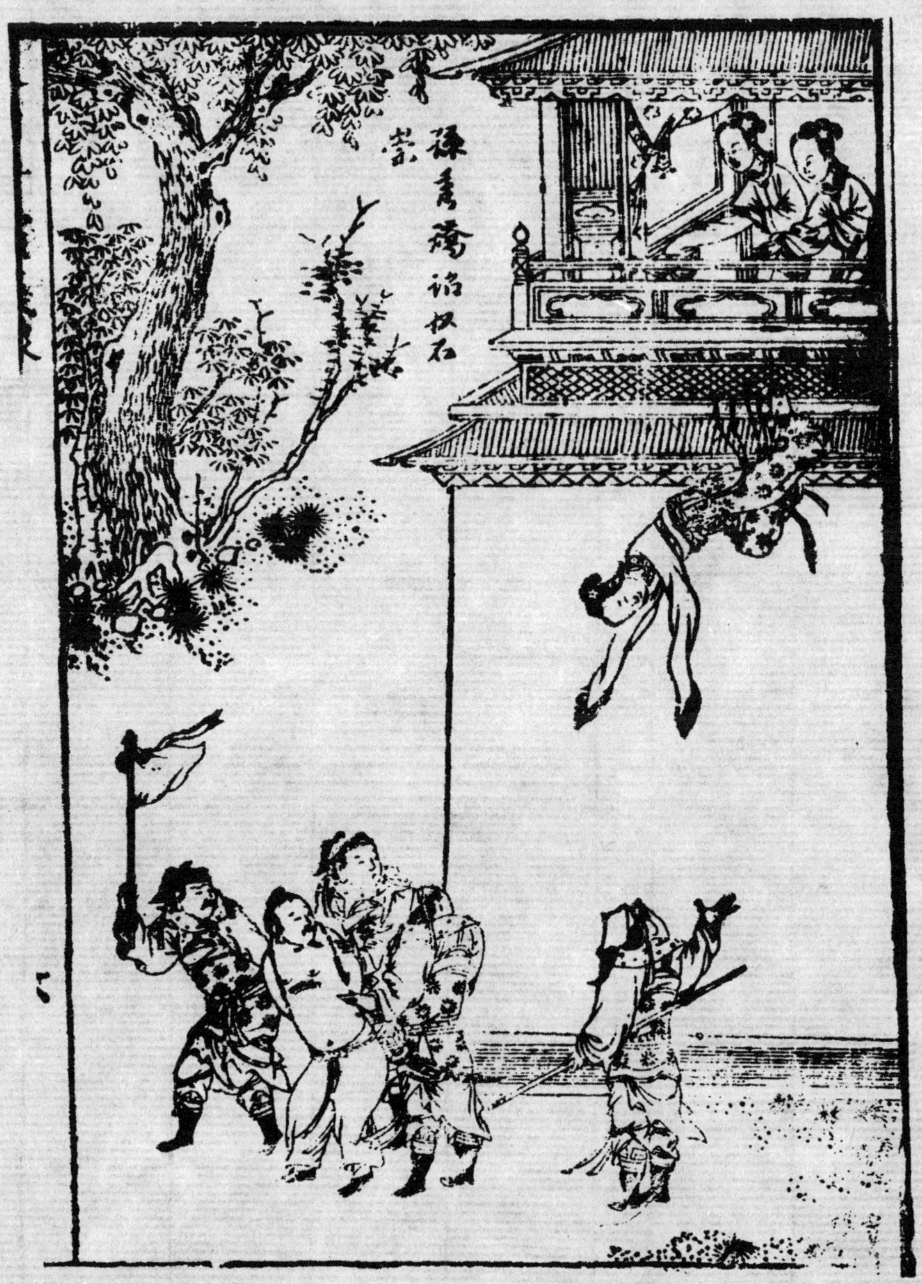
孫秀矯詔收石
崇

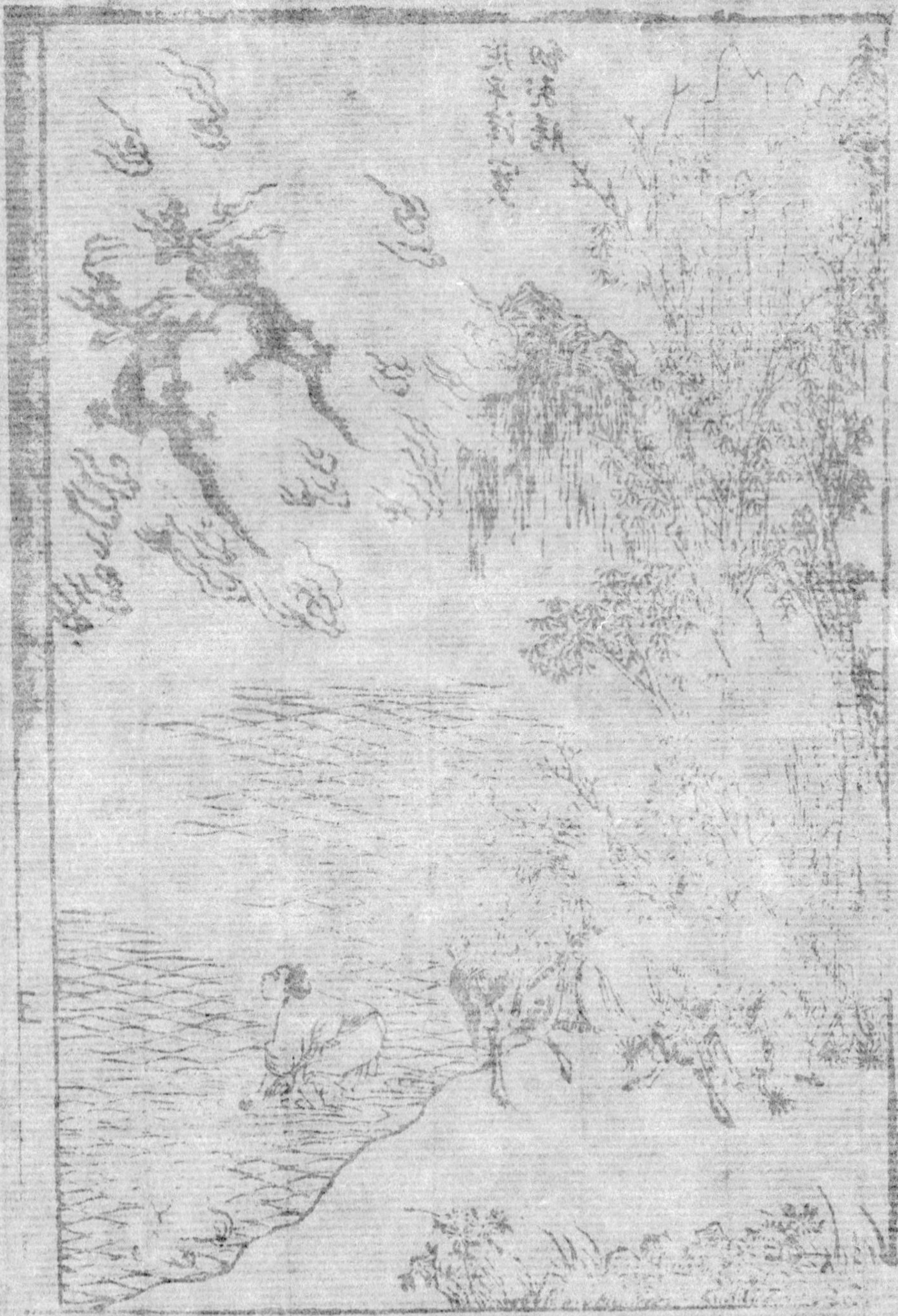

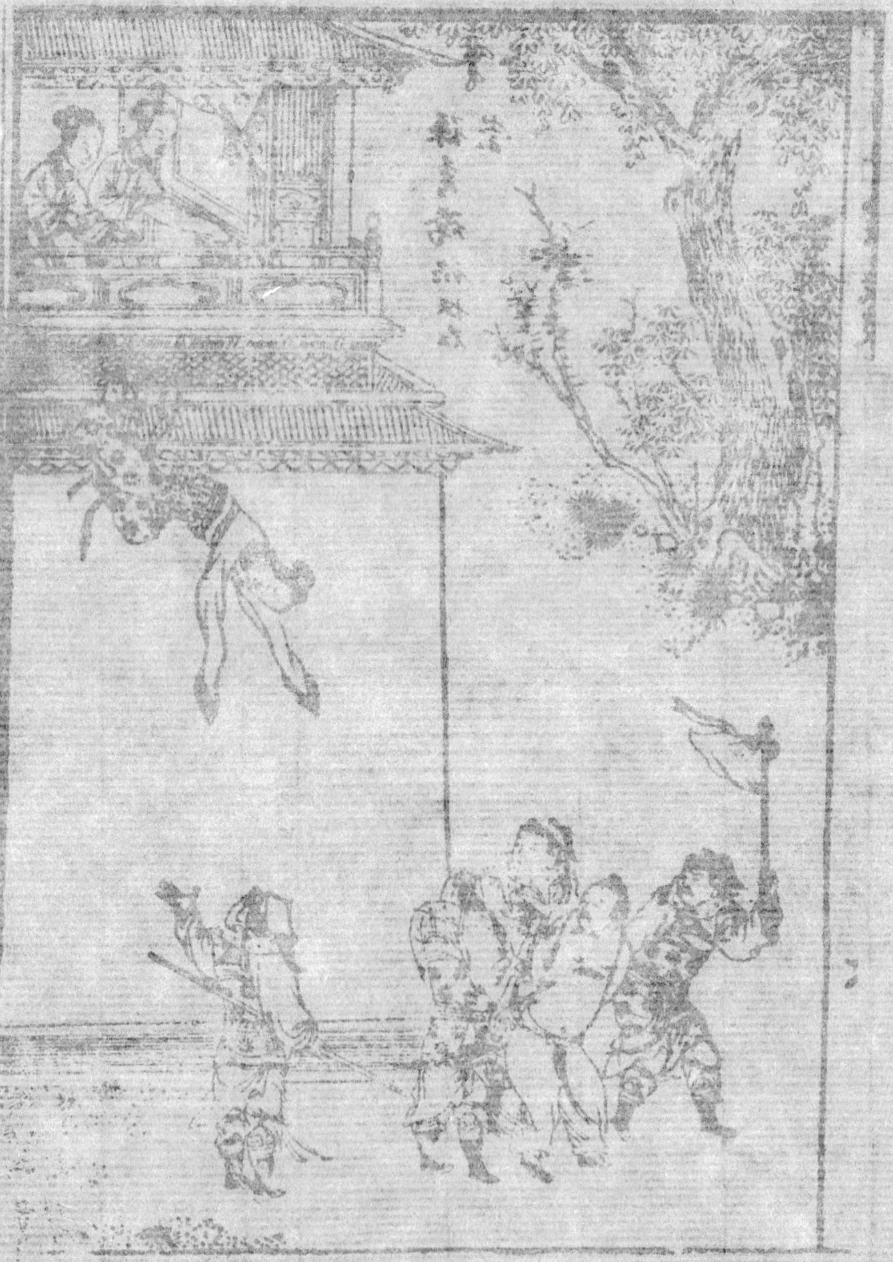

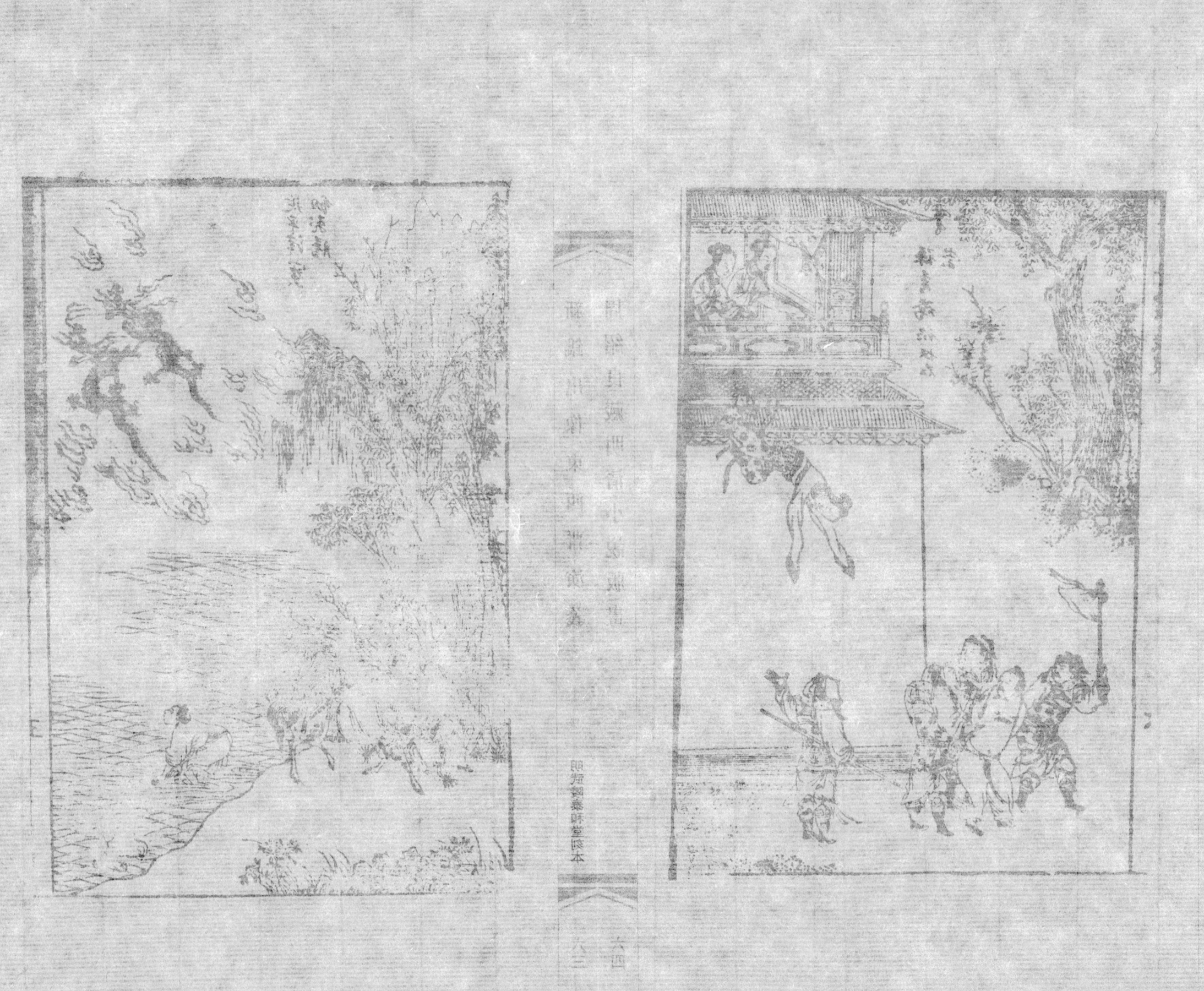

《新鐫出像東西晉演義》 明武陵泰和堂刻本

全書十二卷，每卷若干則，標目不標回。書分《西晉志傳》四卷，《東晉志傳》八卷；題『秣陵陳氏尺蠖齋評釋，綉谷周氏大業堂校梓』。世德堂本《北宋志傳通俗演義題評》書題『姑蘇陳氏尺蠖齋評釋，綉谷唐氏世德堂校訂』。

茲選圖四幅：

一、石季倫擊碎珊瑚（卷一）　二、華林園蝦蟆鳴叫（卷二）

三、延平津寶劍飛騰（卷二）　四、孫秀矯詔收石崇（卷二）

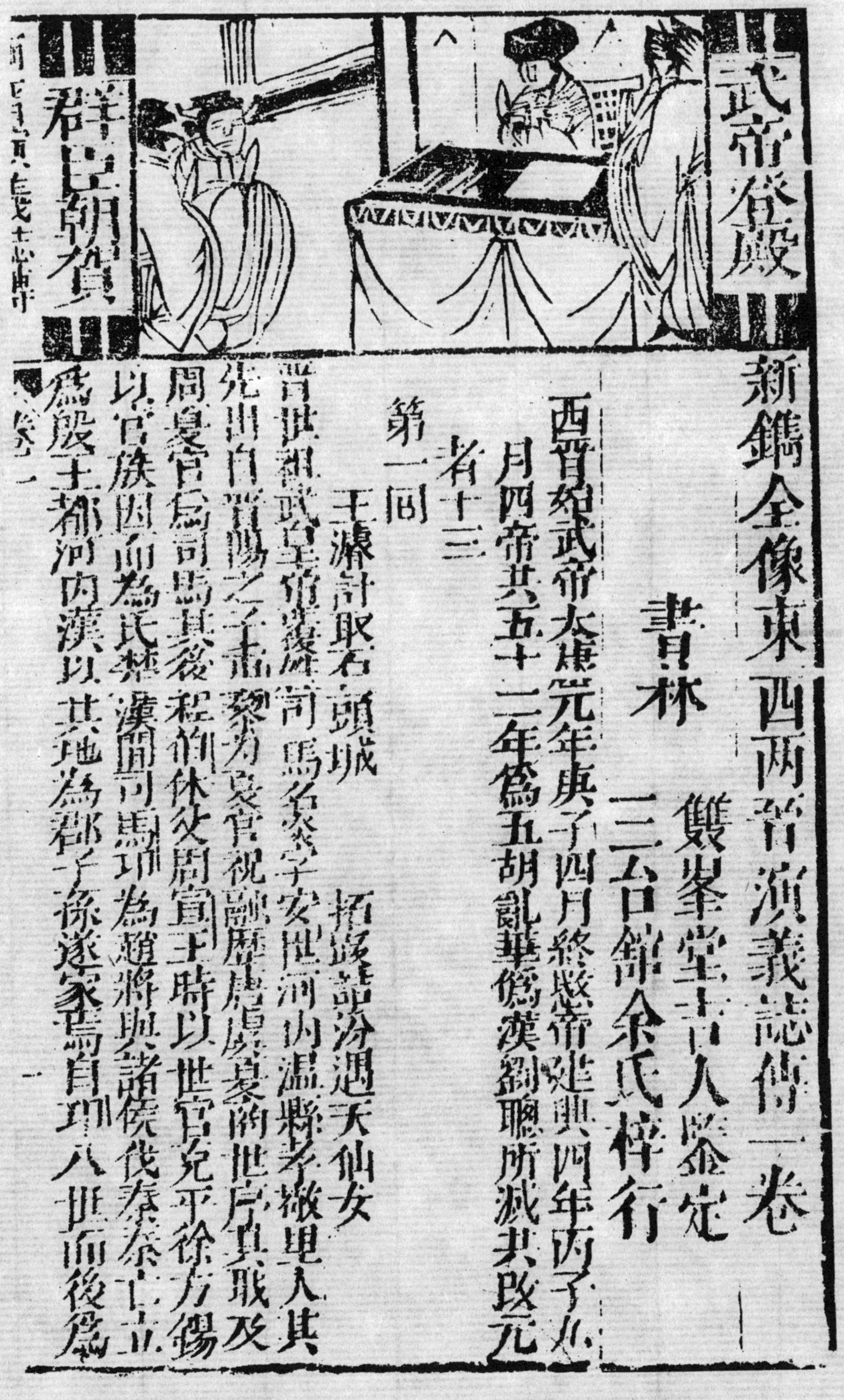

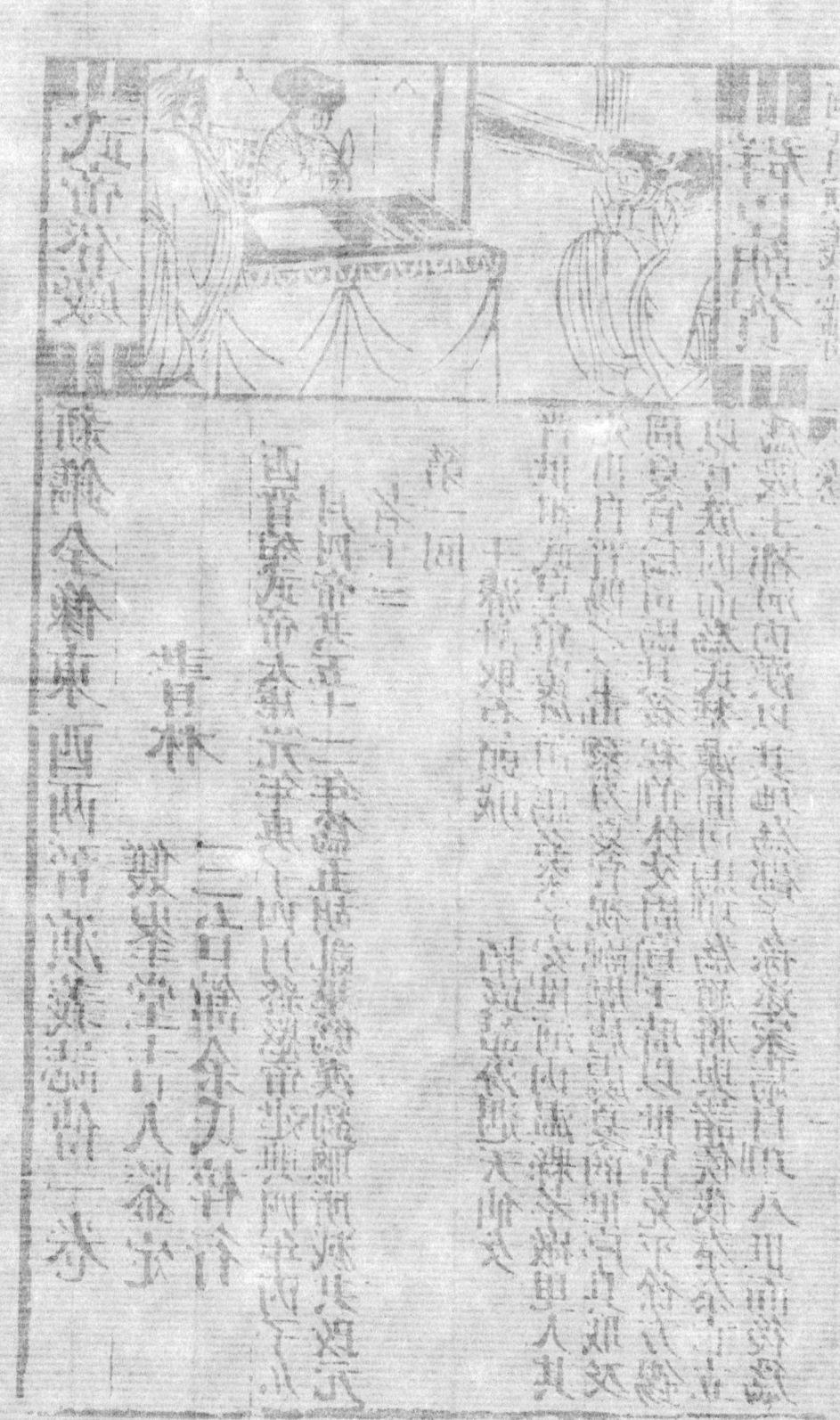

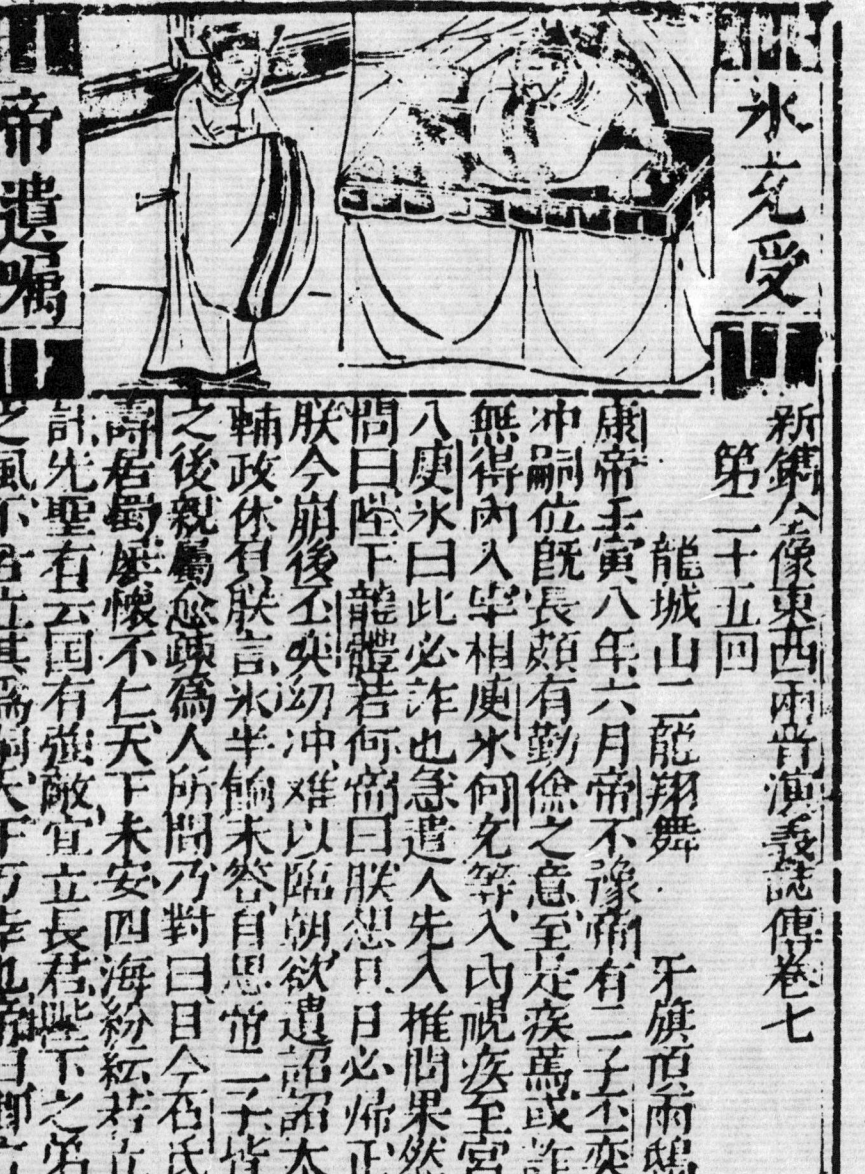

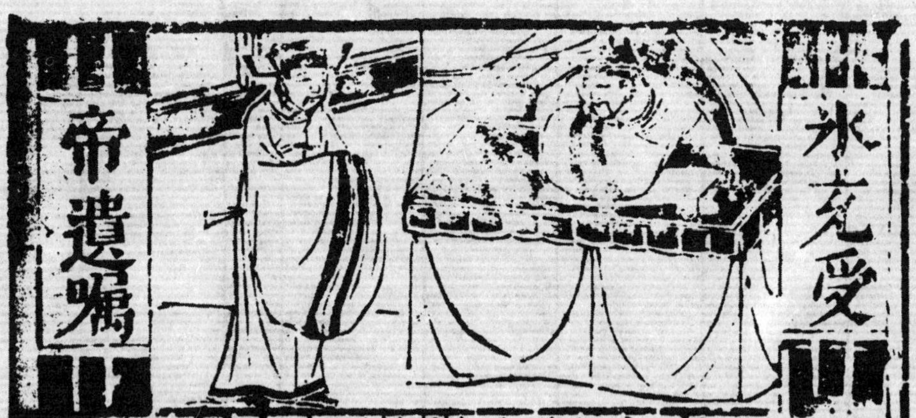

新鐫全像東西兩晉演義志傳卷七

第二十五回

龍城山二龍翔舞　牙旗折雨鵲鳴哭

康帝壬寅八年六月帝不豫帝有二子丕奕皆在襁褓[illegible]
沖嗣位旣長頗有勤儉之意至是疾篤或詐爲尚書符勅宮門[illegible]
無得內入宰相庾冰何充等入內視疾至宮見此符勅皆不敢
入庾冰曰此必詐也急遣人先入推問果然衆僚始入臥內冰
問曰陛下龍體若何帝曰朕想只月必歸正欲召卿[illegible]後
朕今崩後丕奕幼沖難以臨朝欲遺詔召太后垂簾聽宜盡心
輔政休負朕言冰半晌未答自思丕奕二子皆在襁褓恐上另世
之後親屬必疏爲人所間乃對曰目今石氏在趙甚實猖狂李
壽在蜀屢懷不仁天下未安四海紛紜若立幼沖恐非社稷之
計先聖有云國有強敵宜立長君陛下之弟琅琊王岳有仁德
之風不若立其爲嗣天下万幸也帝曰卿[illegible]至當何充曰父子

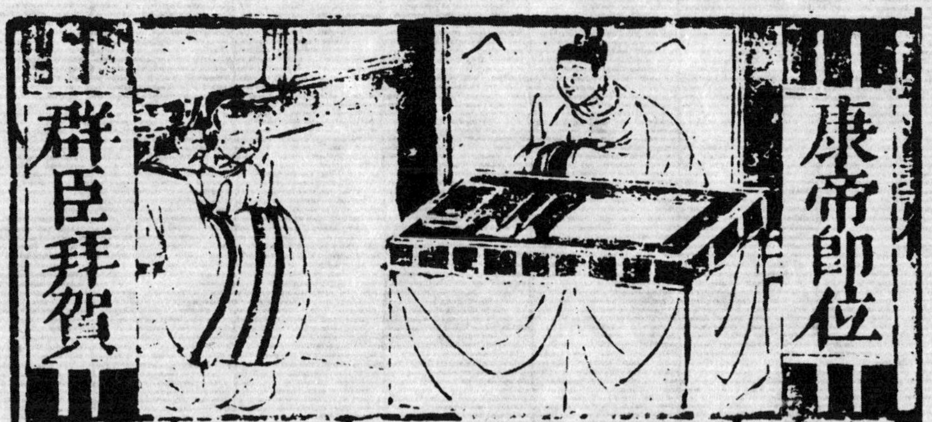

相傳帝王舊典且今將如孺子何於是帝詔冰充并武陵王晞
會稽王昱尚書令諸葛恢並受顧託而崩冰代爲舉哀發喪召
帝同母弟琅琊王岳爲康帝改號建元岳旣即皇帝大位諒陰
不言委政於冰充二人而謂曰朕嗣洪業乃二公之舉也充對
曰陛下龍飛臣冰之力也若如臣議不覩昇平之世帝覺慚色
退歸後宮帝時年二十二留心万機務在簡約雄武之度雖有
愧於前王勤儉之德足追蹤於往烈何充出朝謂庾冰曰公劝
先帝嗣建康果應郭璞之讖云冰曰郭璞云何充曰先璞有言
曰立始之際丘山傾立立者建也始者元也丘山主上諱也然
傾者恐不吉冰懼然歎曰如有吉凶豈敢易所能救乎存可勿
露二人言罷而散七月帝崩封成帝子丕爲琅琊王奕爲東海王
然葬成帝於興平陵帝徒行送喪至閶闔門始升素輿至兆歸
宮十月燕王皝乃領百官出帶家屬遷都於龍城時有黑龍白龍
各一見於龍山近侍奏皝皝親帥群臣觀之以太牢祀之於山

周紹良藏明清小說版畫

明余氏三台館刻本

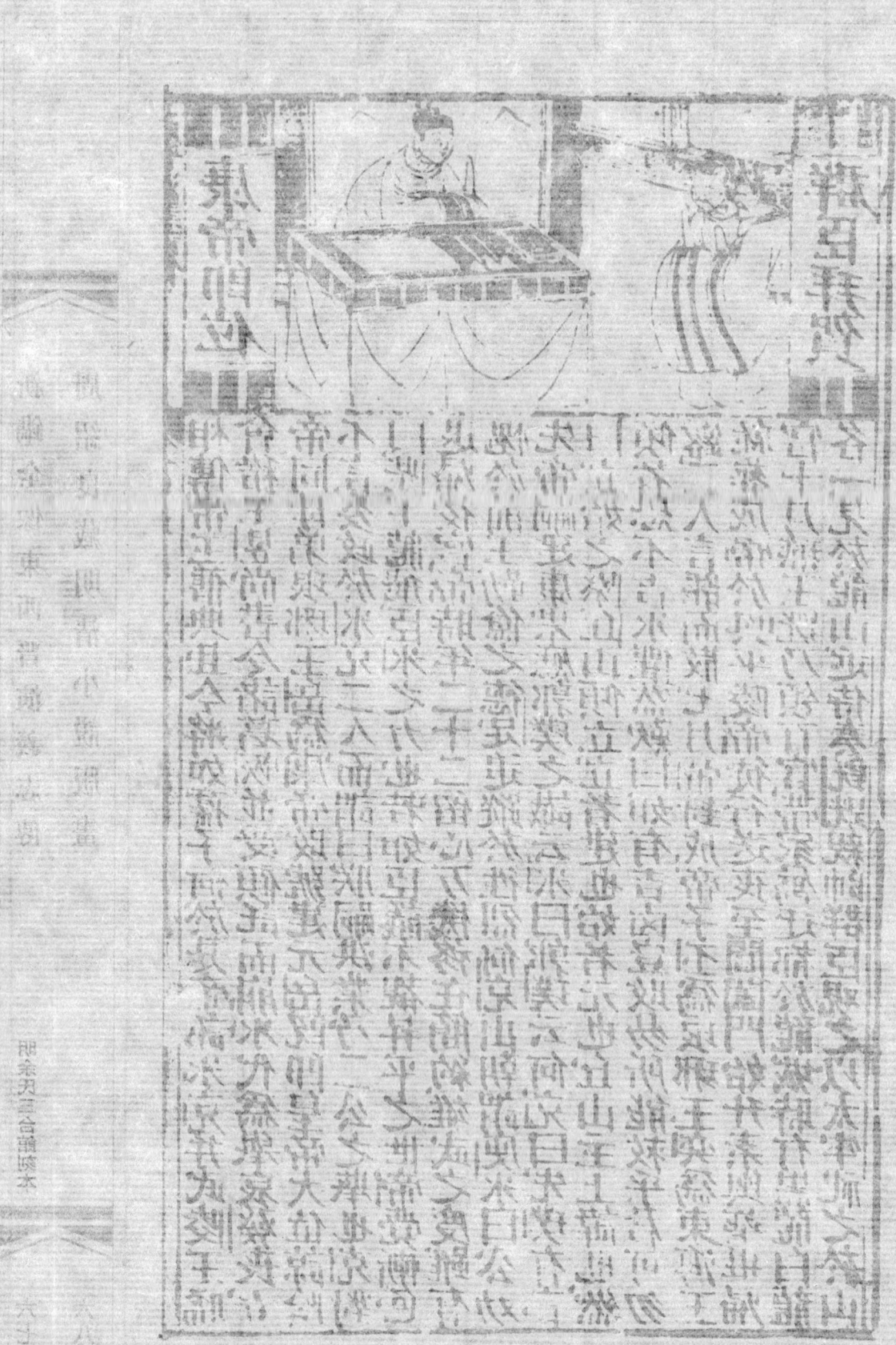

《新鐫全像東西晉演義志傳》 明余氏三台館刻本

十二卷五十回，上圖下文，明楊爾曾編。爾曾字聖魯，號雉衡山人，浙江錢塘（今杭州）人。爾曾此書，實取舊本《西晉志傳》與《東晉志傳》合為一書，加標回目，於正文下多附箋注，以補舊本之未載。

此書為兩截版，卷端題『書林雙峰堂吉人鑒定，三台館余氏梓行』。雙峰堂即閩建著名刻書家余象斗的堂號，余象斗編書、刻書極多，影響巨大。茲選圖三幅。

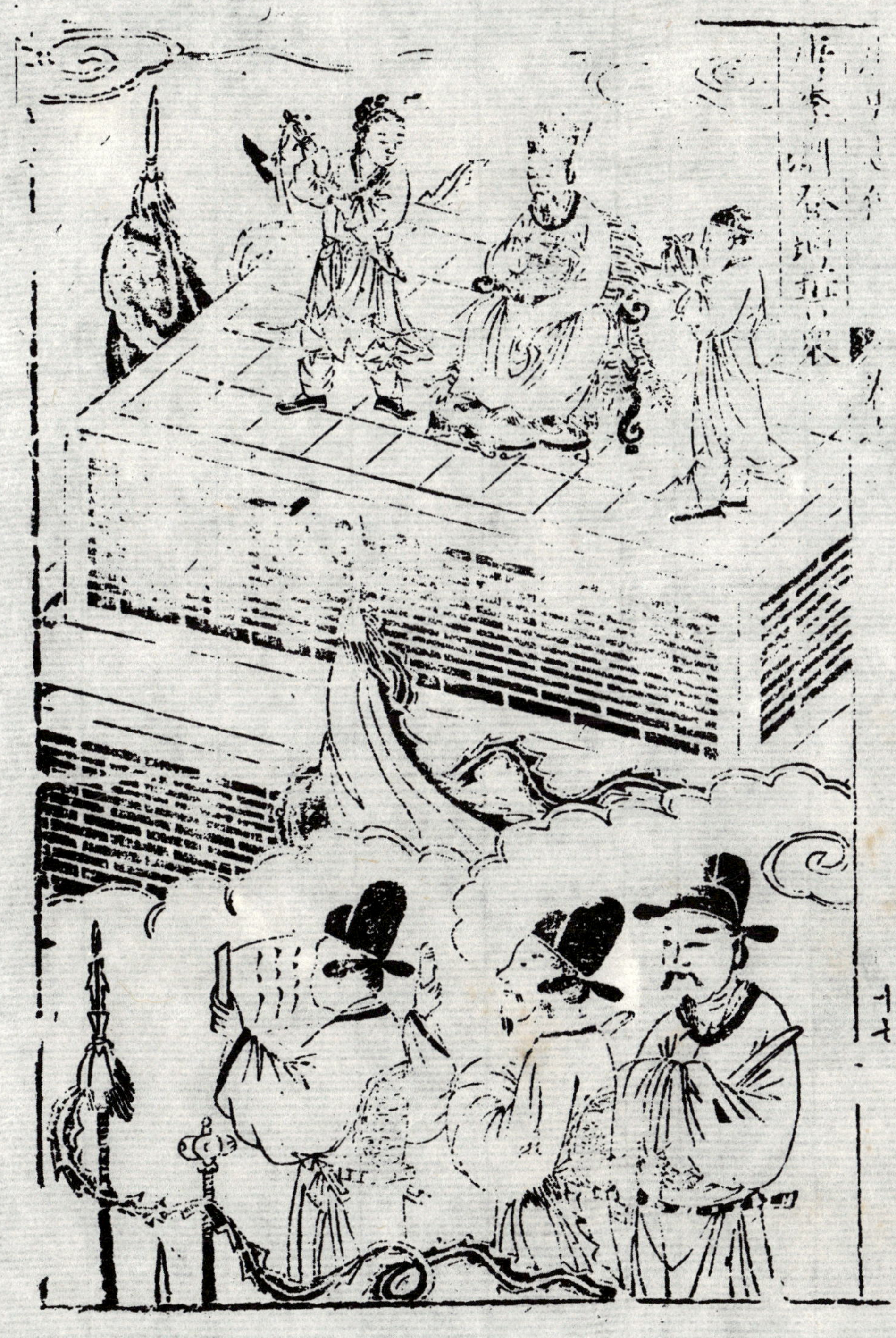

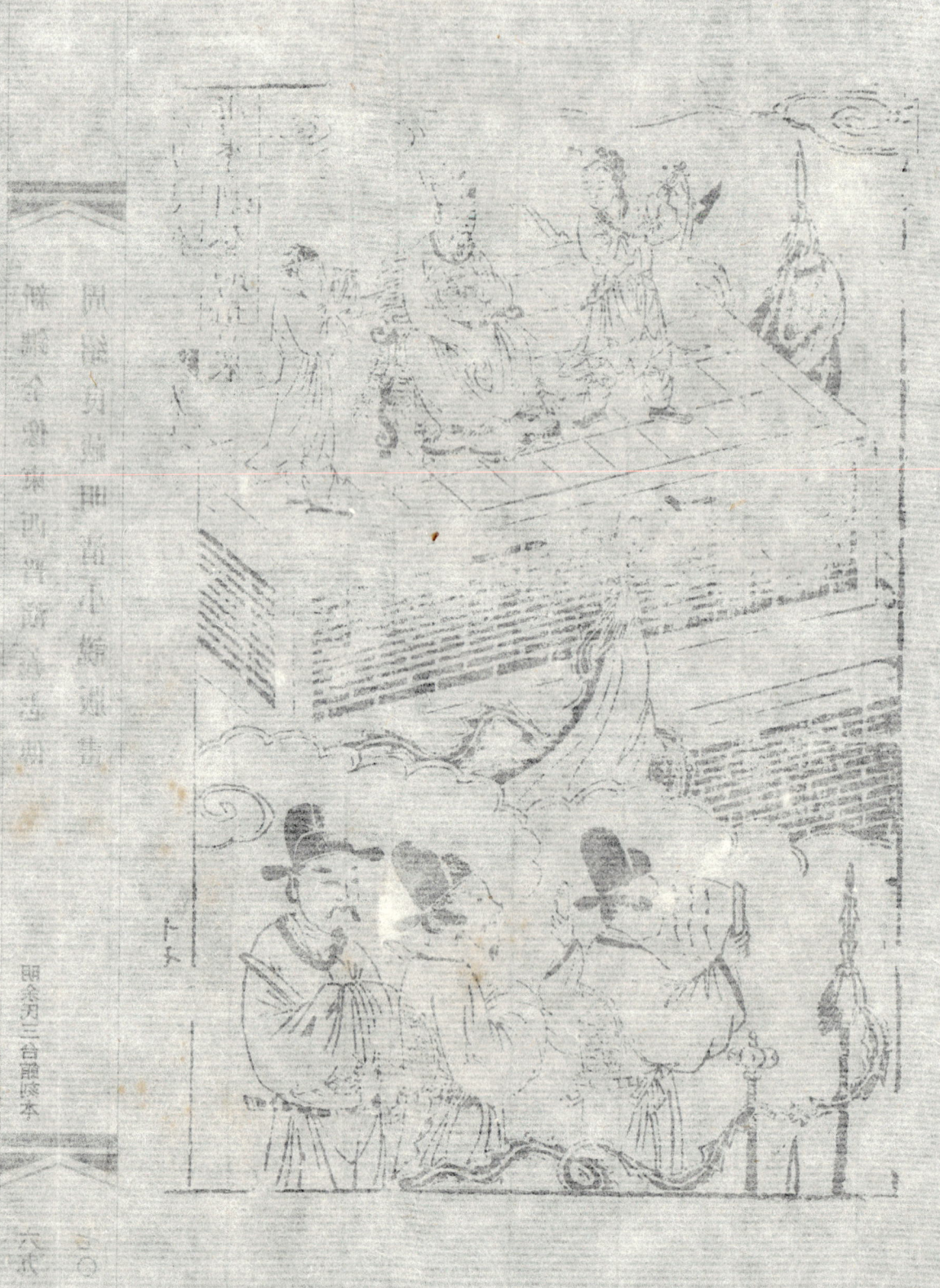

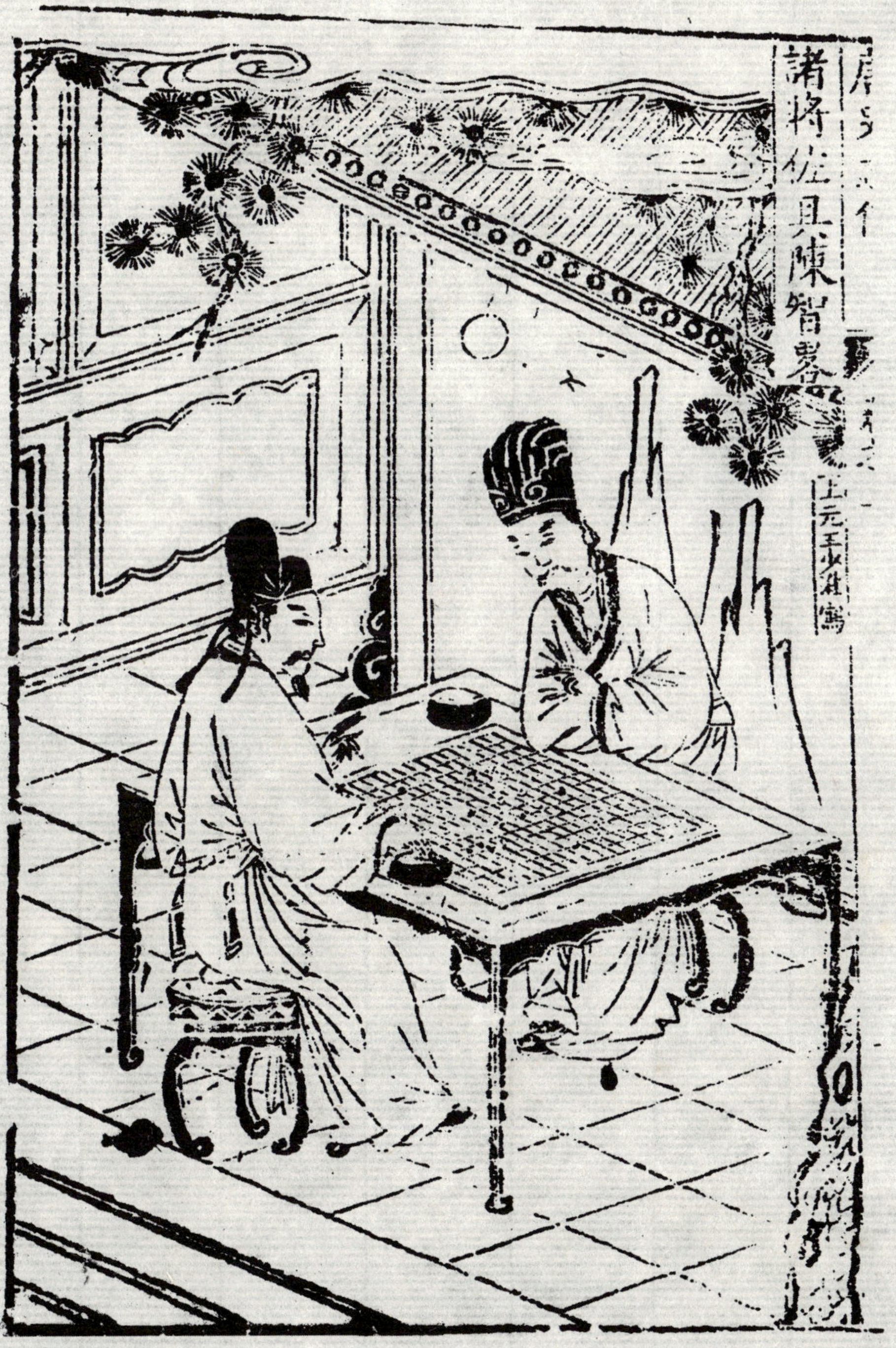

新刊出像補訂參采史鑒唐書志傳通俗演義題評

周紹良藏明清小說版畫

明書林周氏大業堂刻本

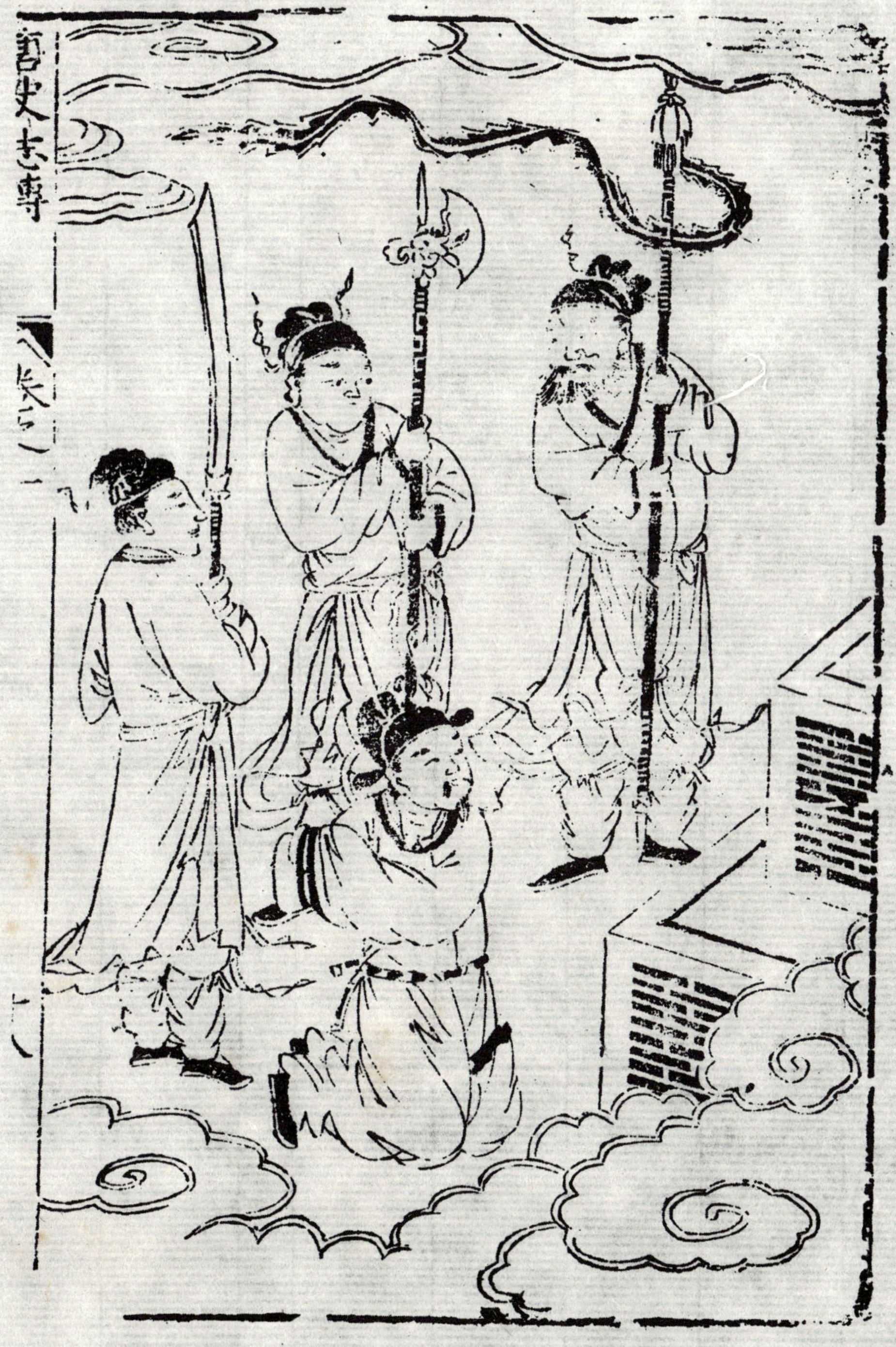

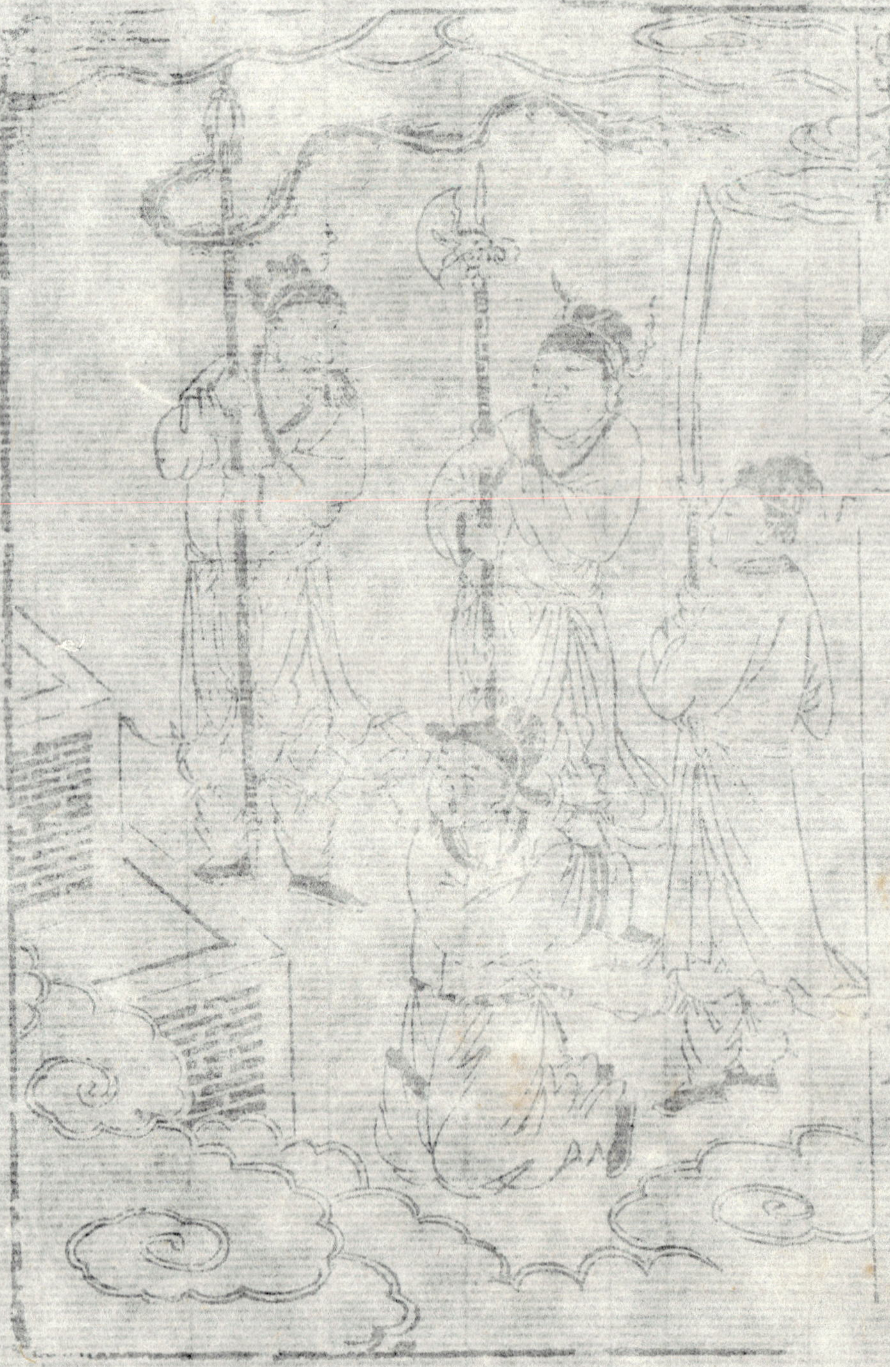

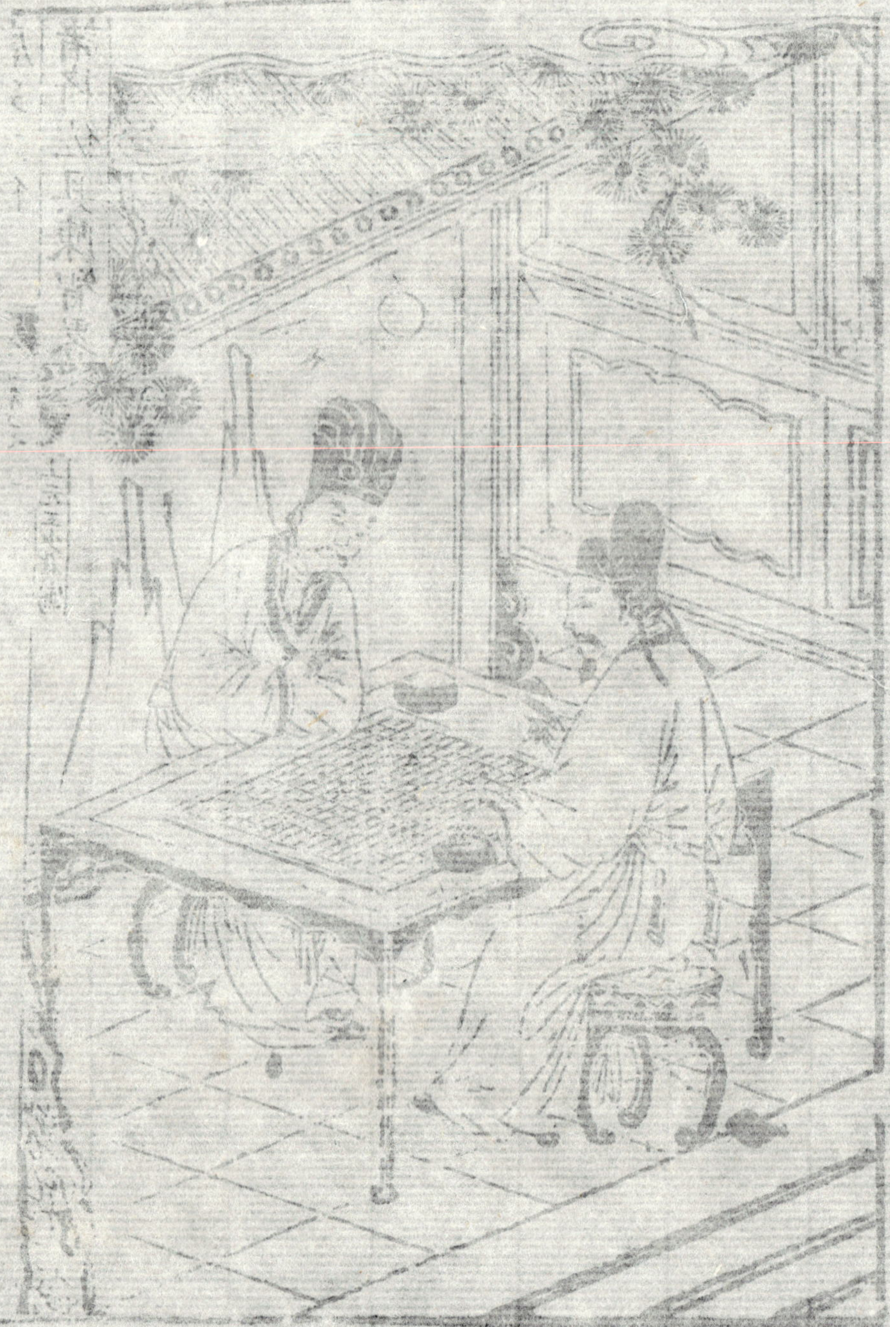

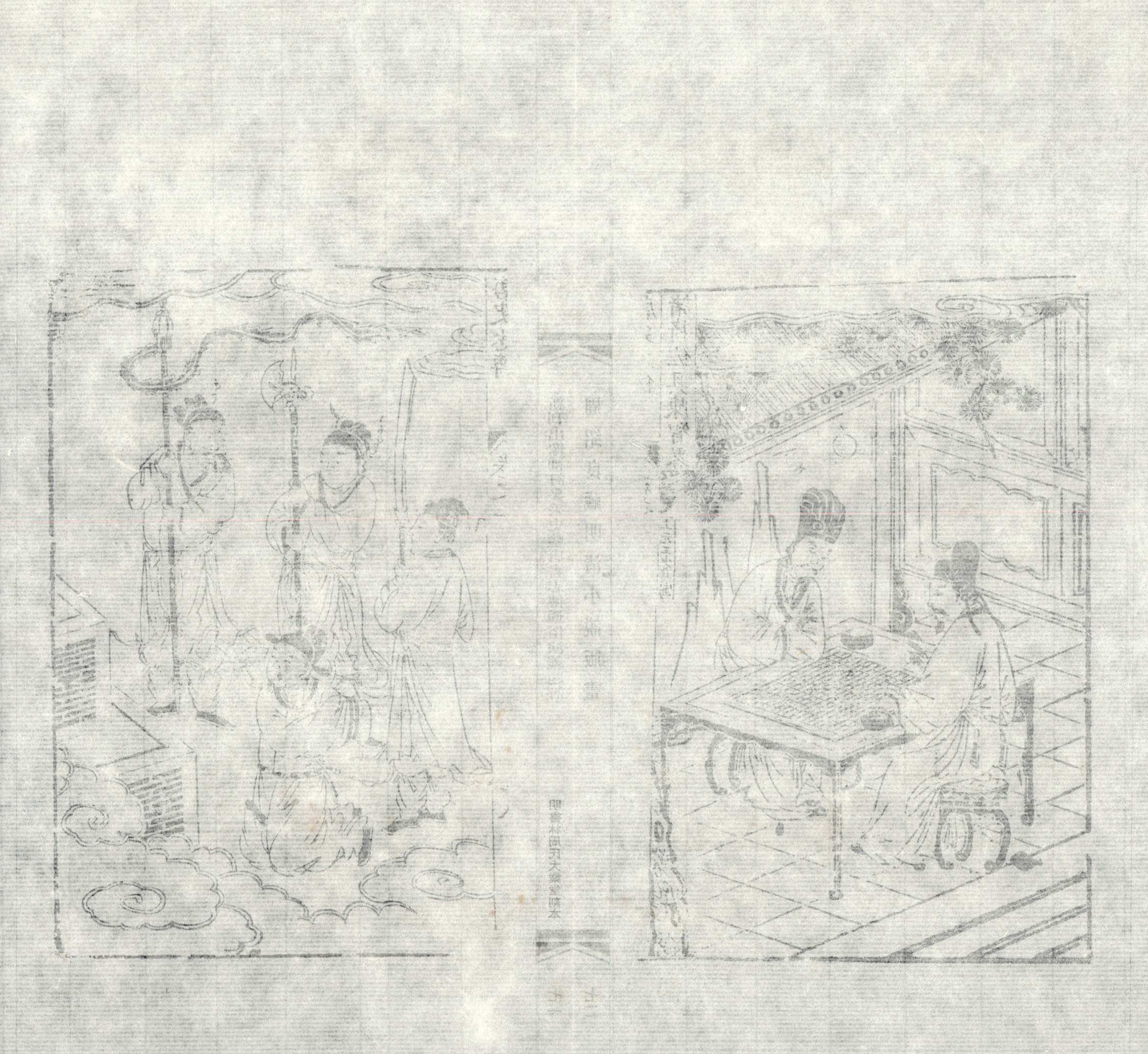

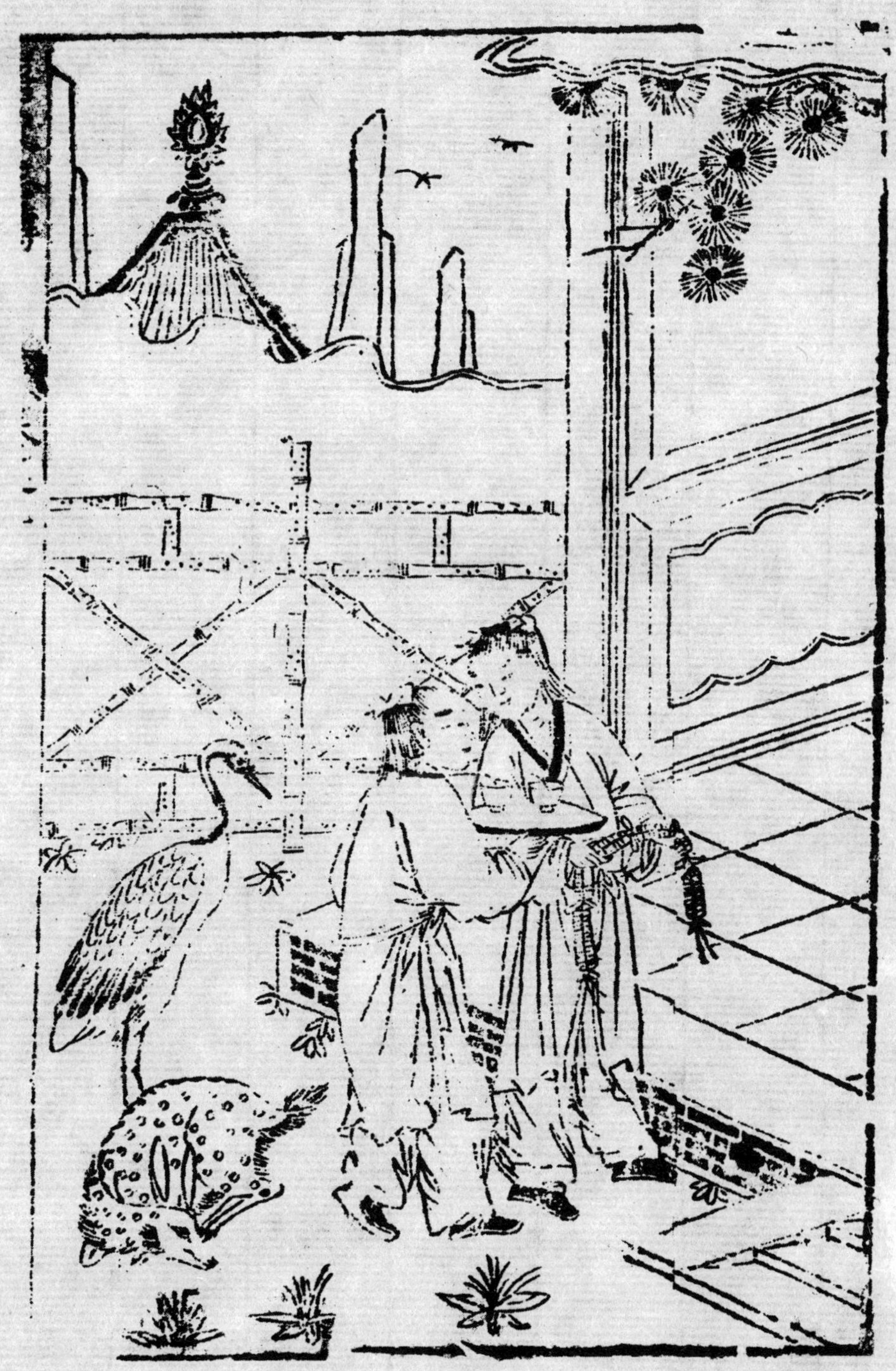

新刊出像補訂參采史鑒唐書志傳通俗演義題評

明書林周氏大業堂刻本

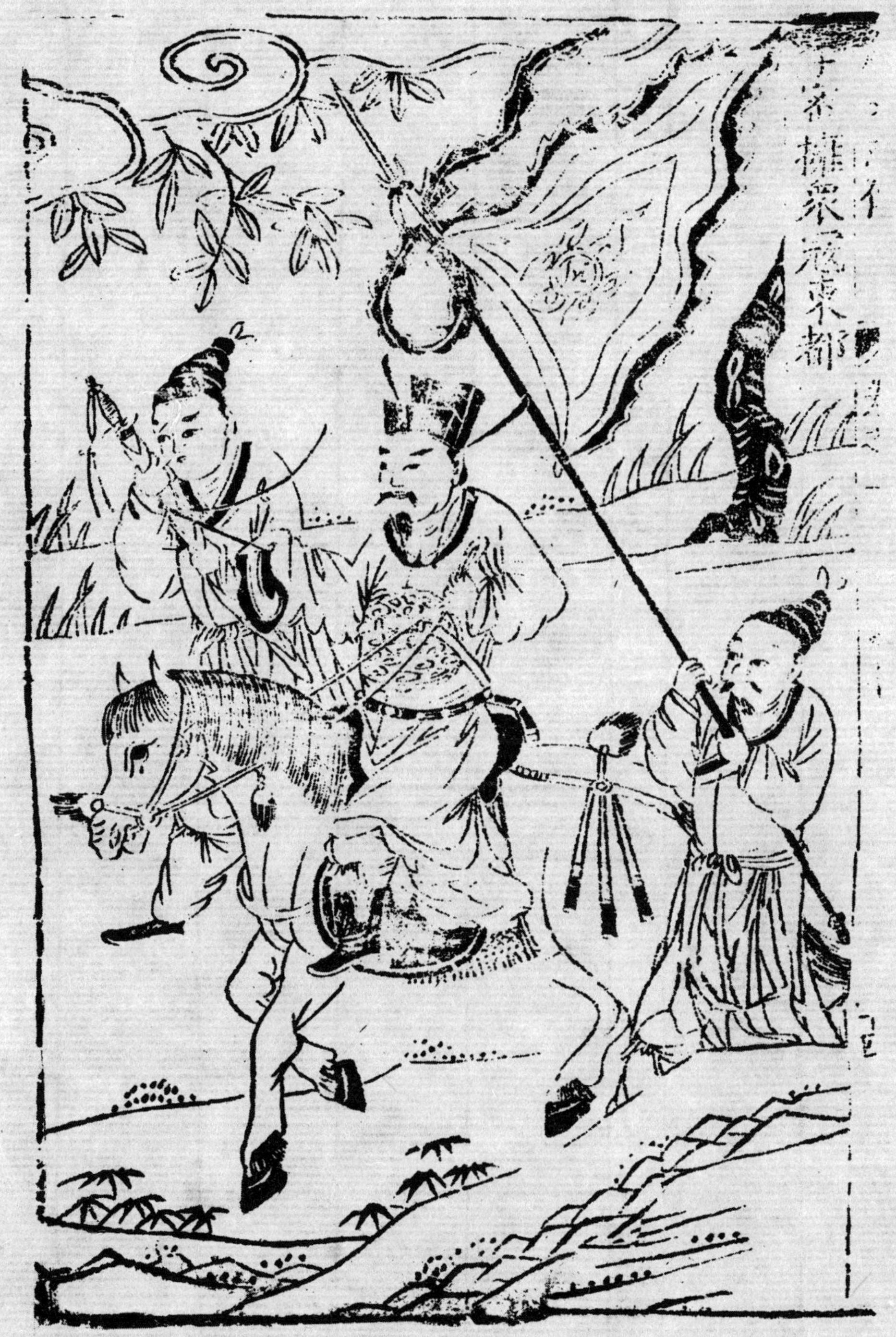

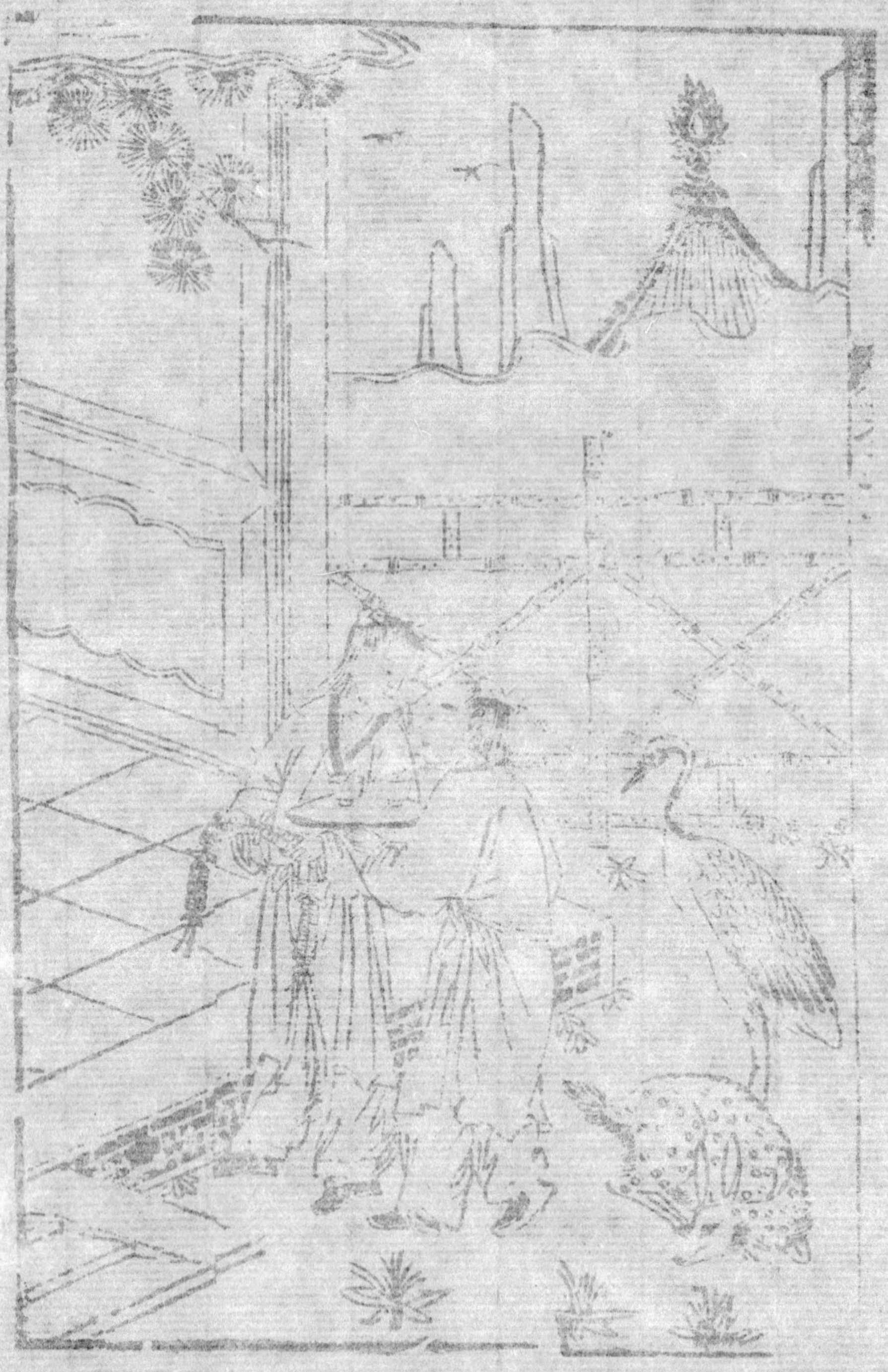

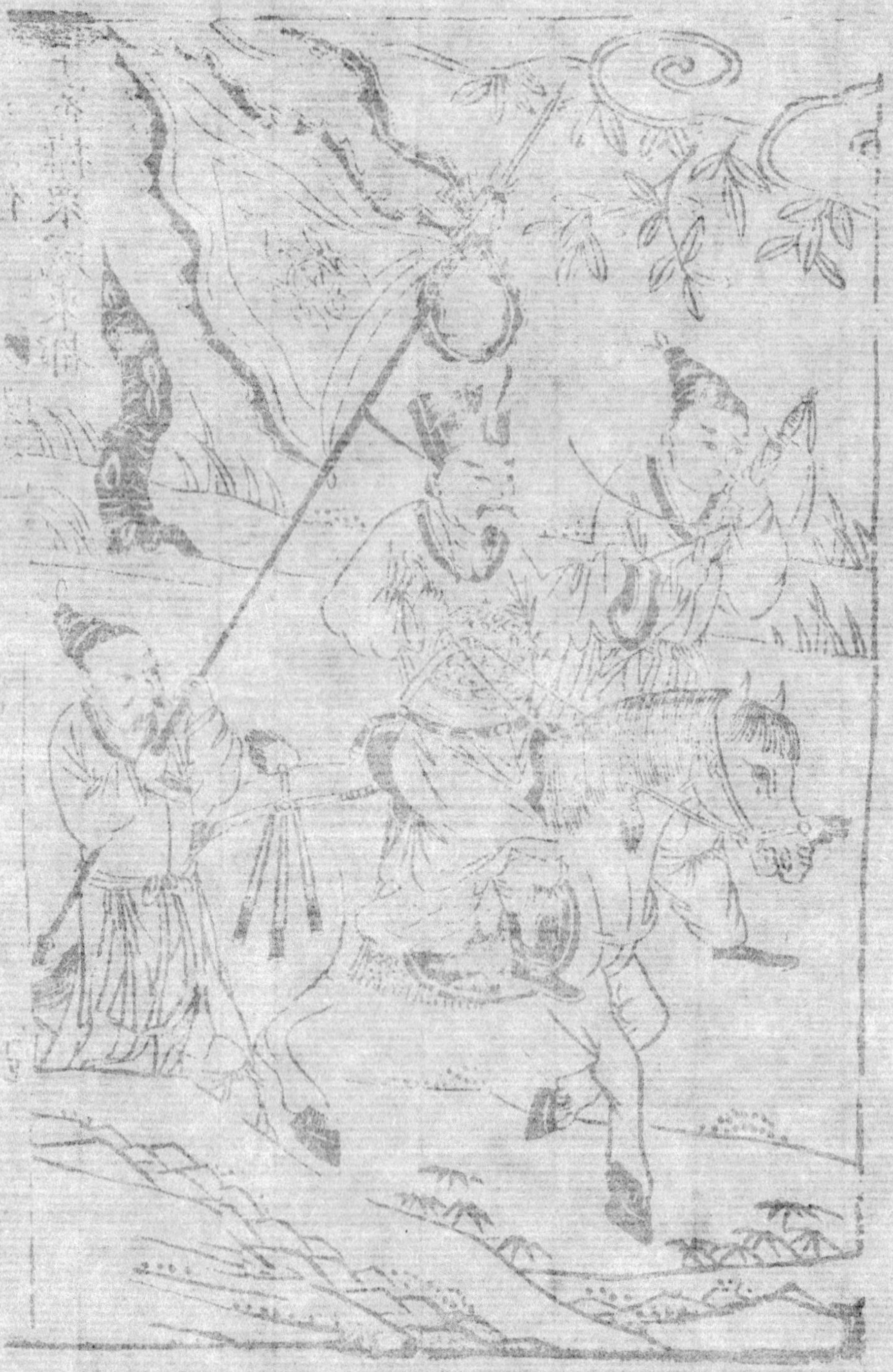

明書林周日大業堂校本

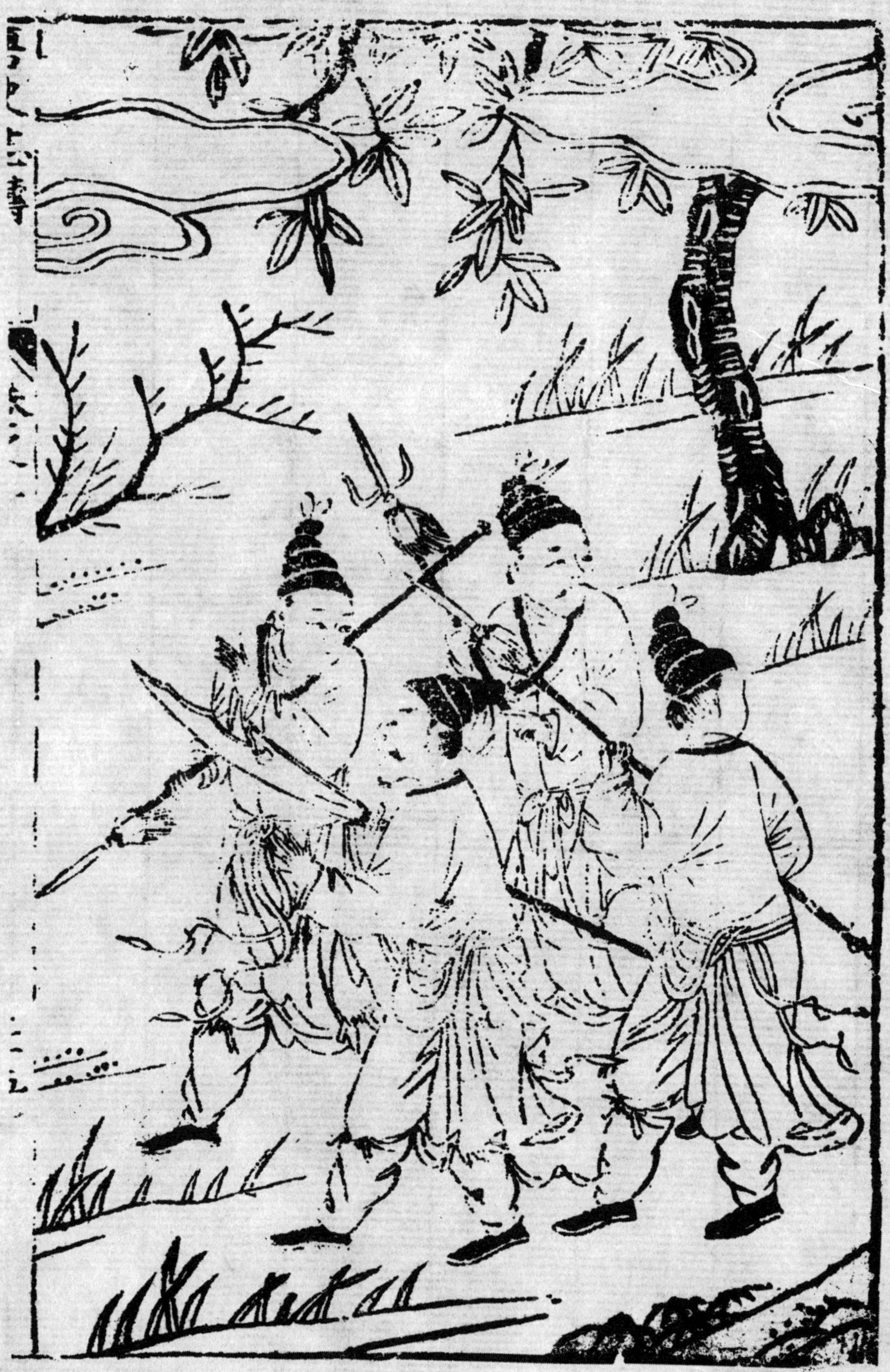

新刊出像補訂參采史鑒唐書志傳通俗演義題評
明書林周氏大業堂刻本

《新刊出像補訂參采史鑒唐書志傳通俗演義題評》

明書林周氏大業堂刻本

八卷九十回，明熊大木撰。書叙李淵、李世民起兵晉陽、入長安、定關中、建立唐朝，至玄武門之變、征高麗而終。周氏大業堂為金陵名坊，刻書甚多。本書插增大量版畫，茲選六幅。

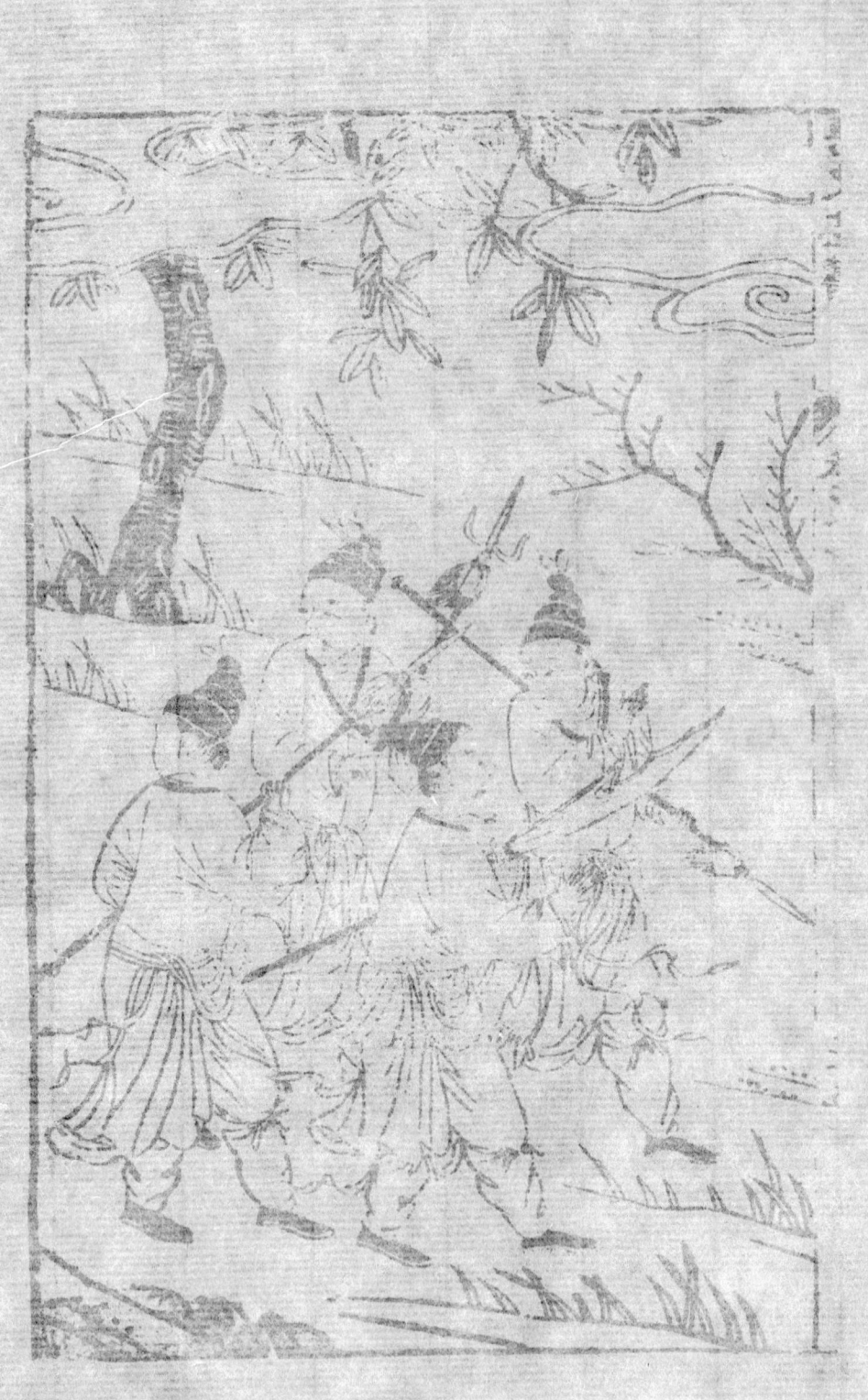

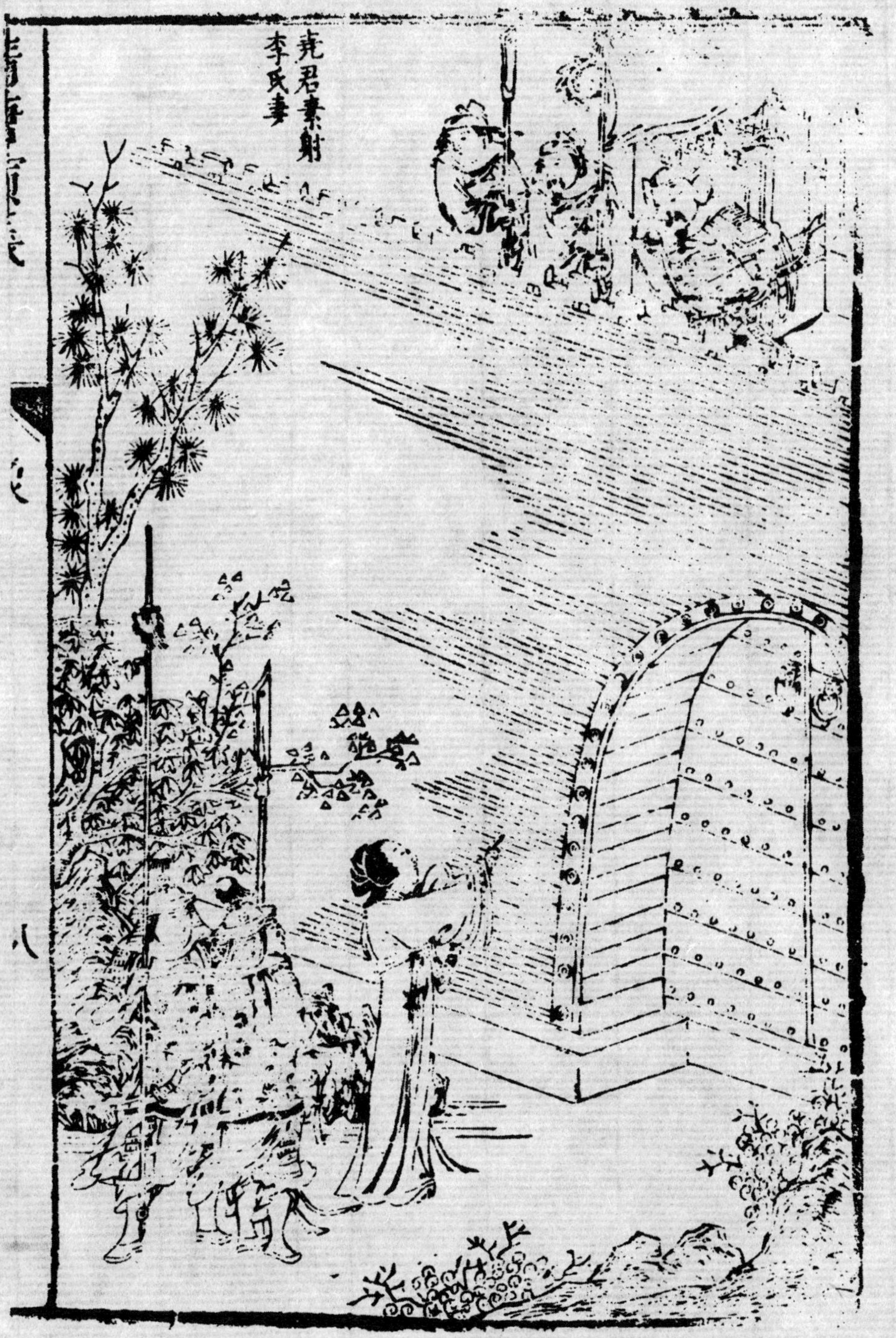

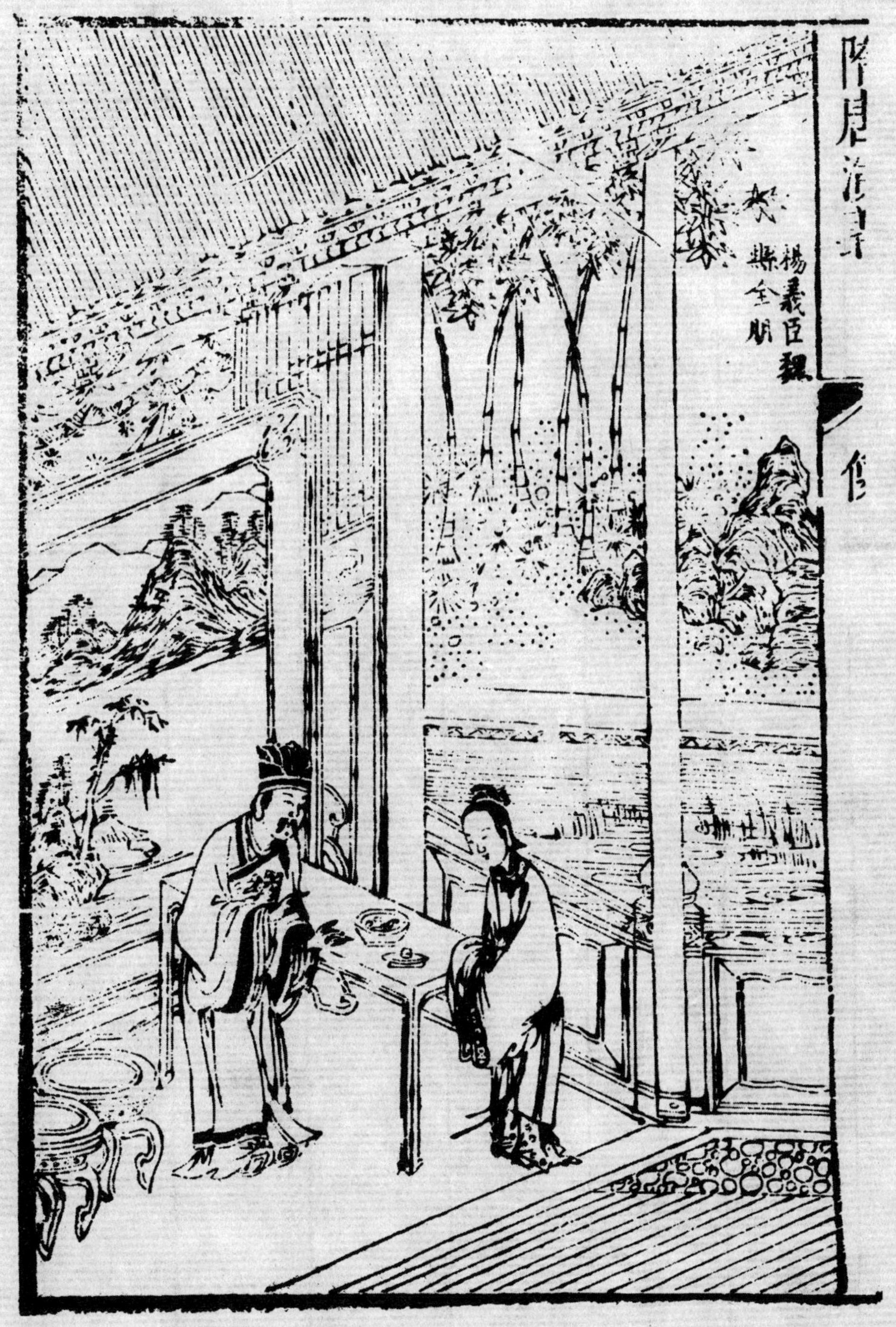

明武林刻本

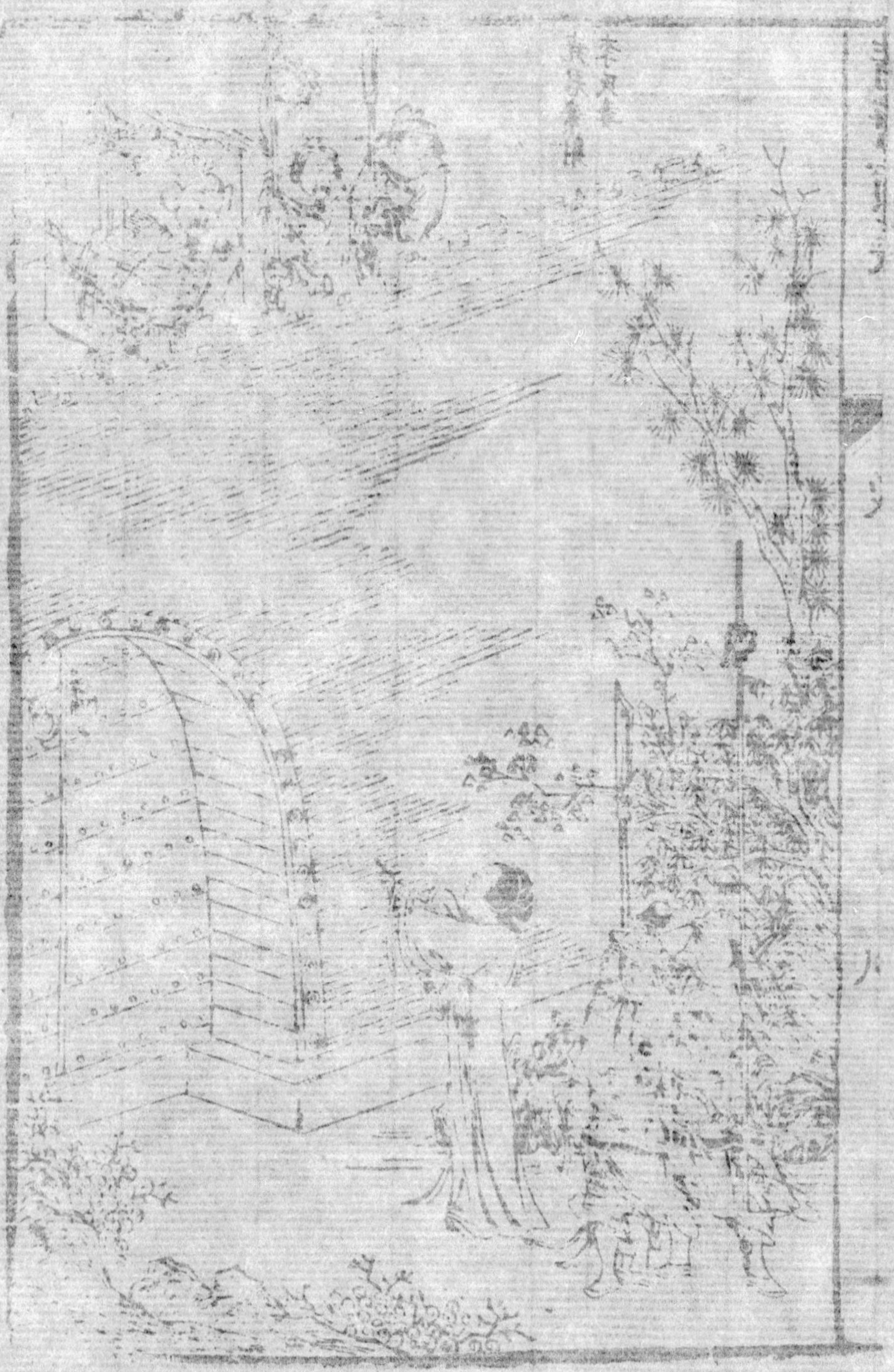

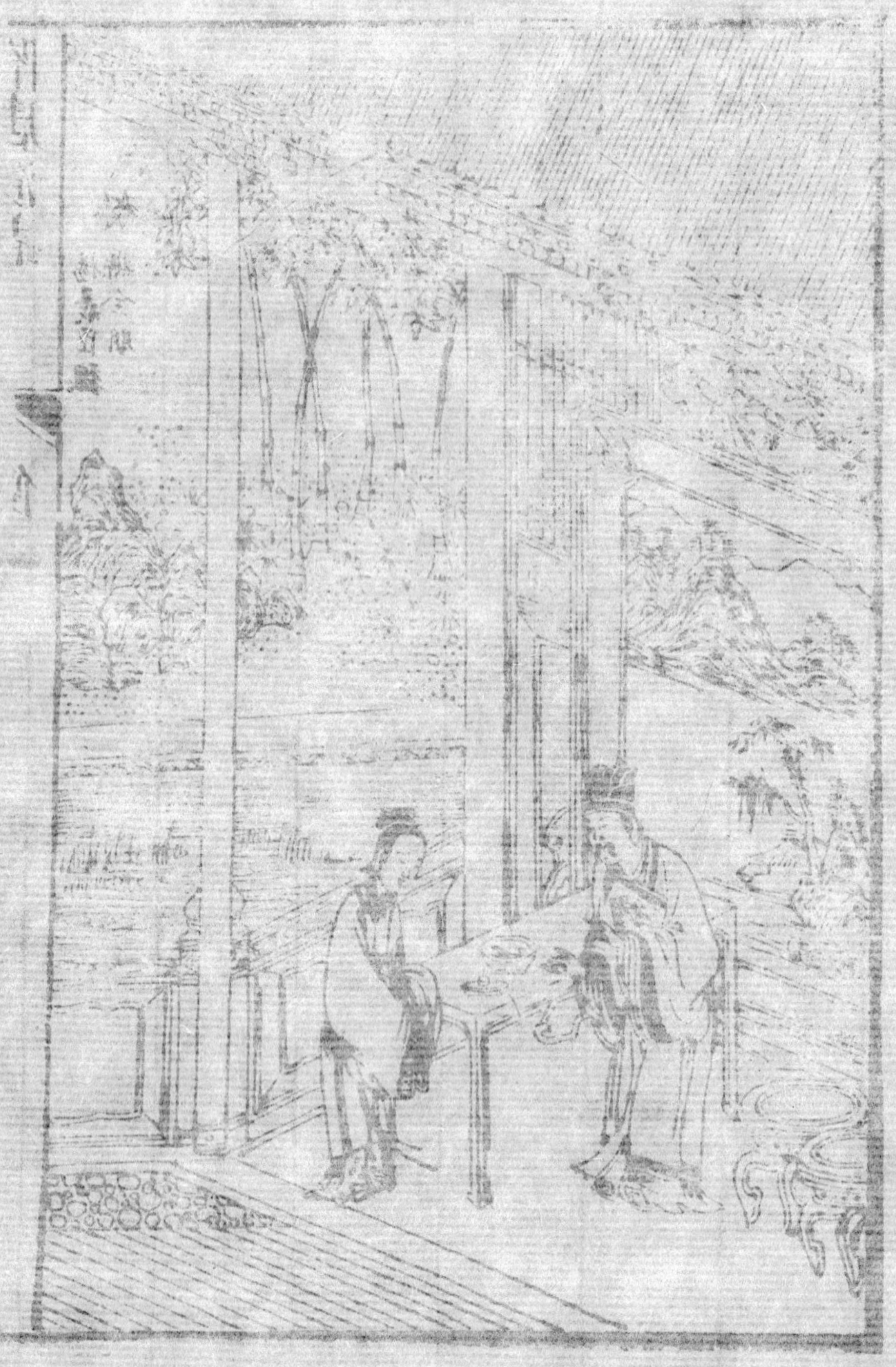

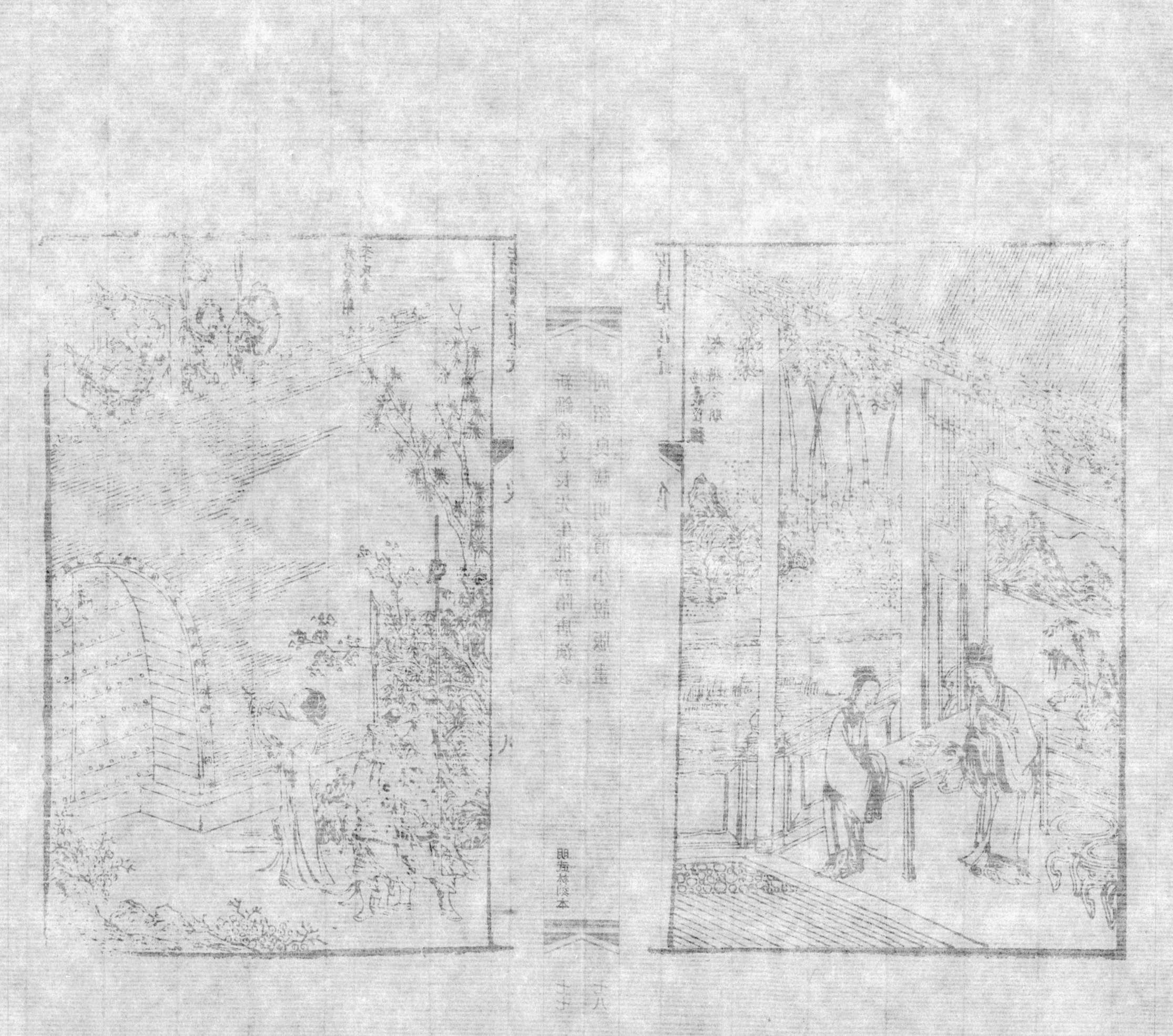

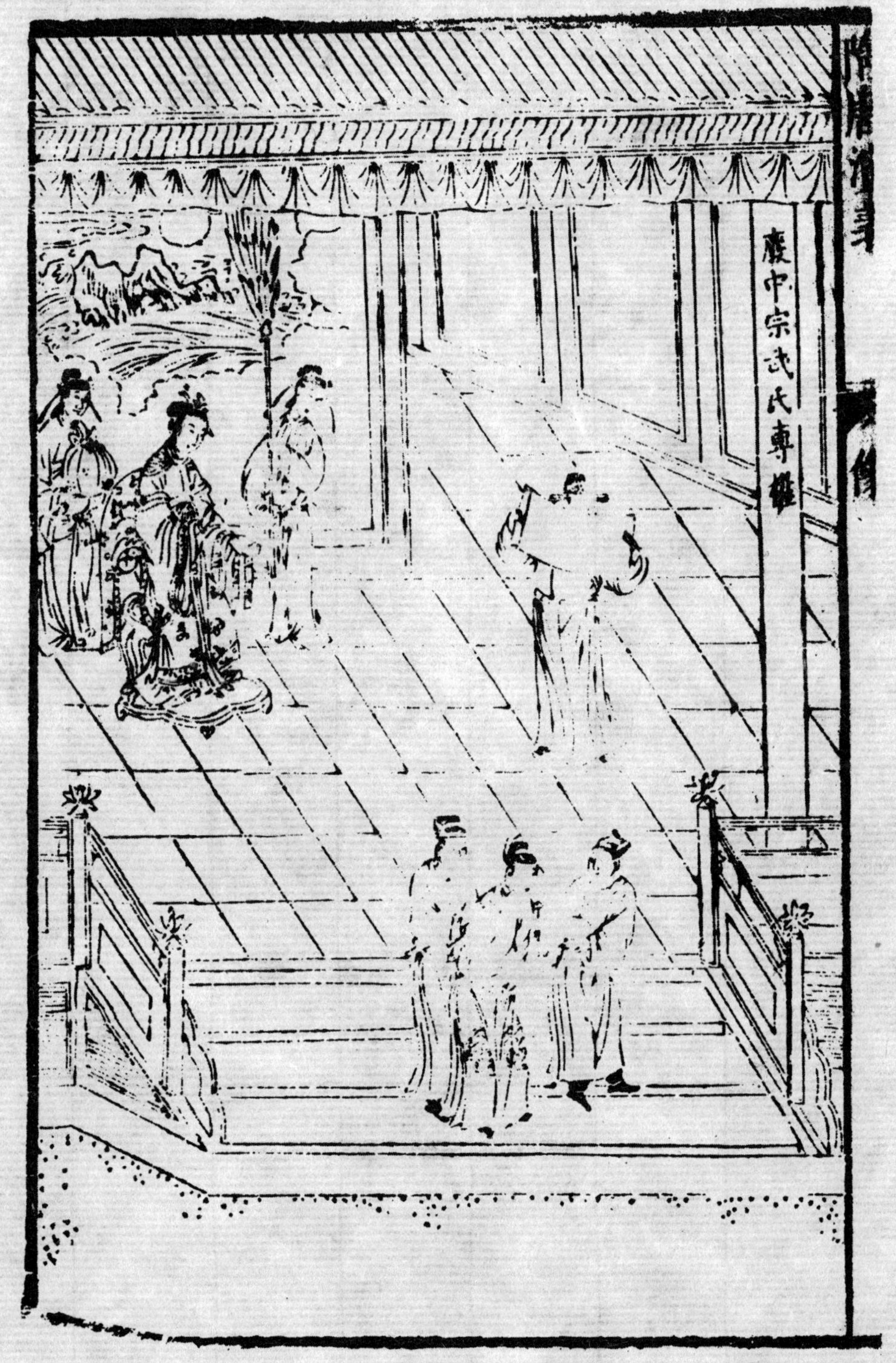
廢中宗武氏專權

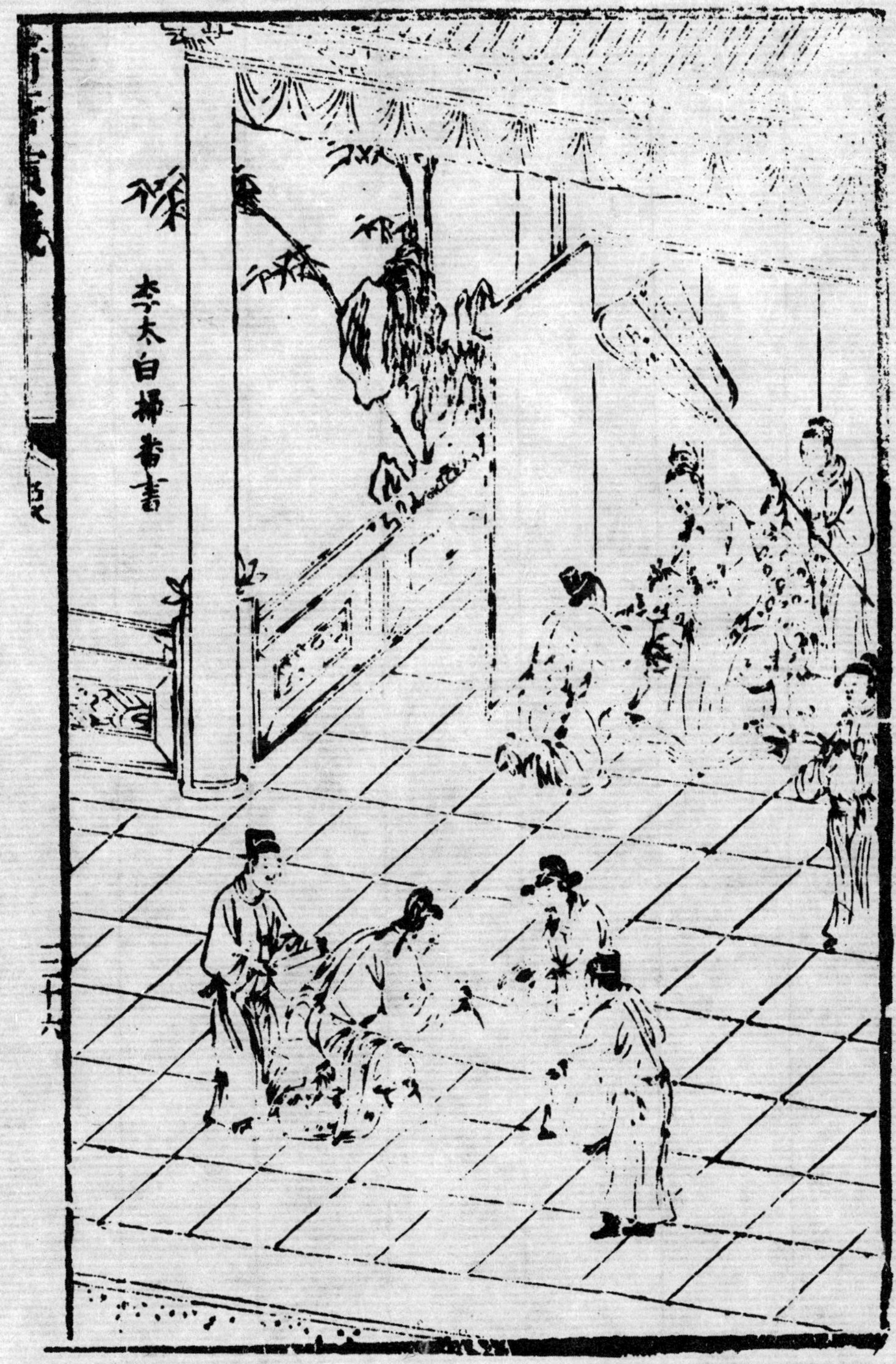
李太白掃番書

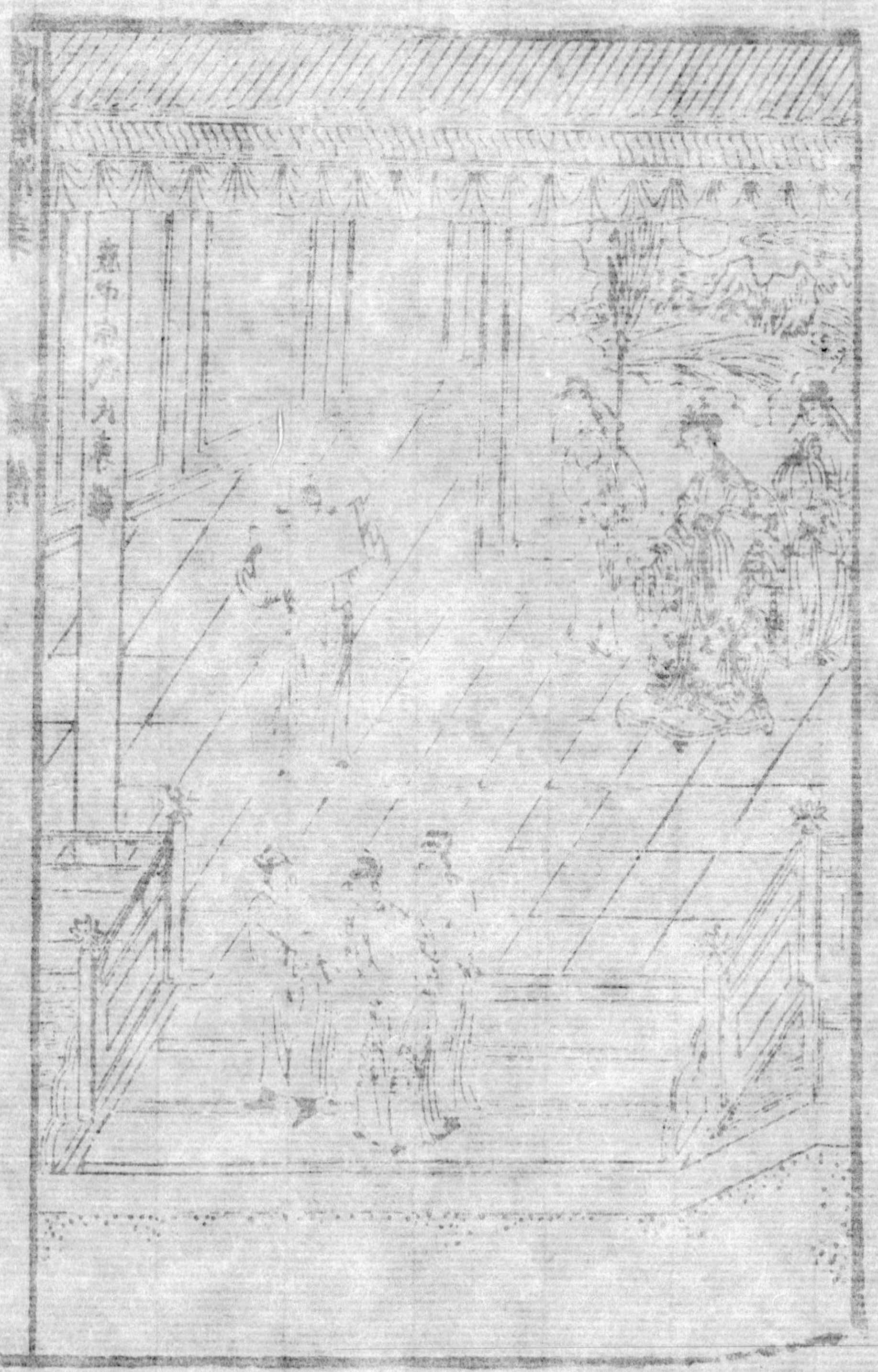

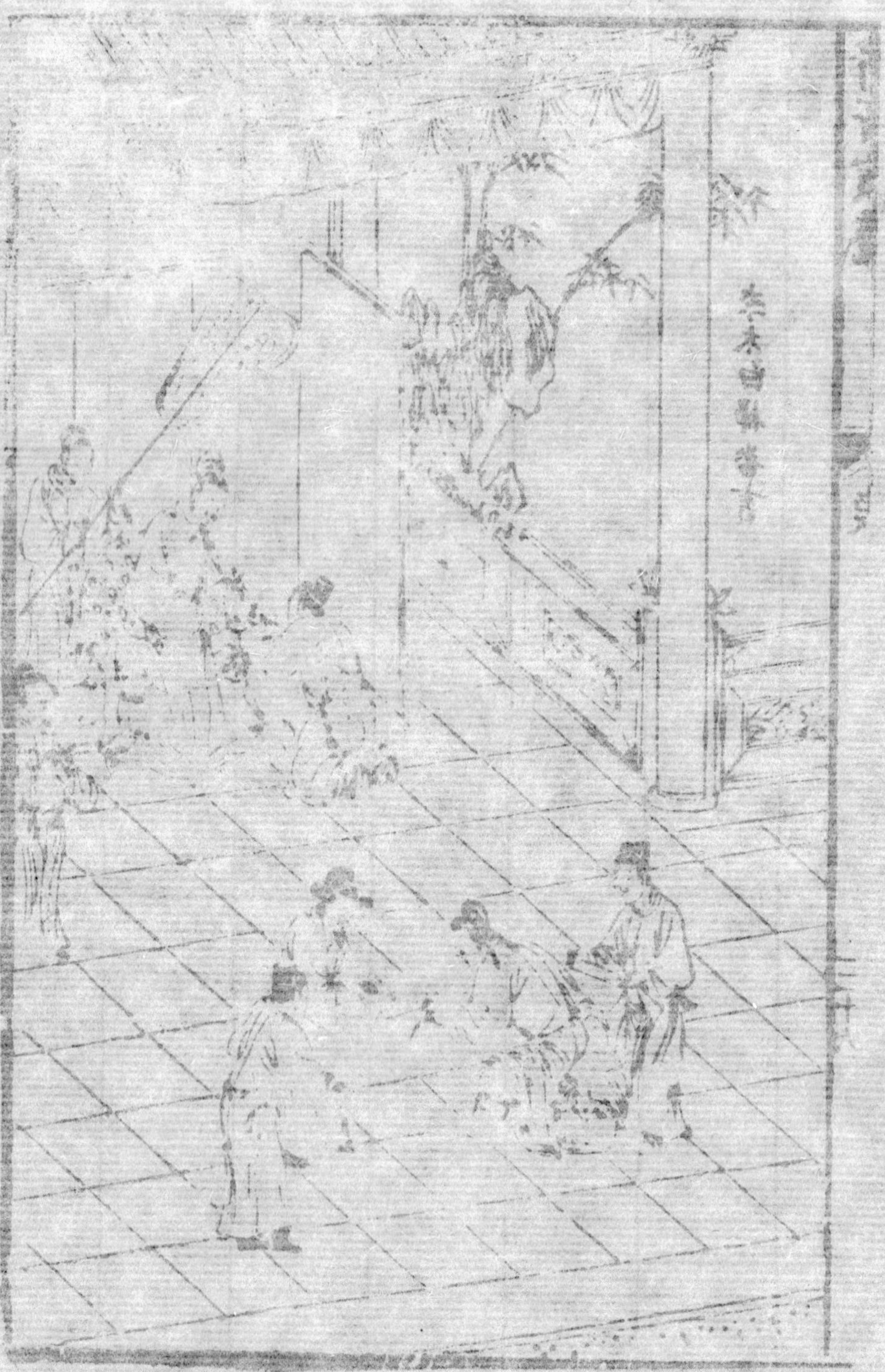

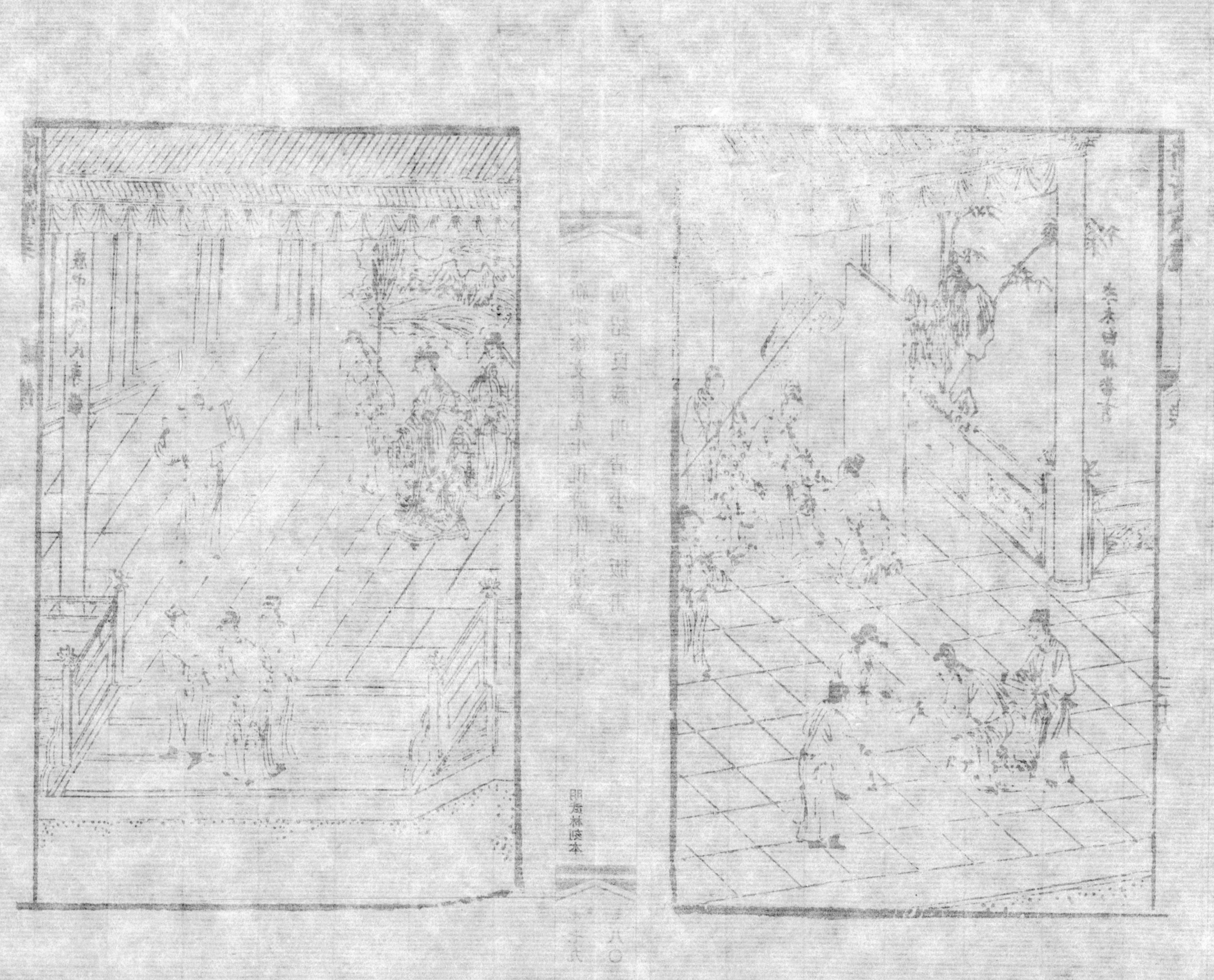

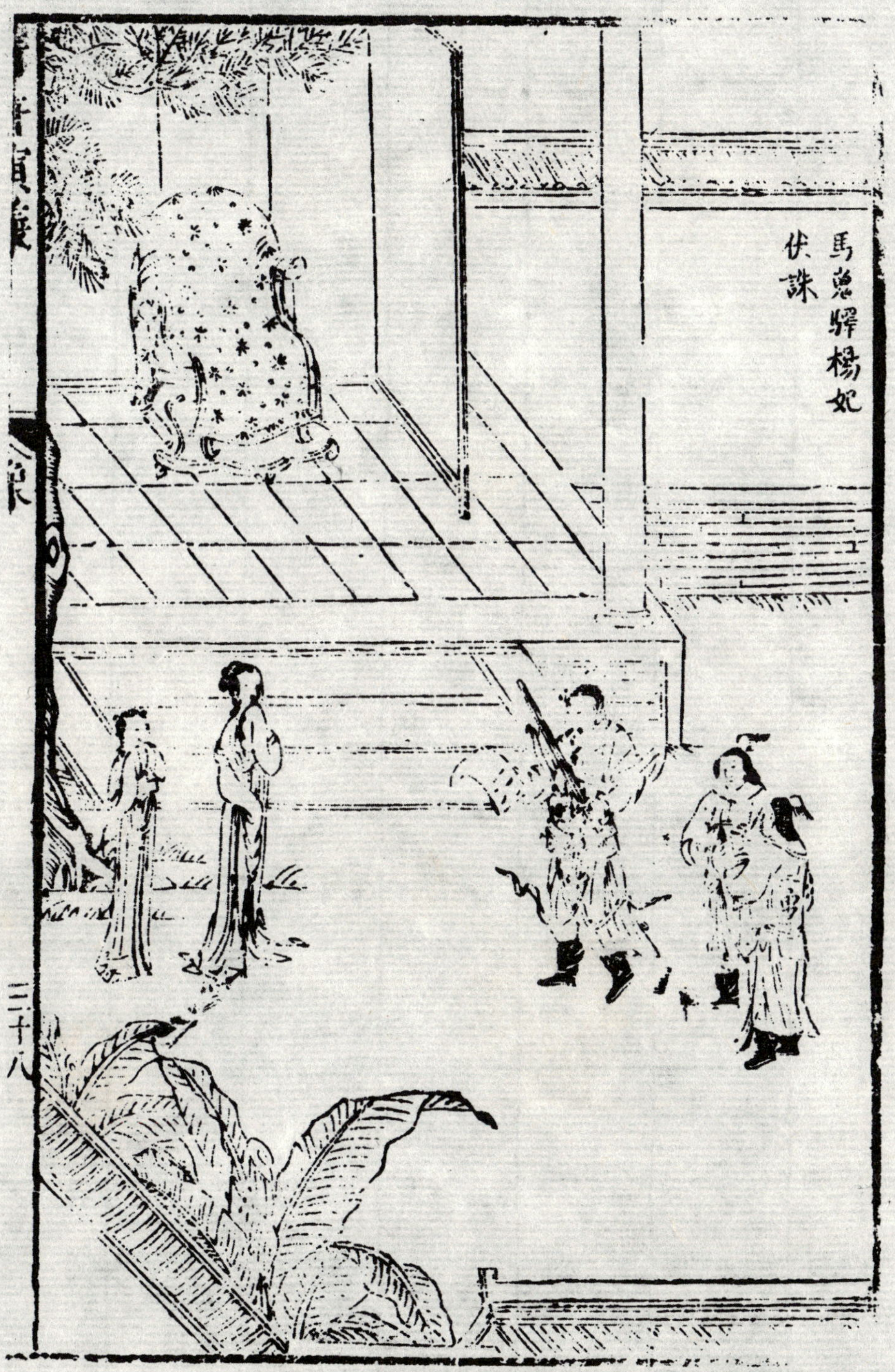
馬嵬驛楊妃伏誅
三十八

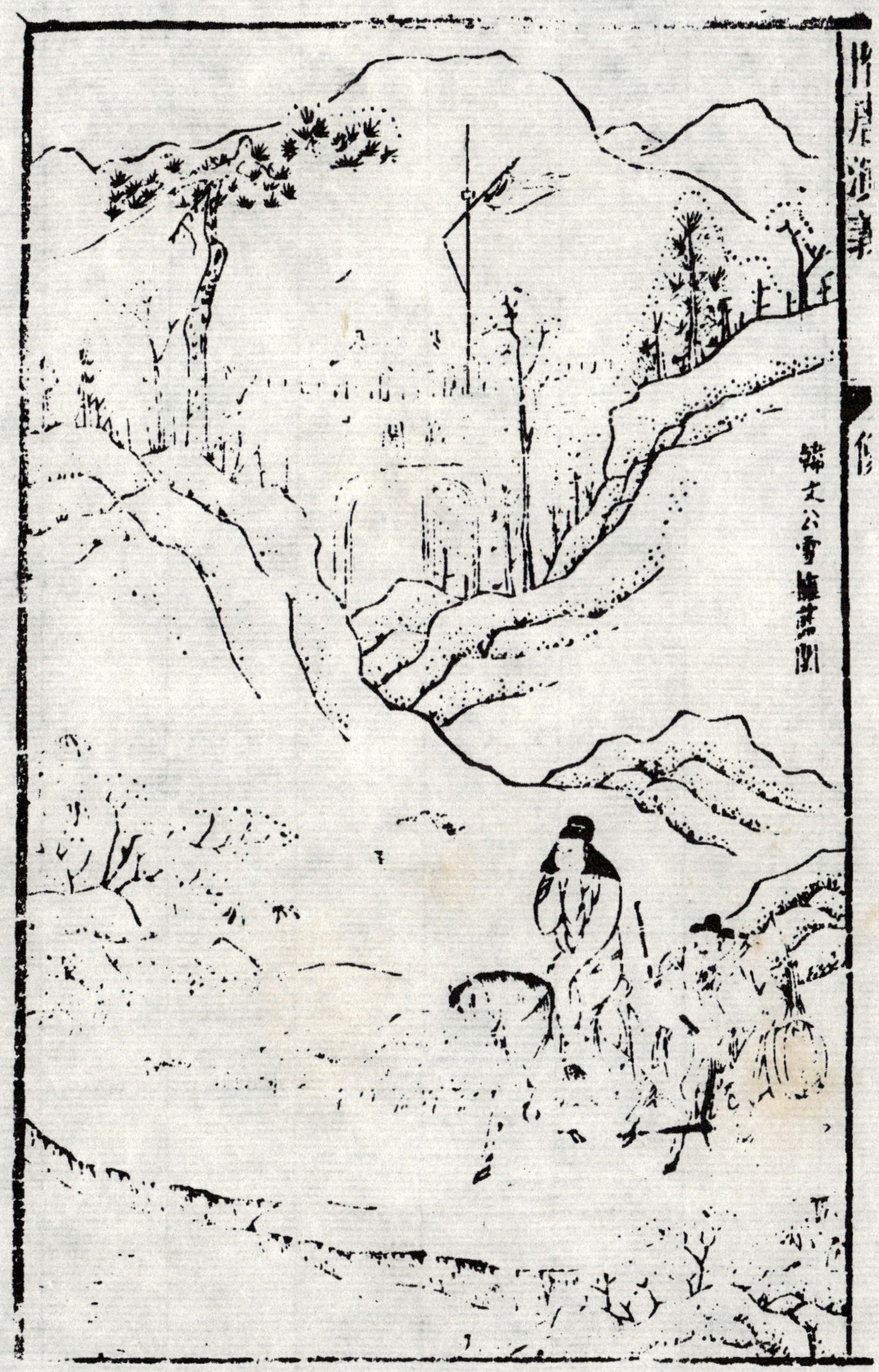
韓文公雪擁藍關

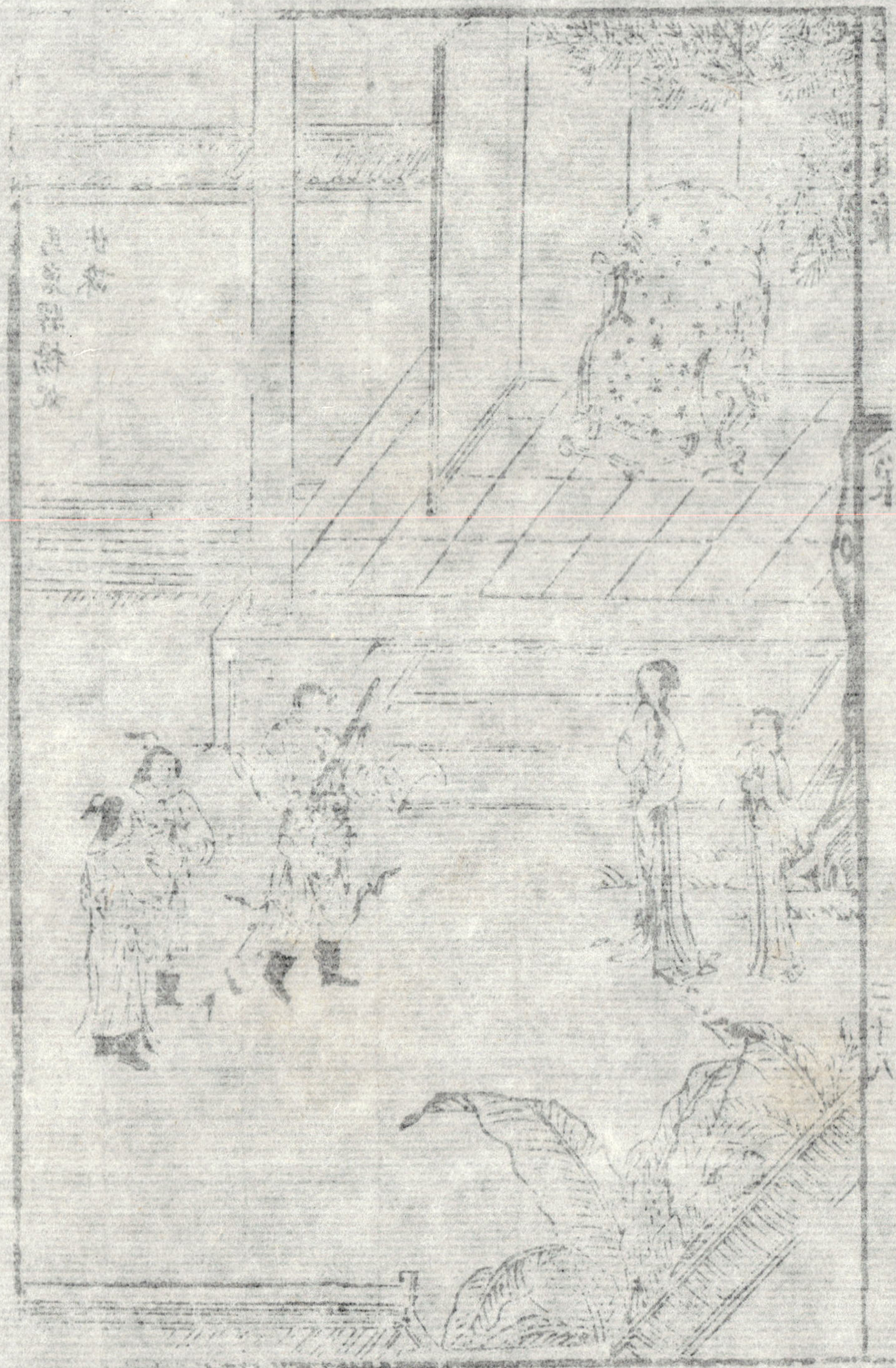

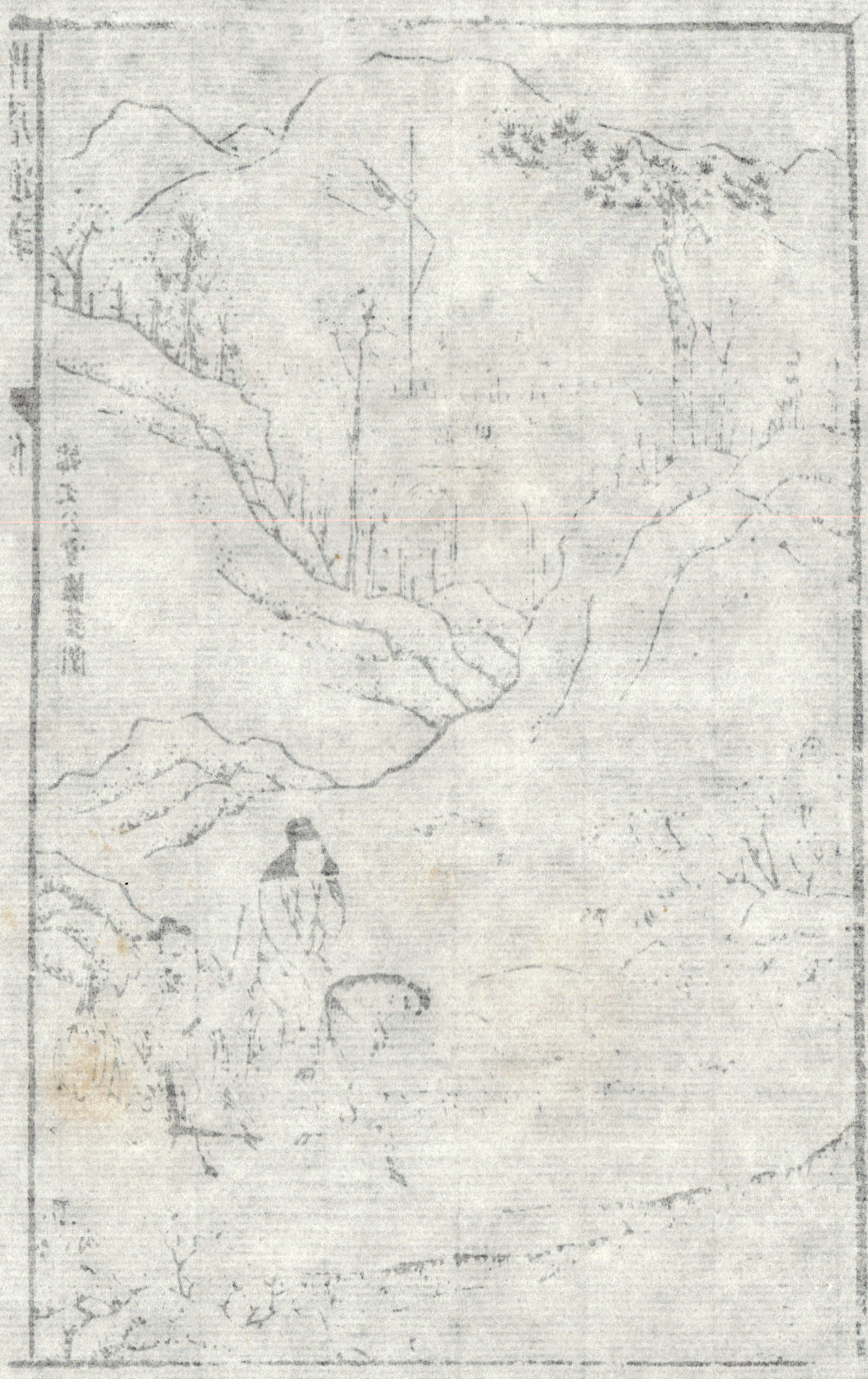

新鐫徐文長先生批評隋唐演義

周紹良藏明清小說版畫

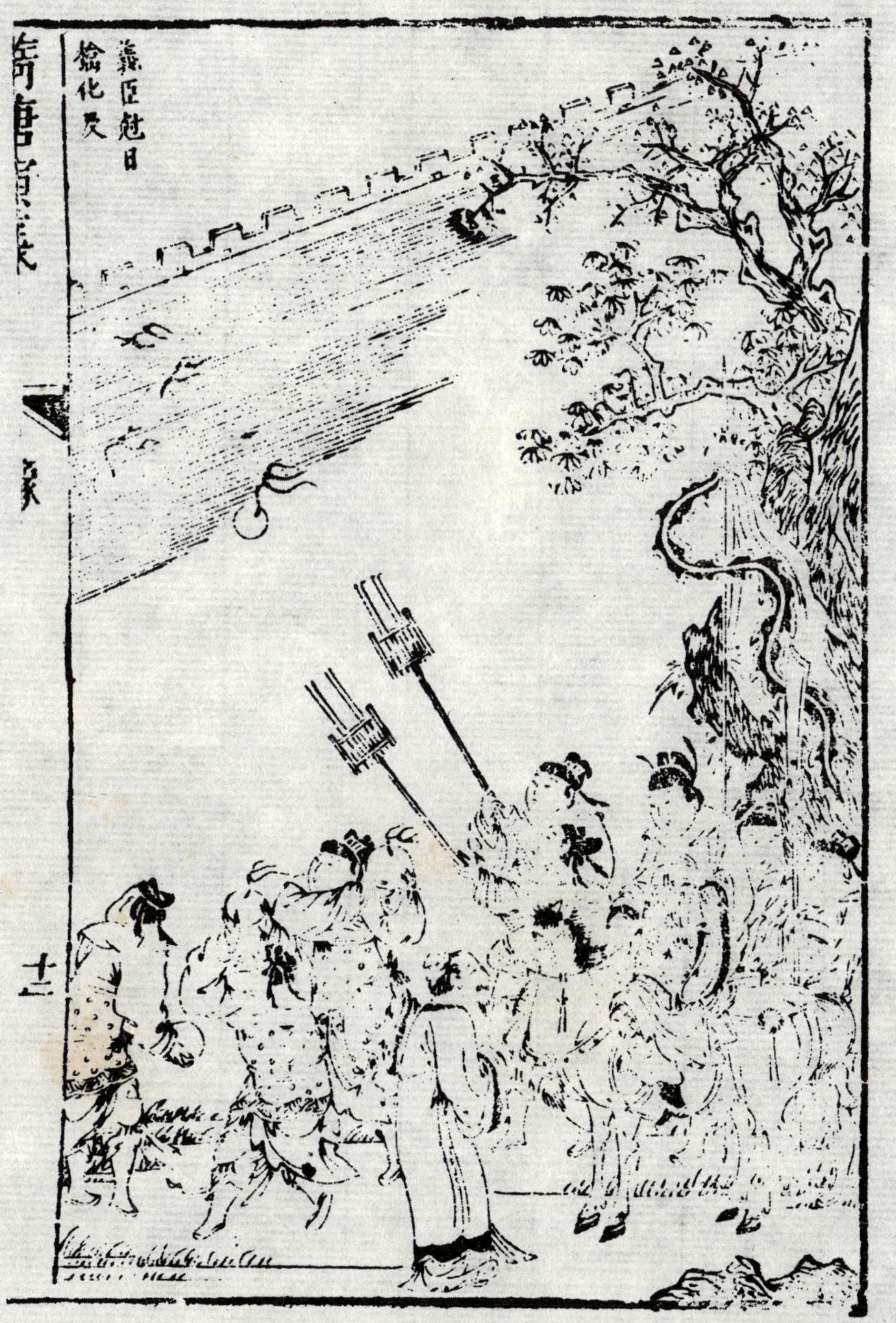

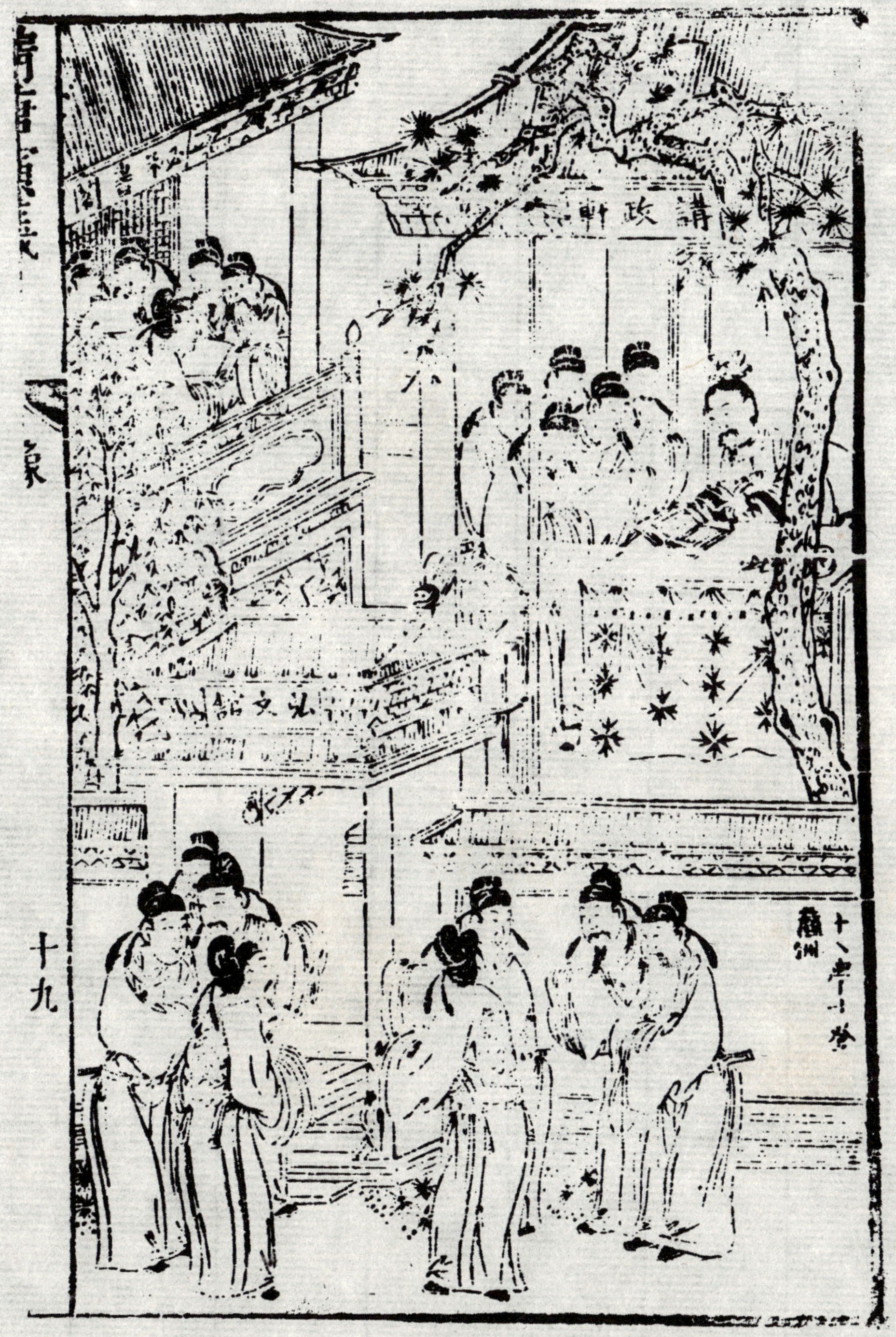

明武林刻本

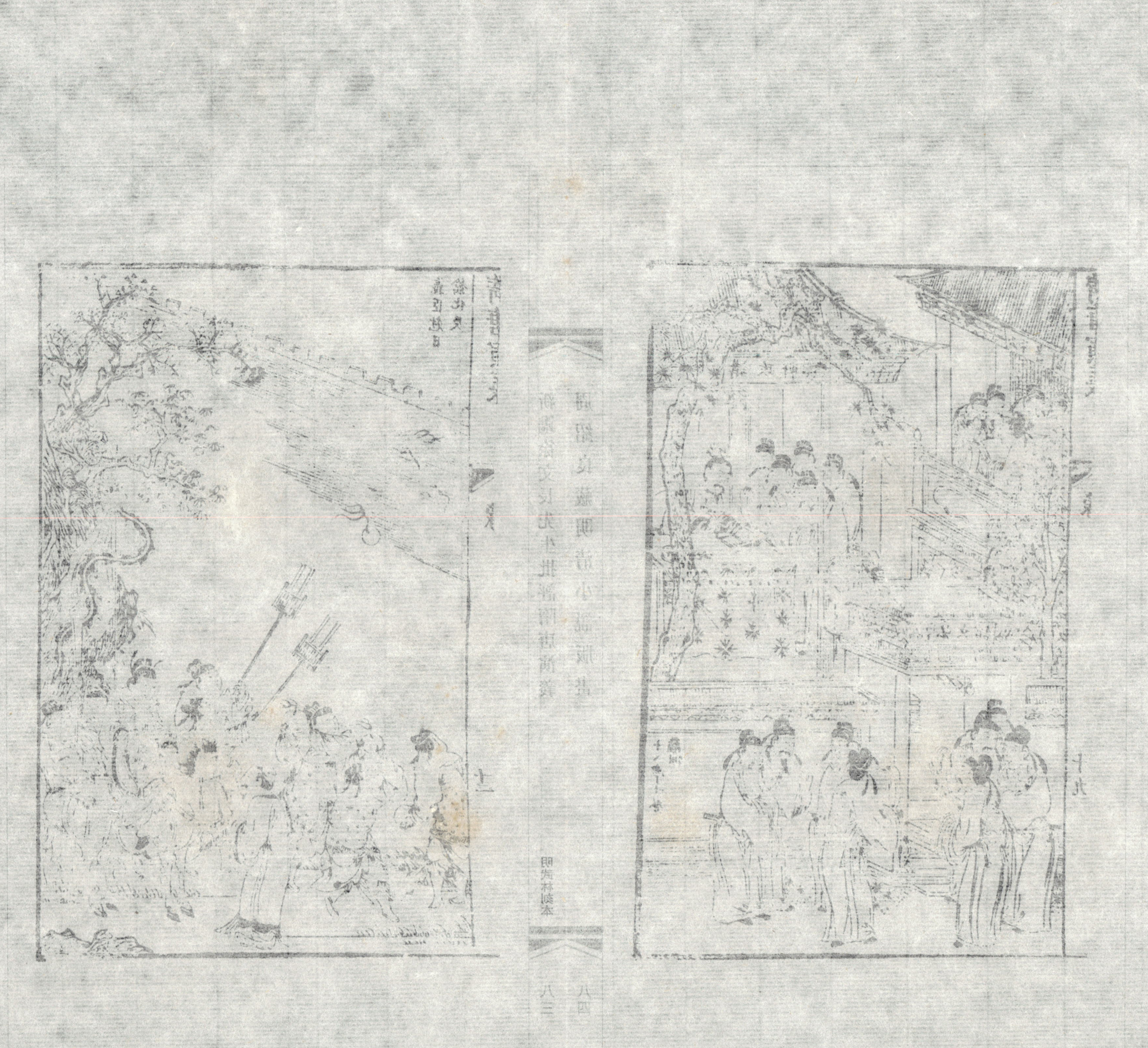

《新鐫徐文長先生批評隋唐演義》 明武林刻本

《新鐫徐文長先生批評隋唐演義》，清覆明刊本，十卷一百十四節。自第九節以上，即襲楊慎評本《隋唐志傳》，標目亦全采之，但增下聯，足成二句，自第十節以下至九十八節則全同熊鍾谷編集《唐書志傳通俗演義》，而楊慎評本所增益情節皆無之，全依武林藏珠館刊《新刊徐文長先生評唐傳演義》（日本內閣文庫藏）原式，顯係自藏珠館出者。第九十九節以後，則又全同楊慎評《隋唐志傳》，但并二回為一節，標目亦一字未改。其采熊書之全部，而開首數節及九十九節以後，以楊慎評本《隋唐志傳》補之，以符『隋唐演義』之稱，至為顯然。

茲選圖八幅。

一、堯君素射李氏妻　二、楊義臣魏縣全朋
三、廢中宗武氏專權　四、李太白掃番書
五、馬嵬驛楊妃伏誅　六、韓文公雪擁藍關
七、義臣剋日擒化及　八、十八学子發徽州

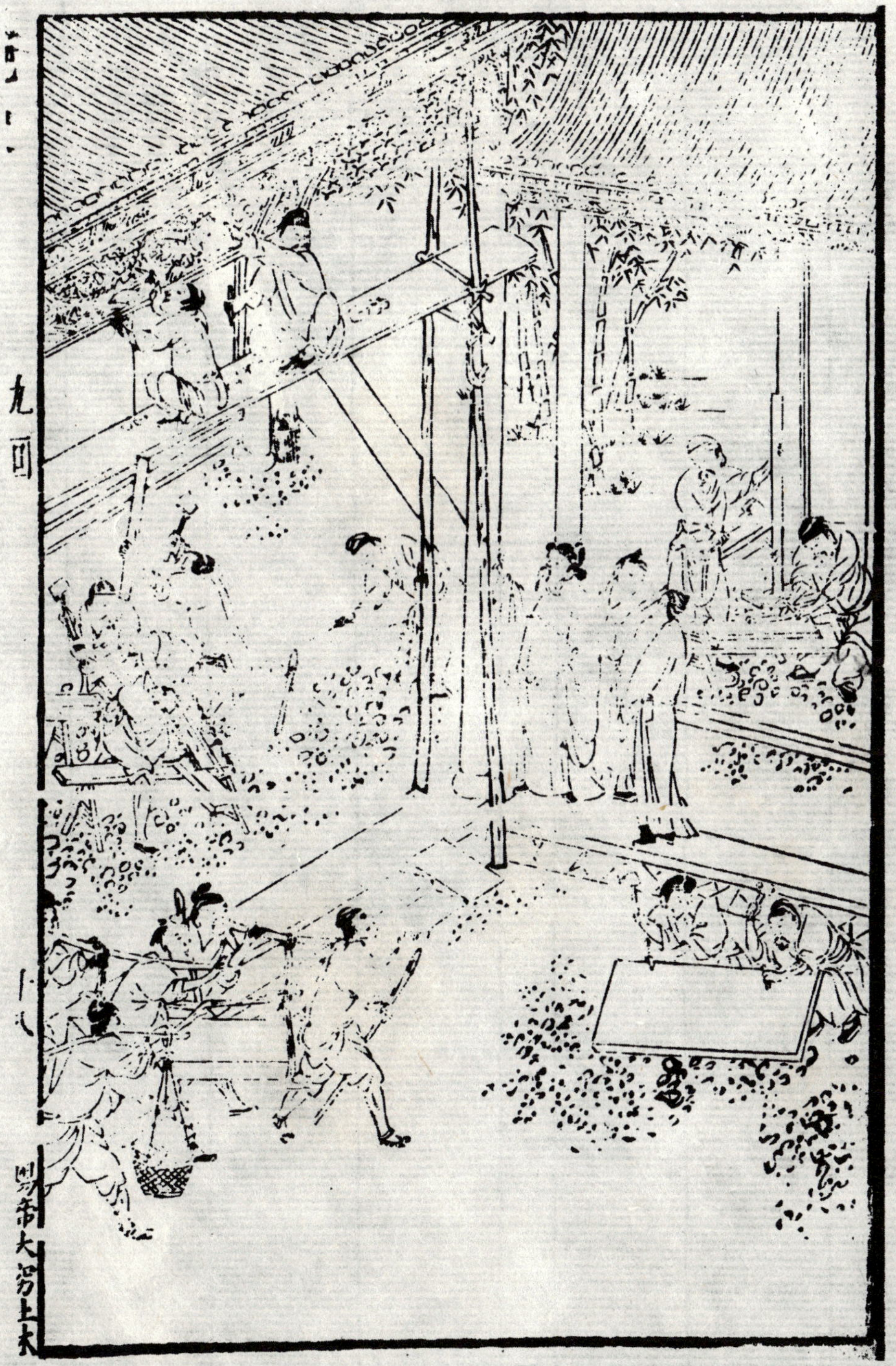

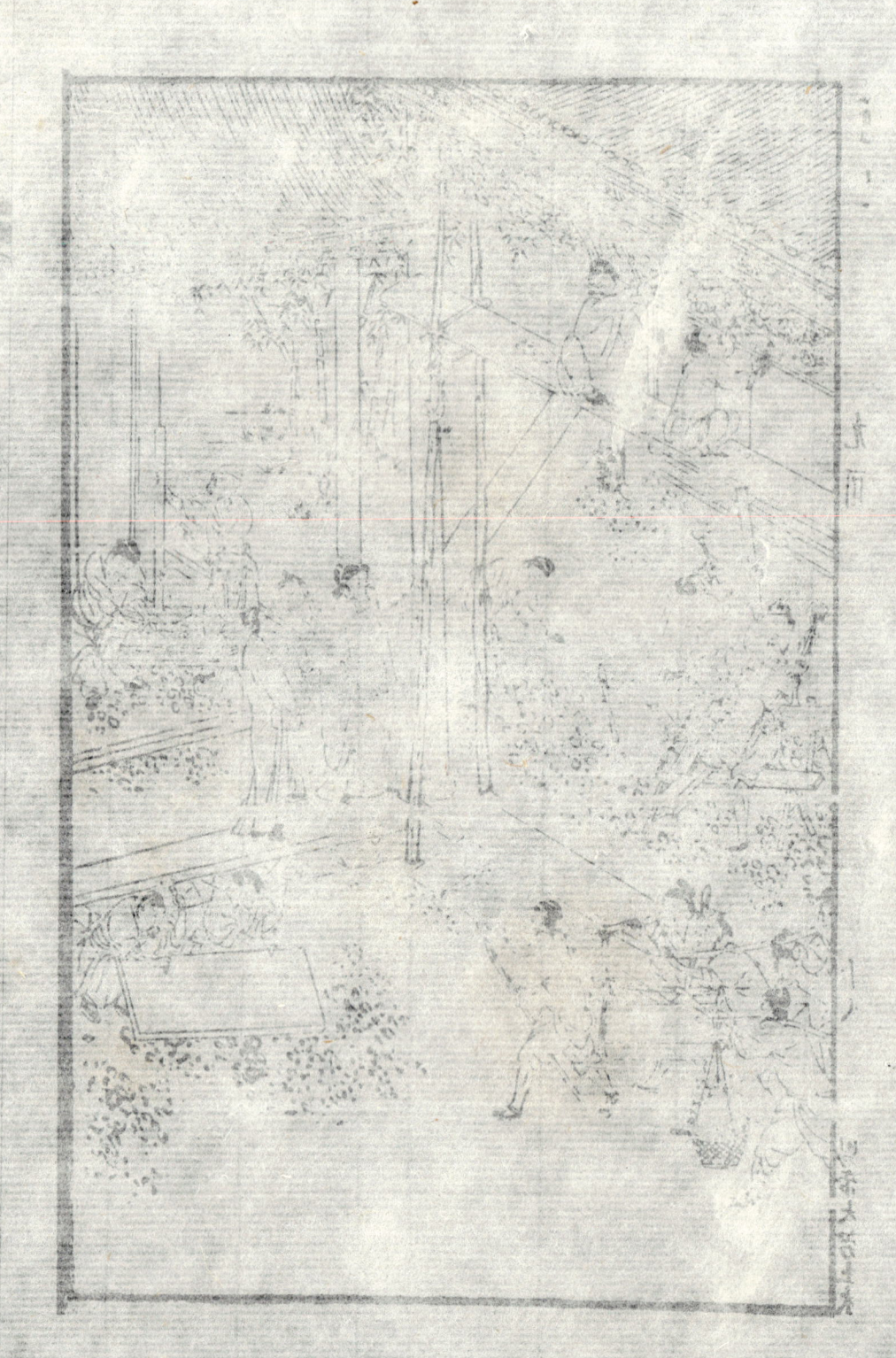

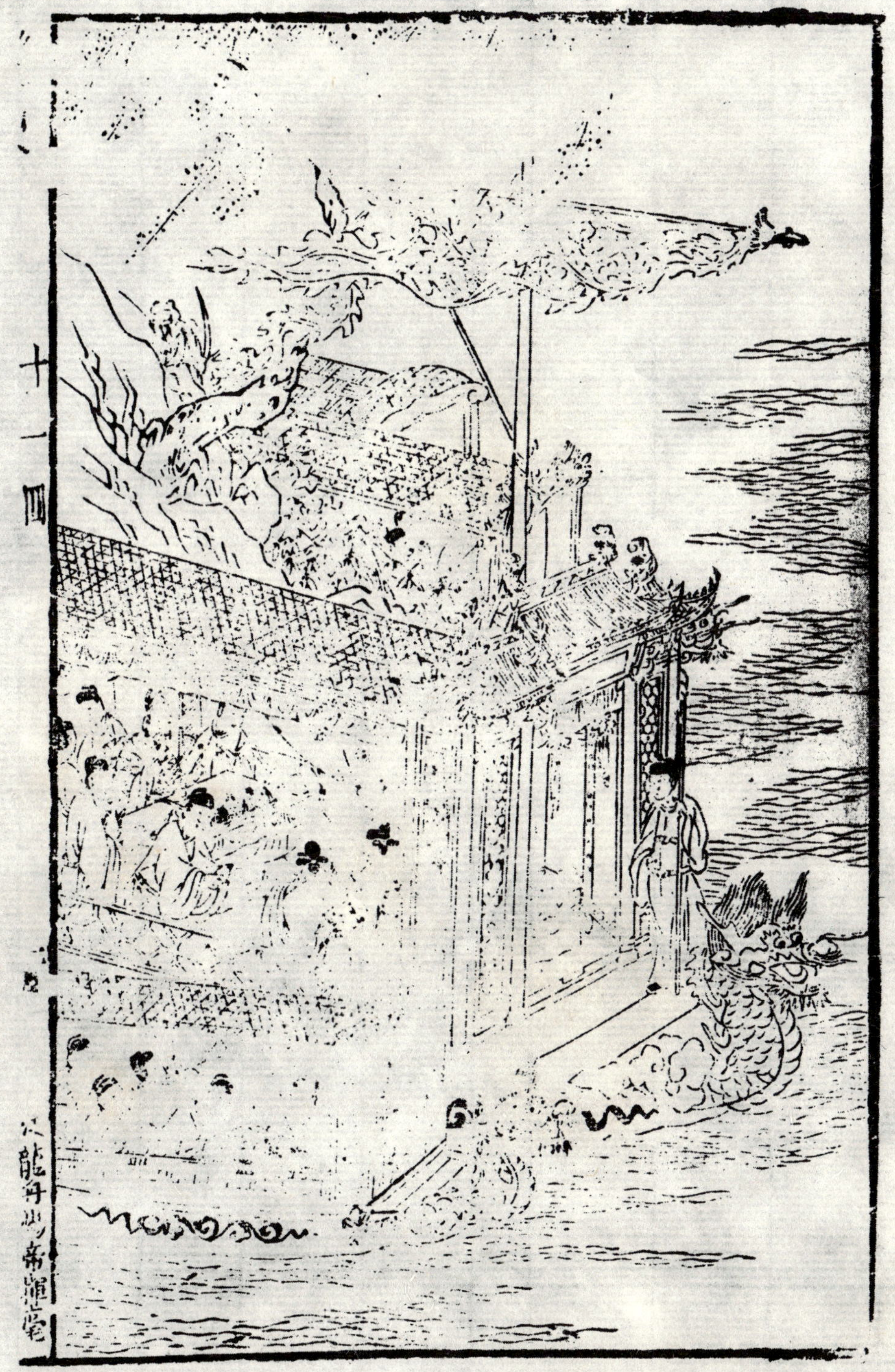
十一回

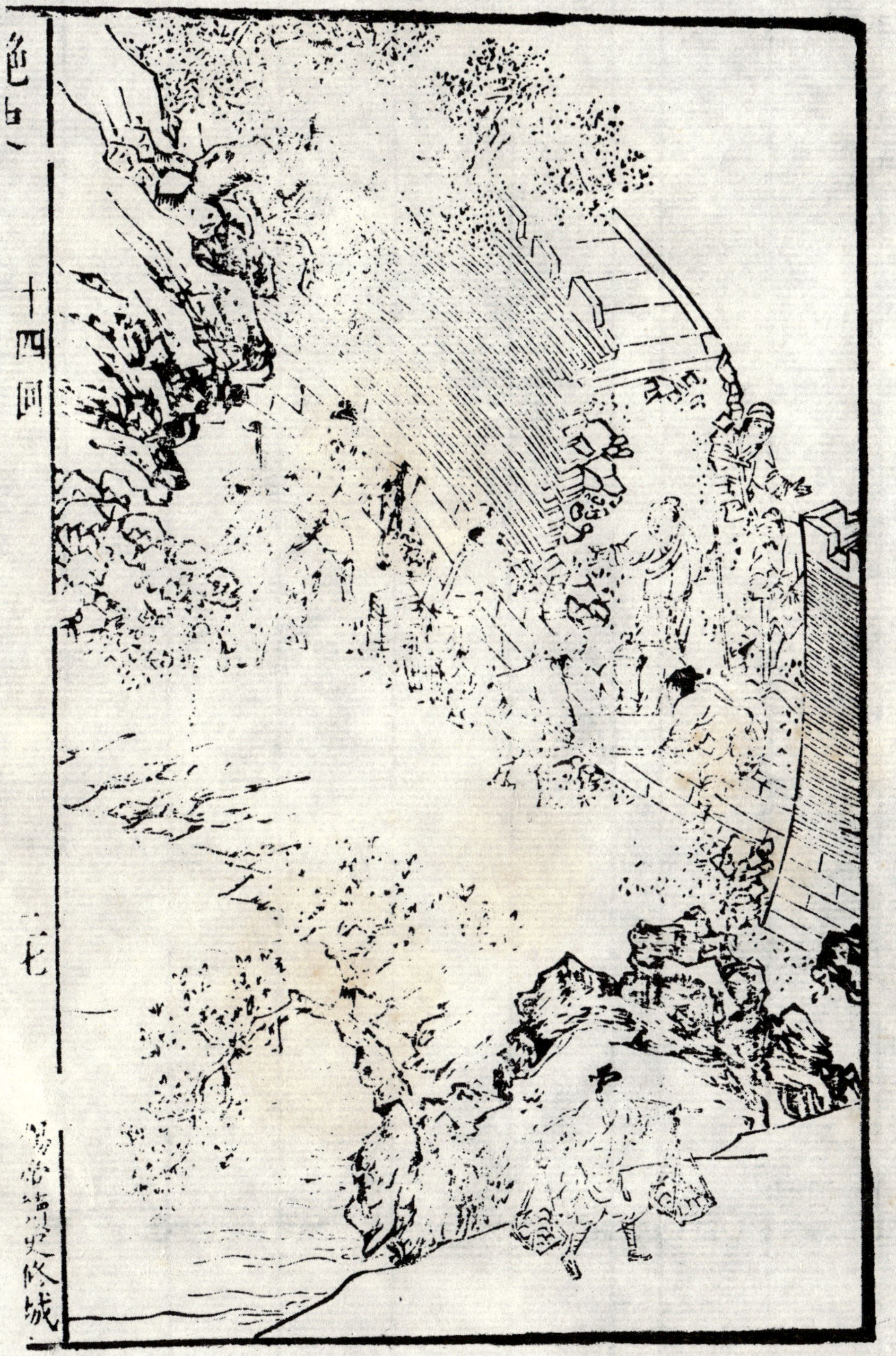
十四回

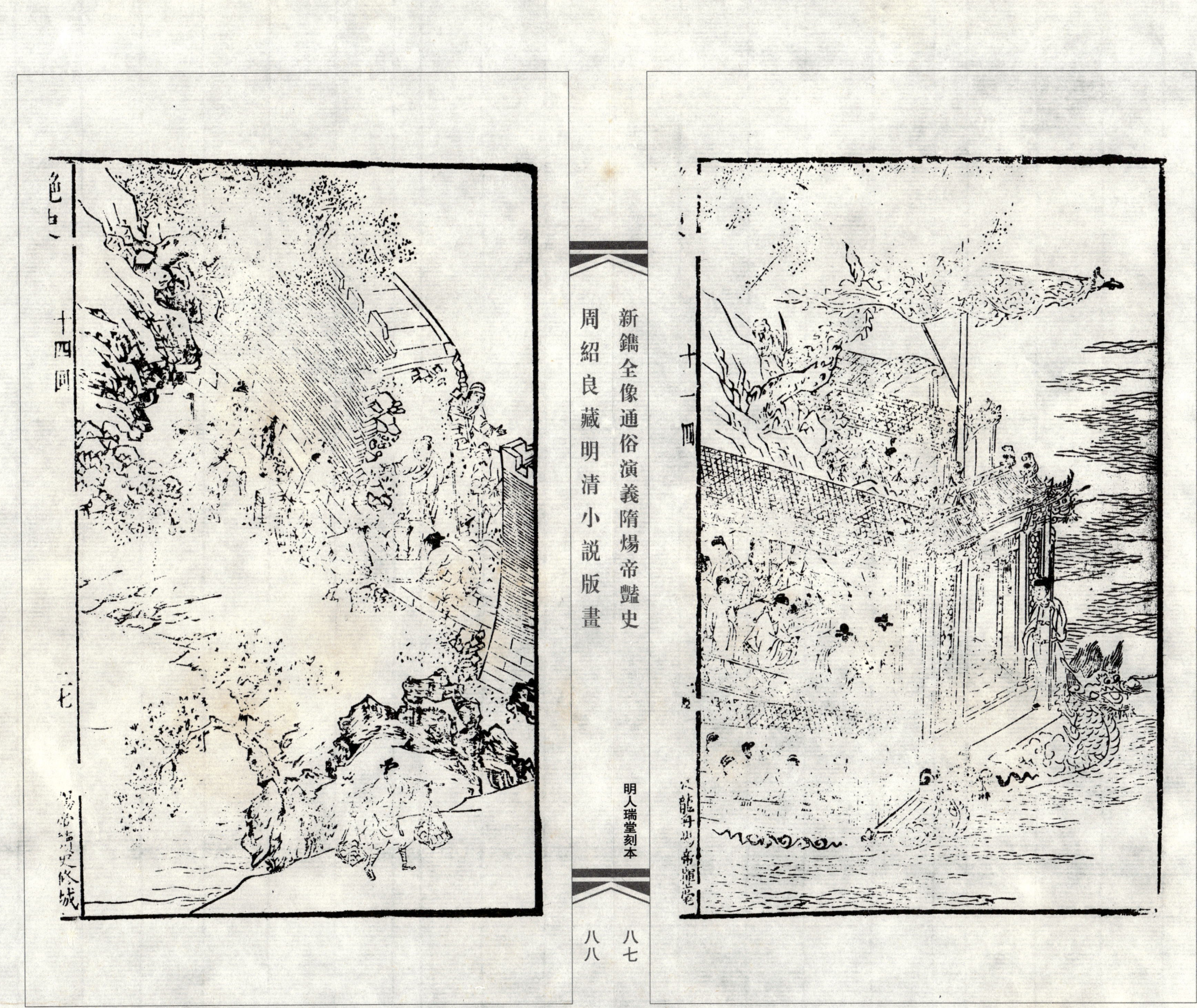

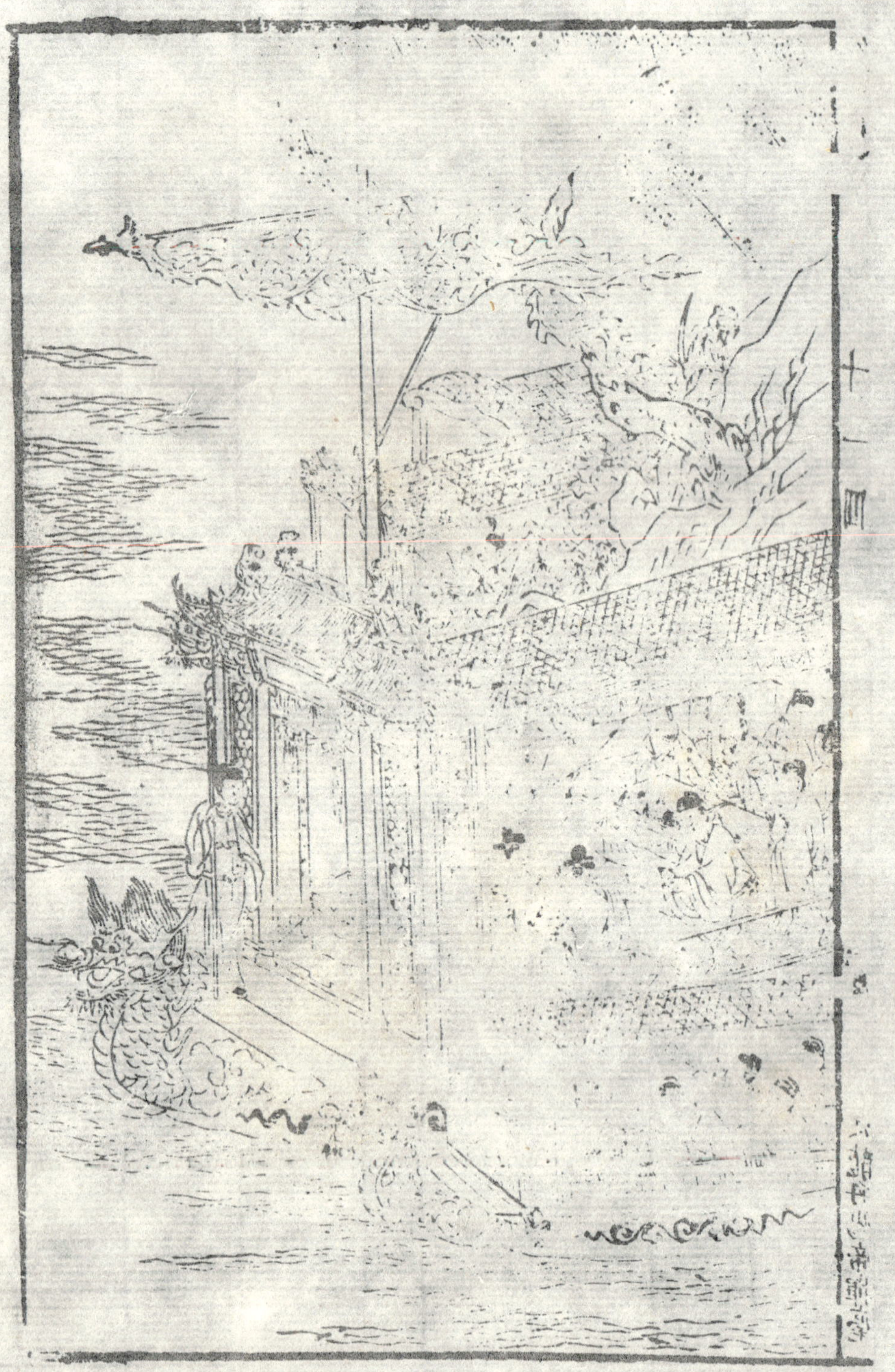

新鐫全像通俗演義隋煬帝艷史

明人瑞堂刻本

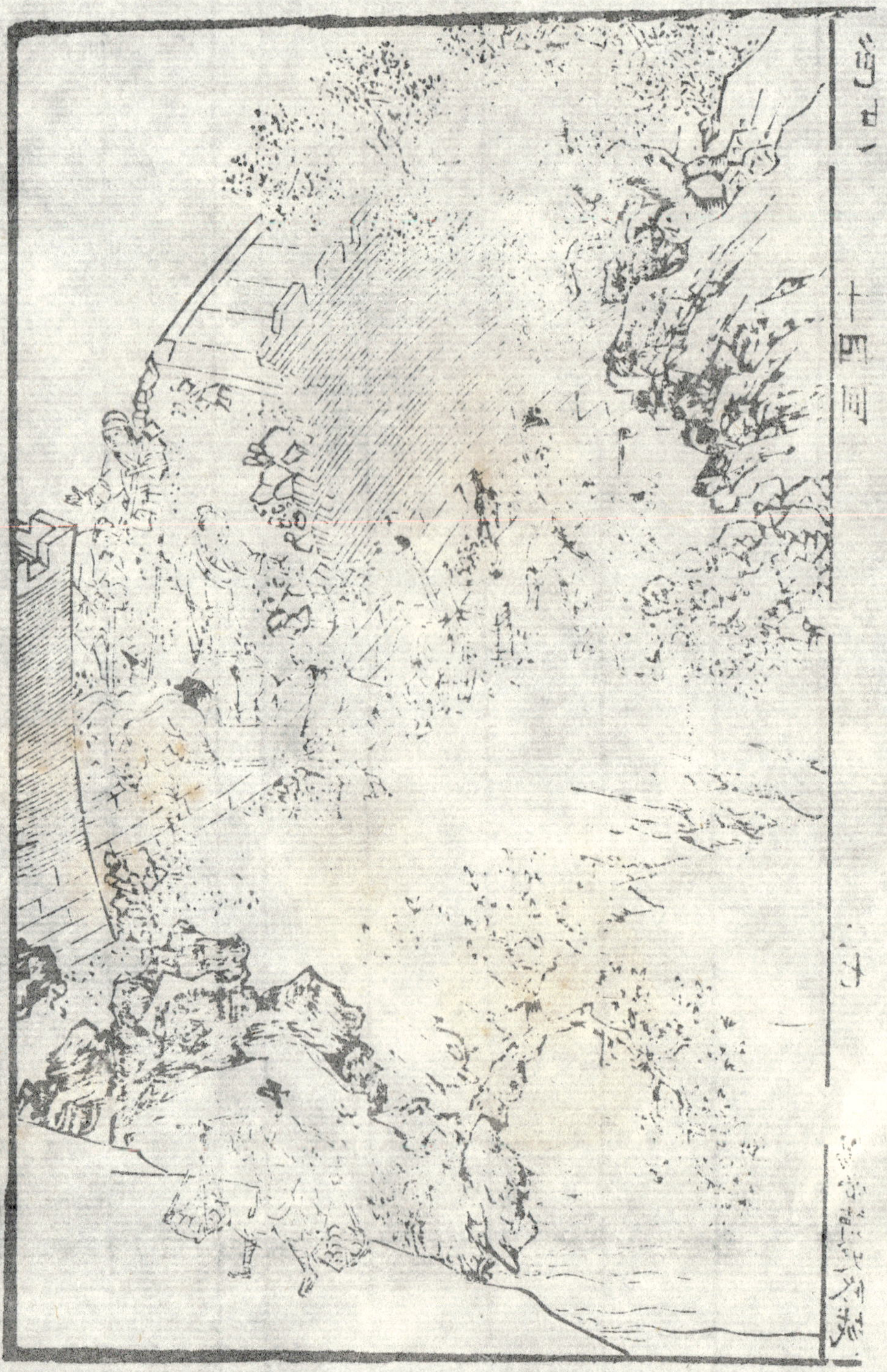

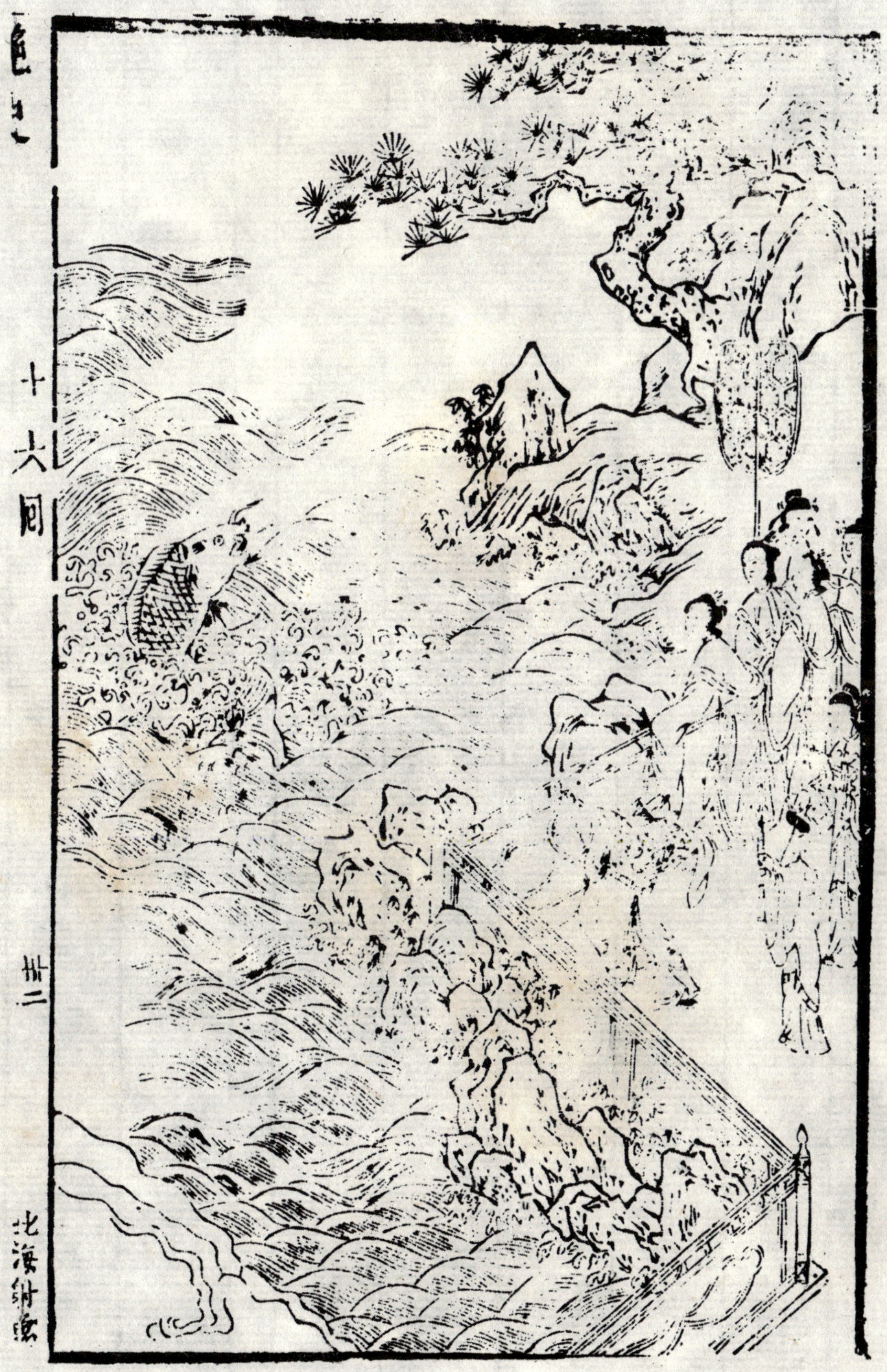
十六回
廿二
北海

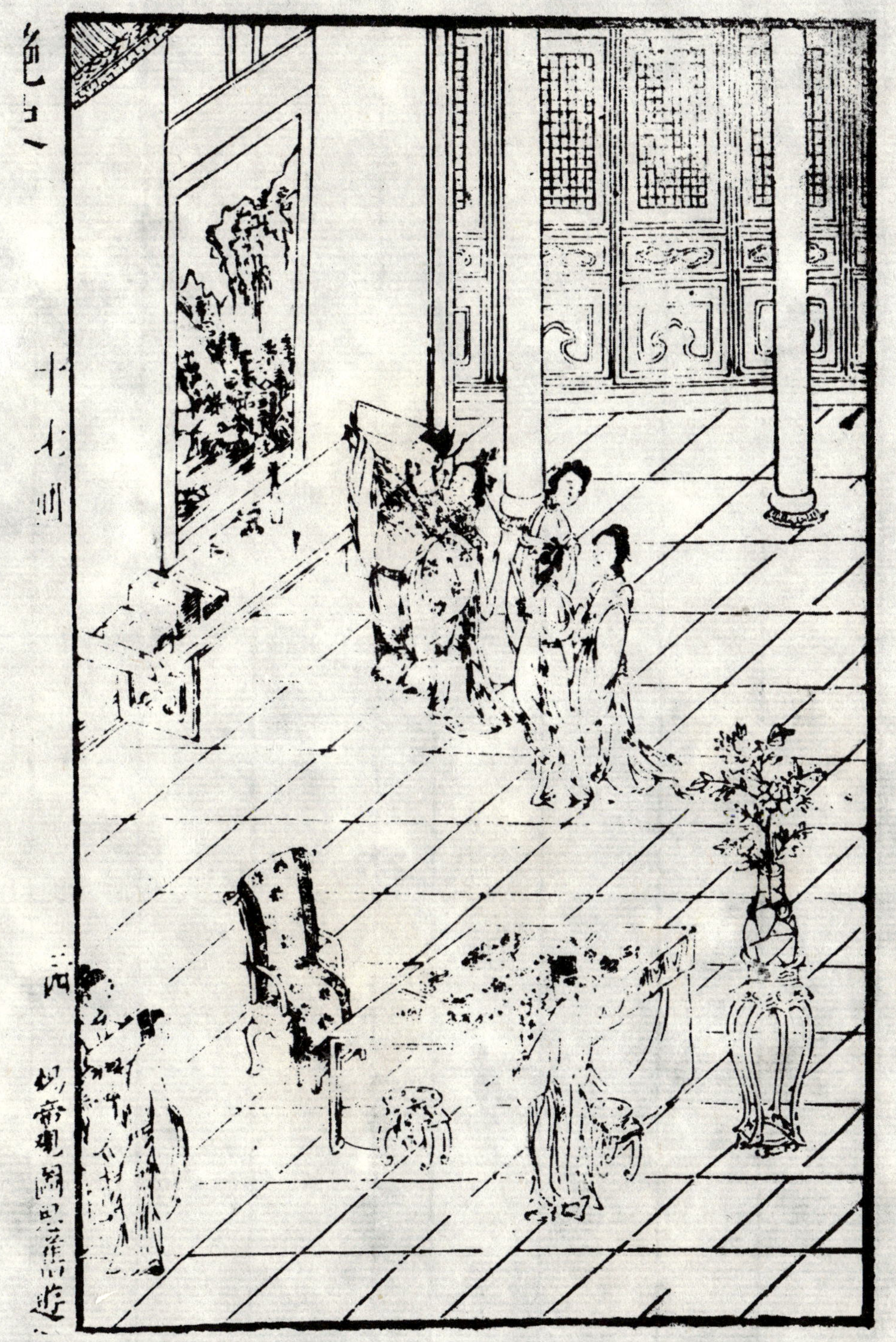
十七回
煬帝觀圖思舊遊

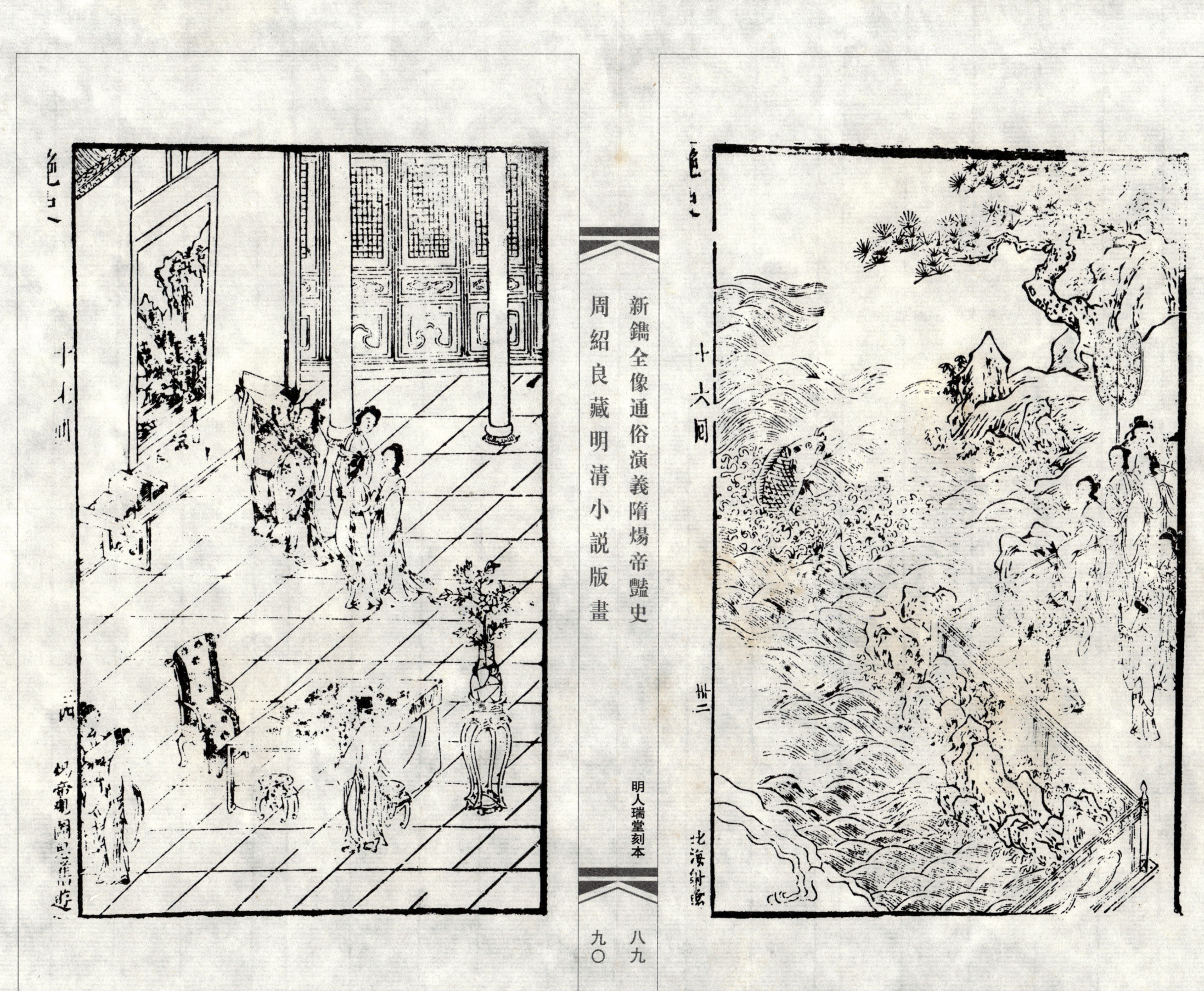

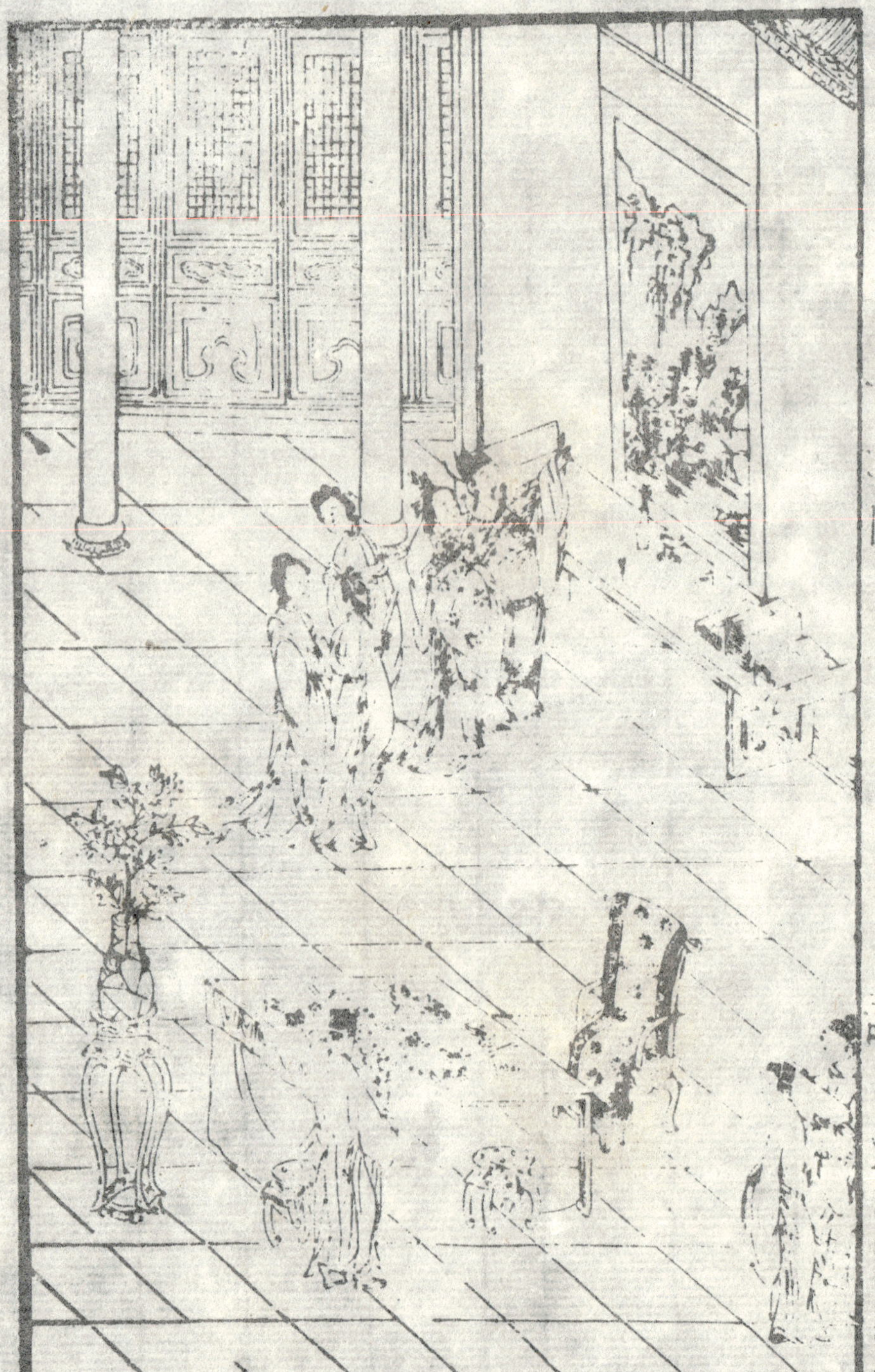

明人瑞堂刻本

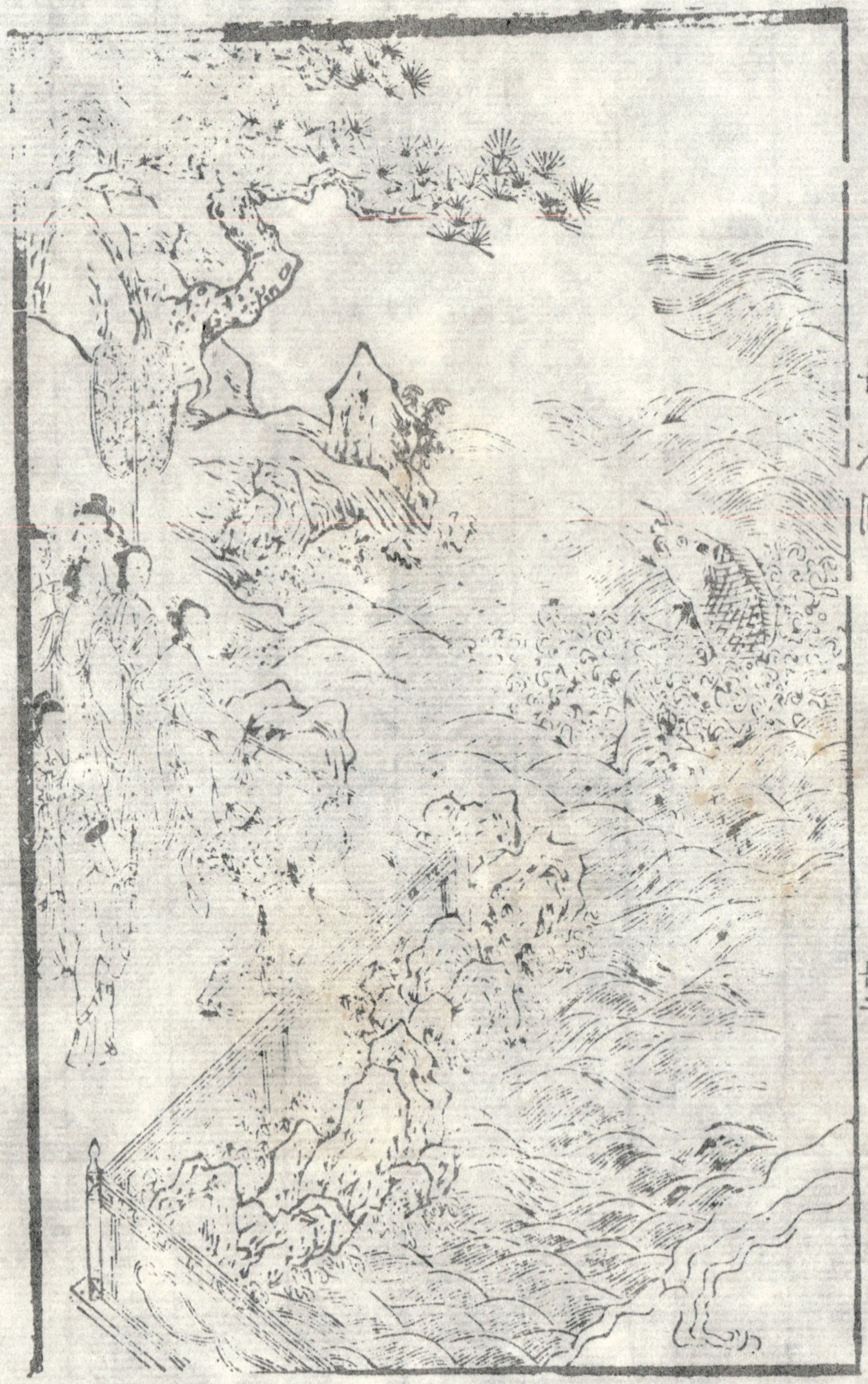

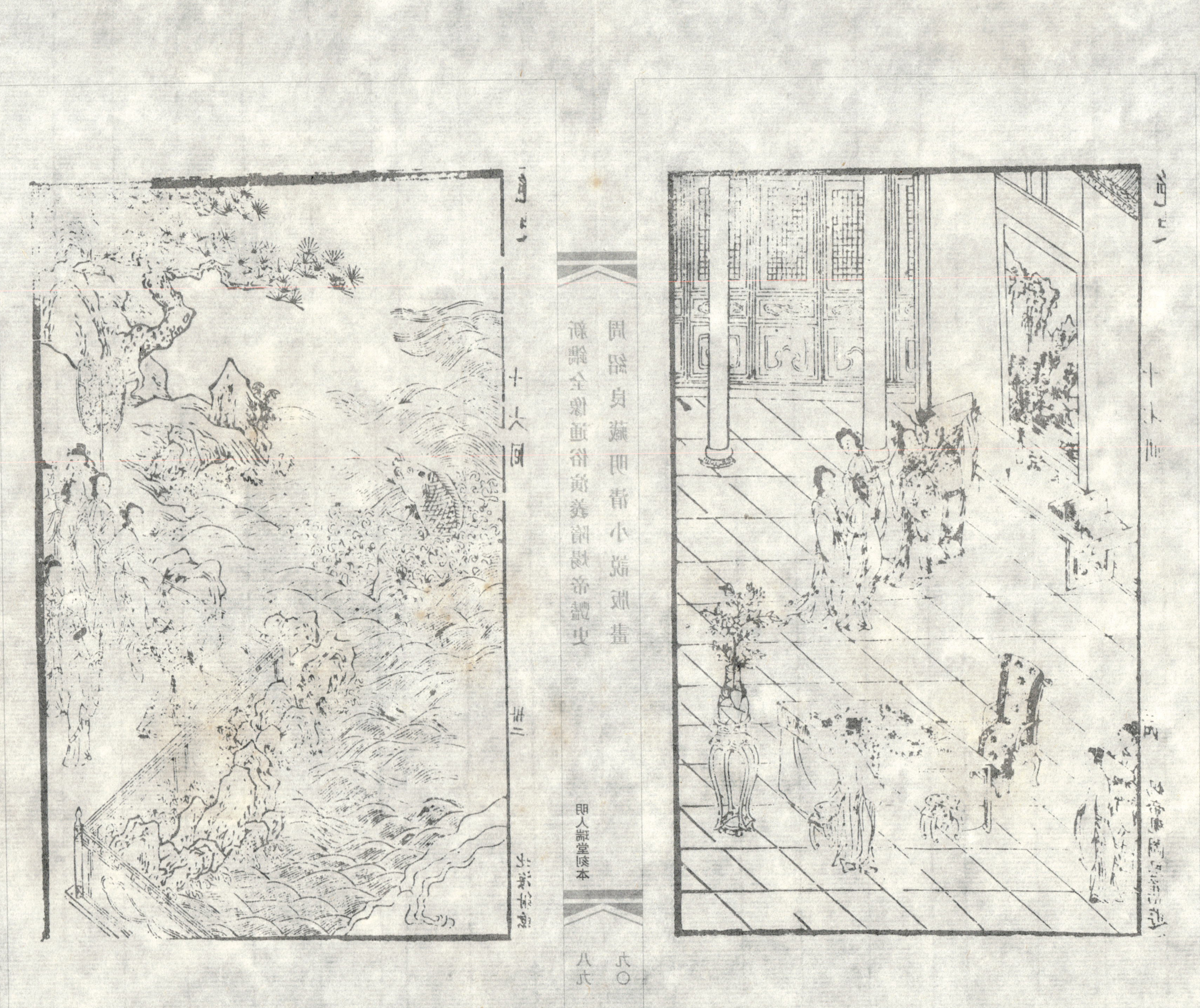

《新鐫全像通俗演義隋煬帝豔史》　明人瑞堂刻本

八卷四十回，明齊東野人編次，不經先生批評。魯迅《唐宋傳奇集·稗邊小綴》謂撰者為馮夢龍，殆以《醒世恒言》中有《隋煬帝逸游召譴》篇而亦然。似未可確認。

書叙隋煬帝一生，據正史及筆記小說《迷樓記》、《海山記》、《開河記》而連綴之。傳世有明末人瑞堂本，書前有野史主人及笑癡子序，委蛇居士題辭及《隋煬帝豔史凡例》、《隋煬帝豔史總評》。

本書每卷五回，每卷末有評，書末有總評。每回兩圖，故原書應有圖八十幅。茲選五幅（九回、十一回、十四回、十六回、十七回、十九回）。

一、煬帝大窮土木　二、泛龍舟煬帝揮毫
三、煬帝讀史修城　四、北海射魚
五、煬帝觀图思舊游

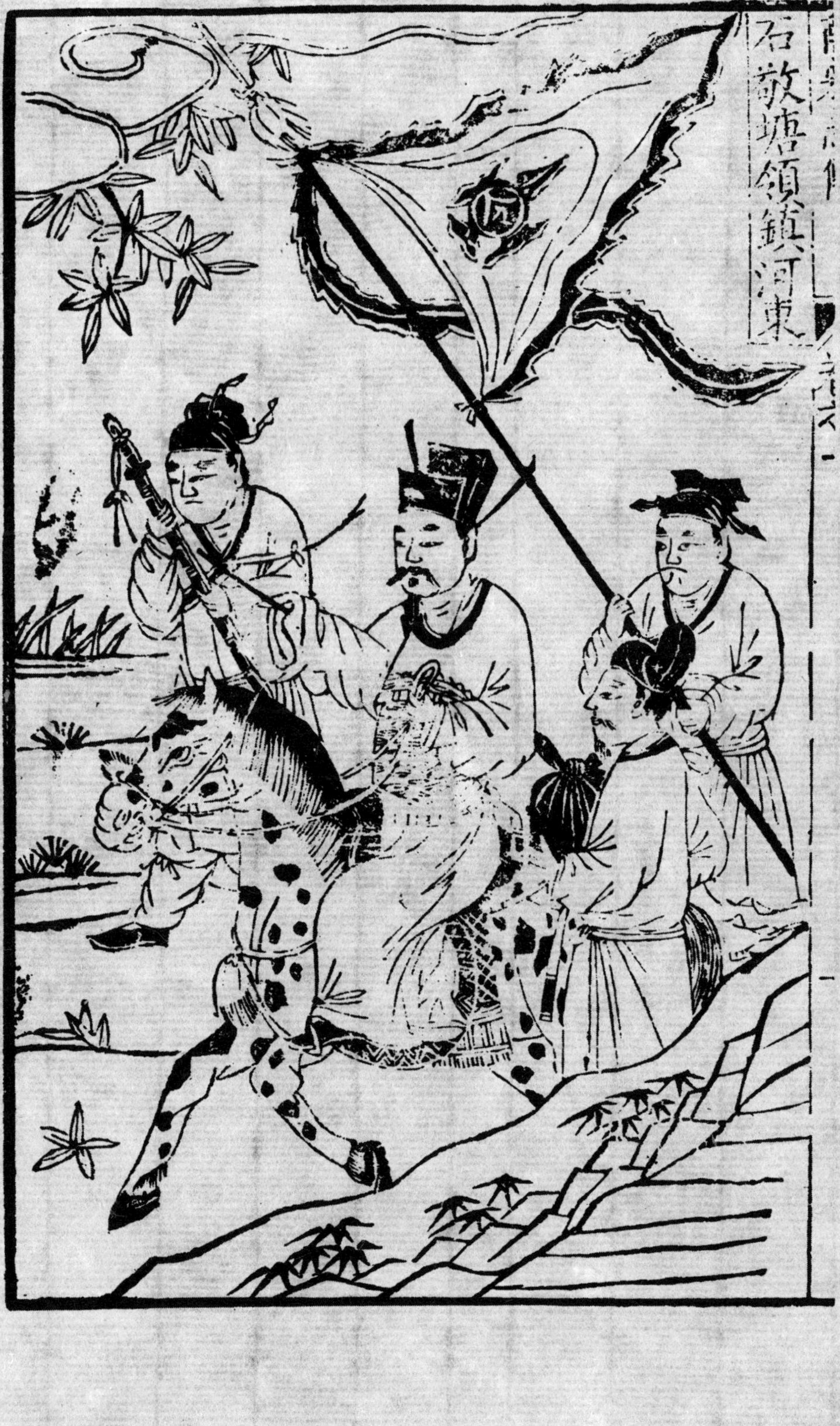

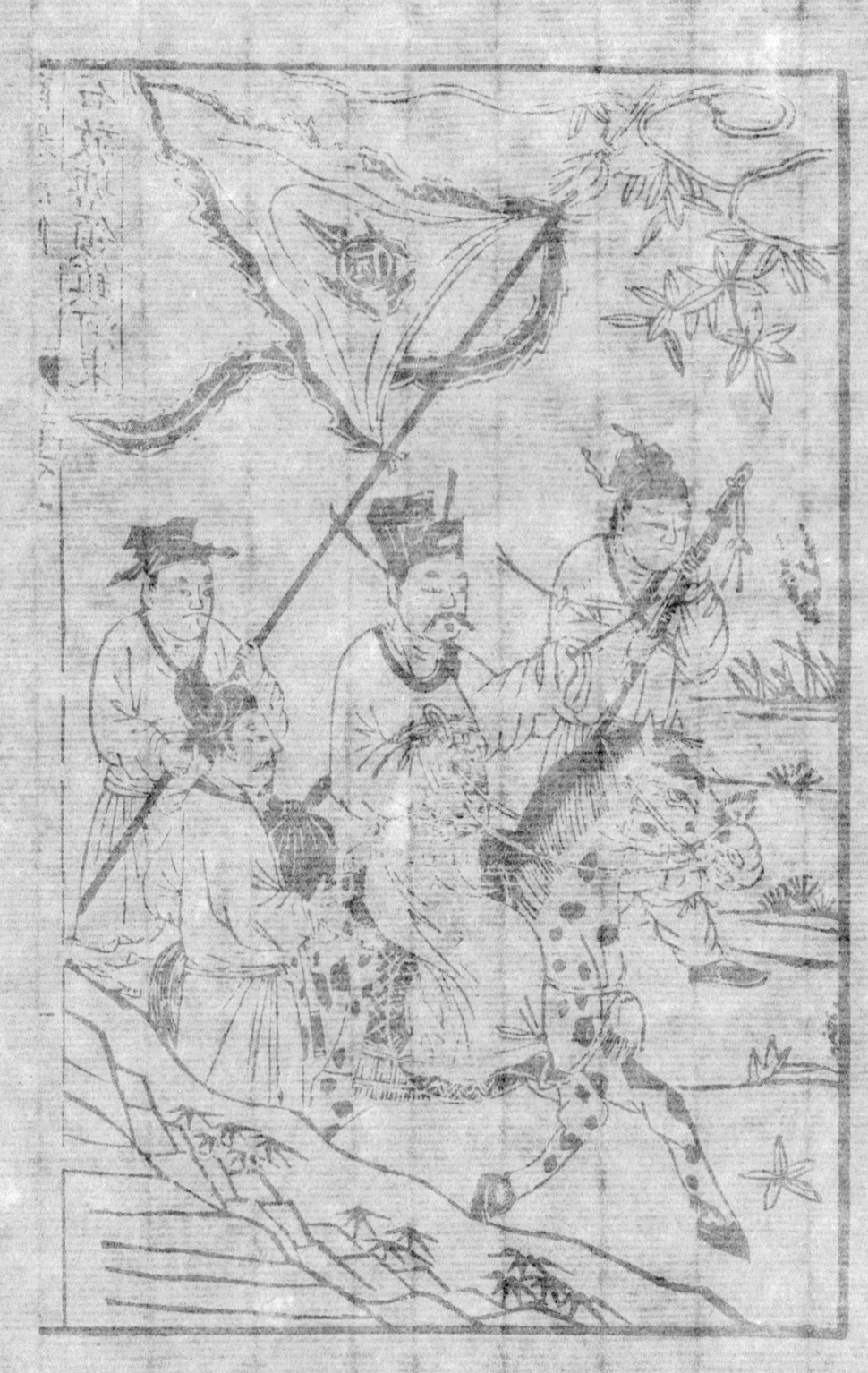

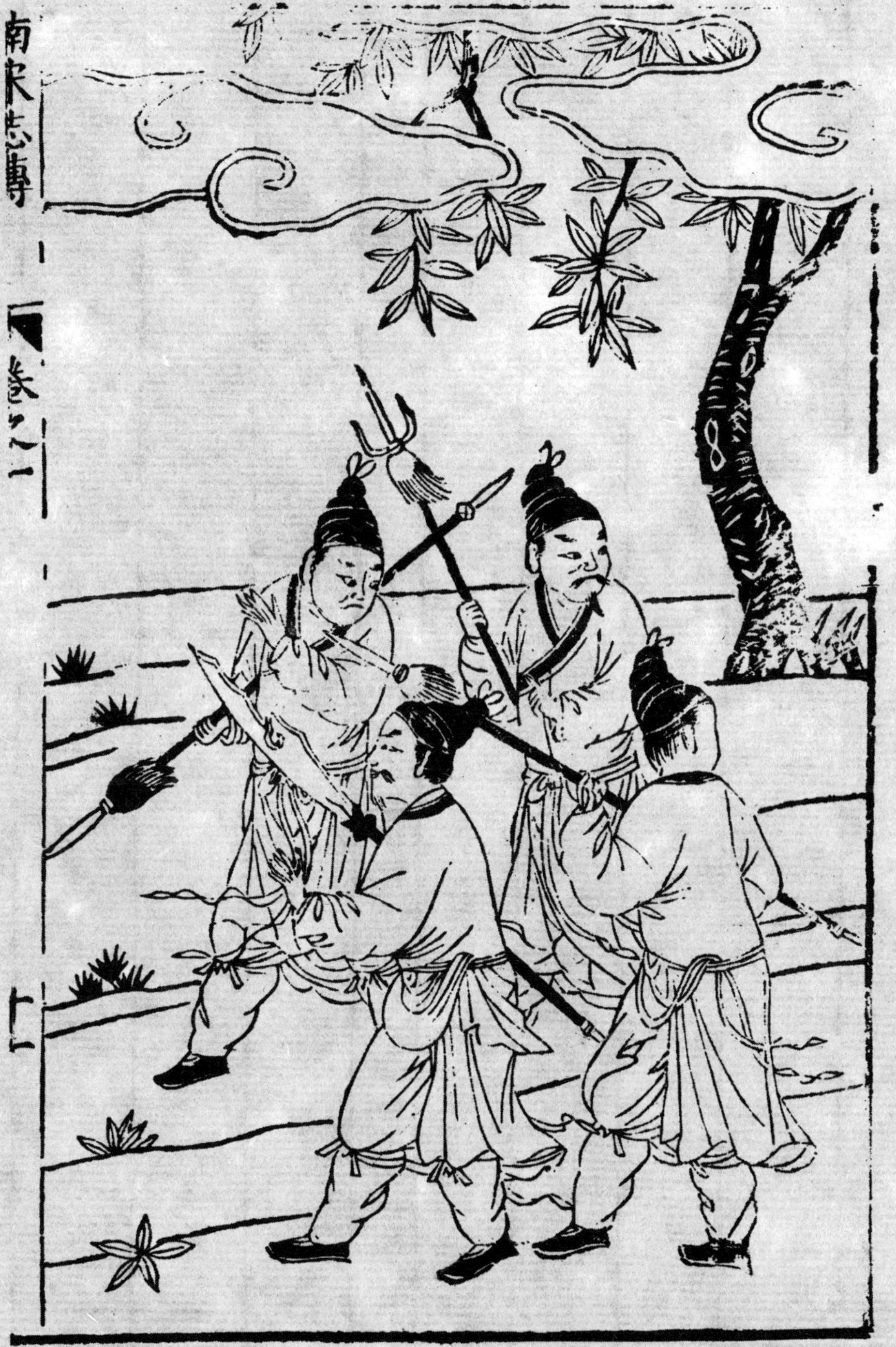

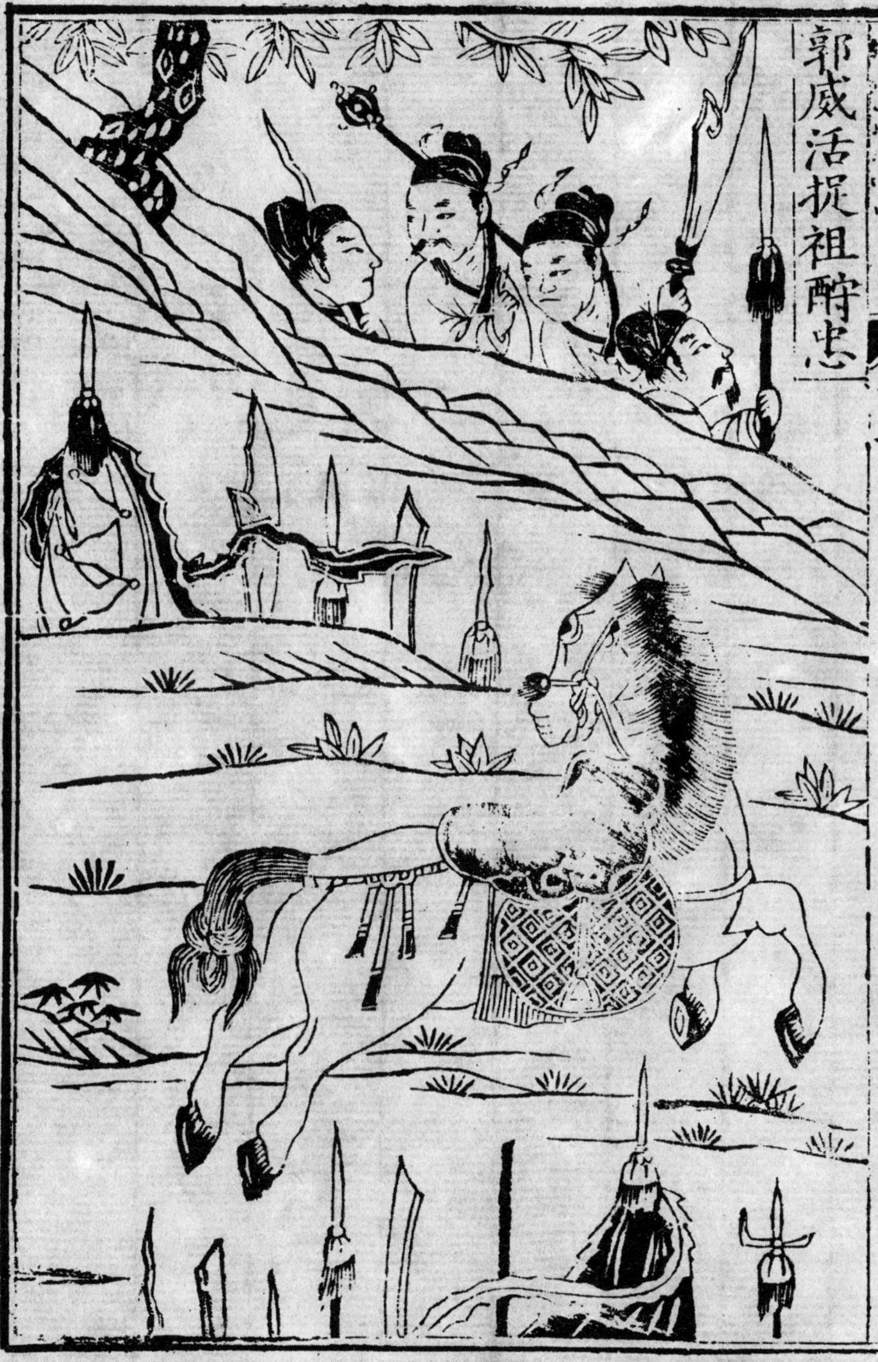

明唐氏世德堂刻本

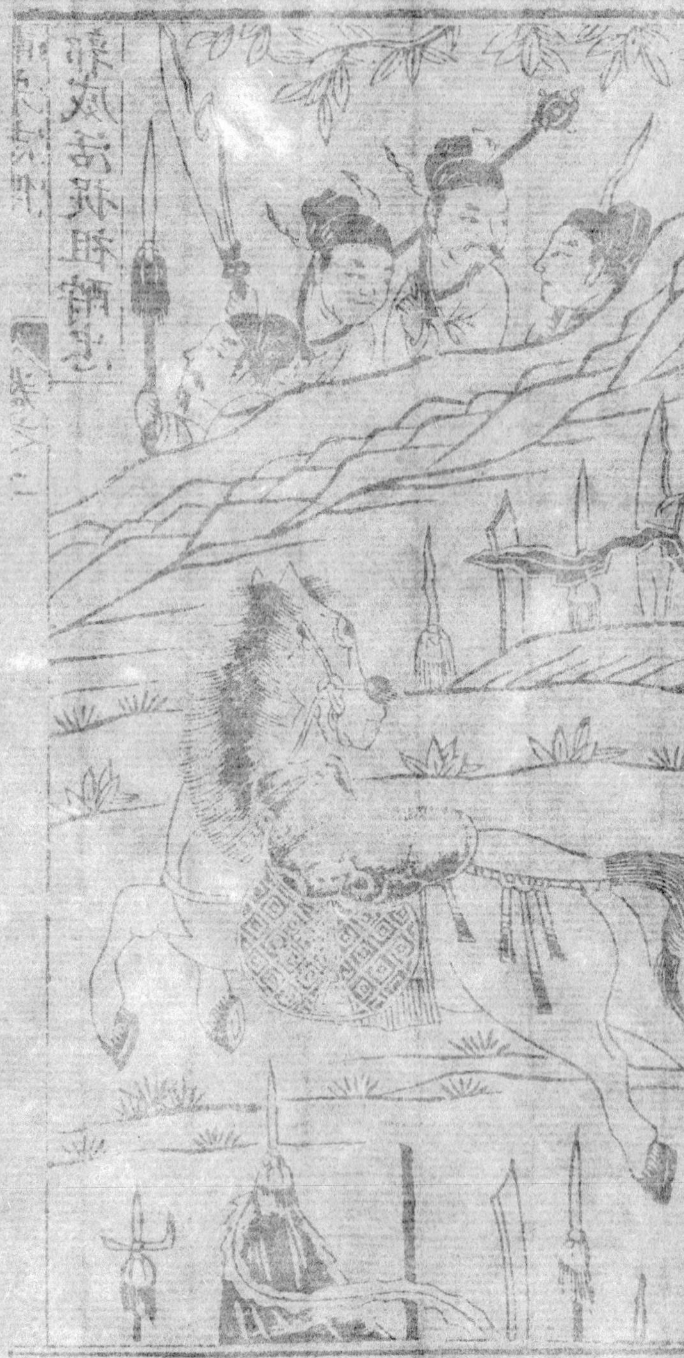

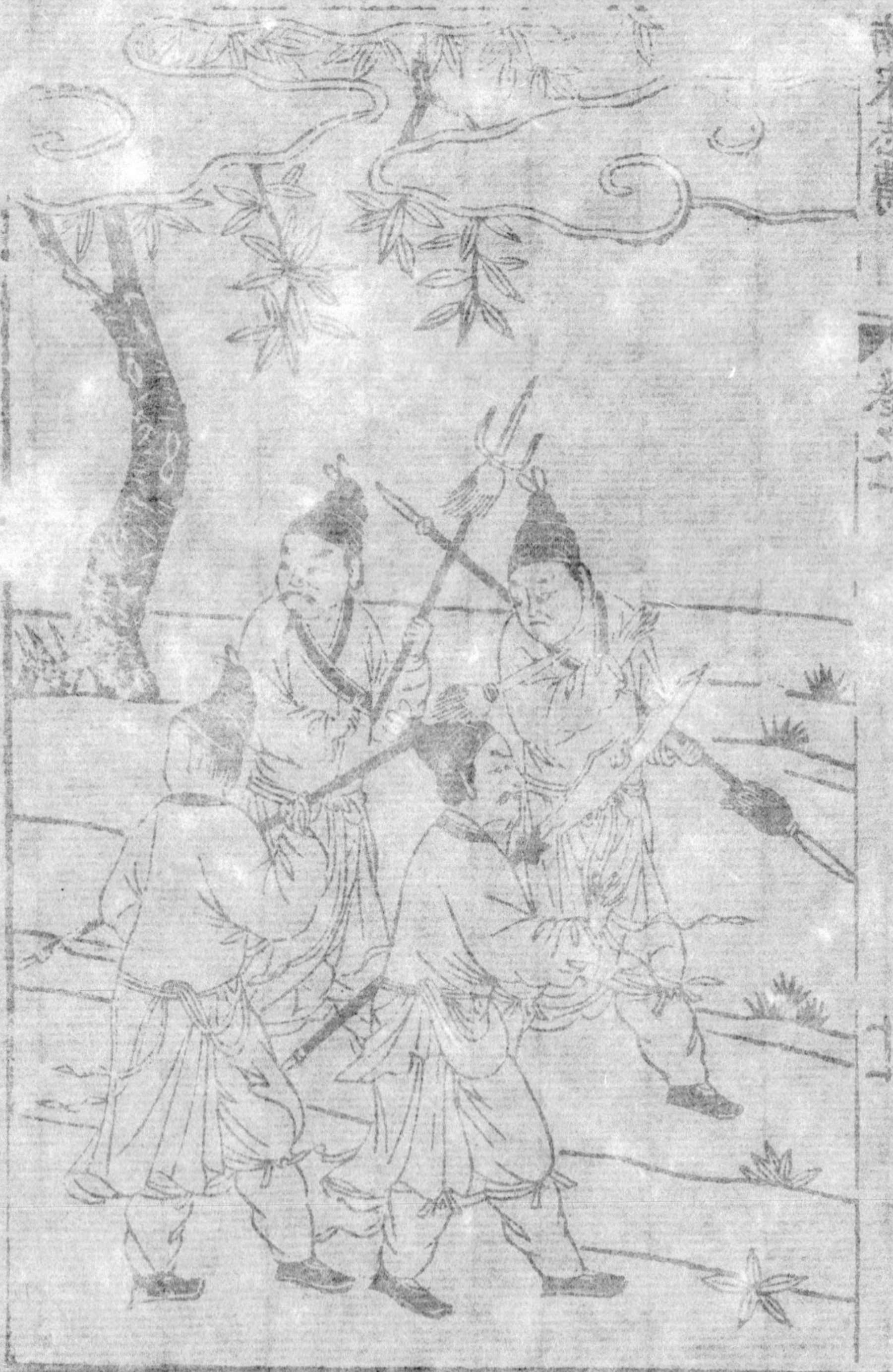

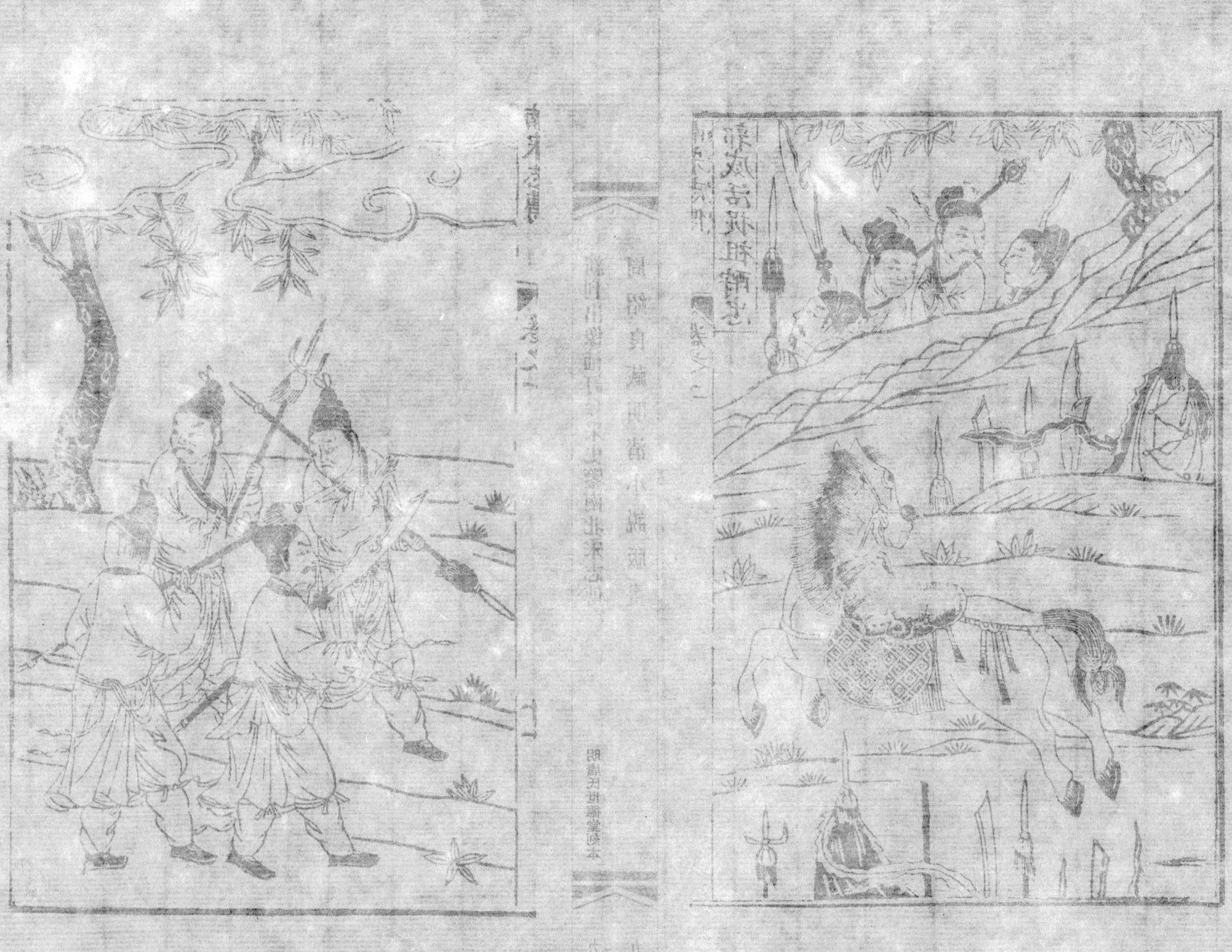

新刊出像補訂參采史鑑南北宋志傳

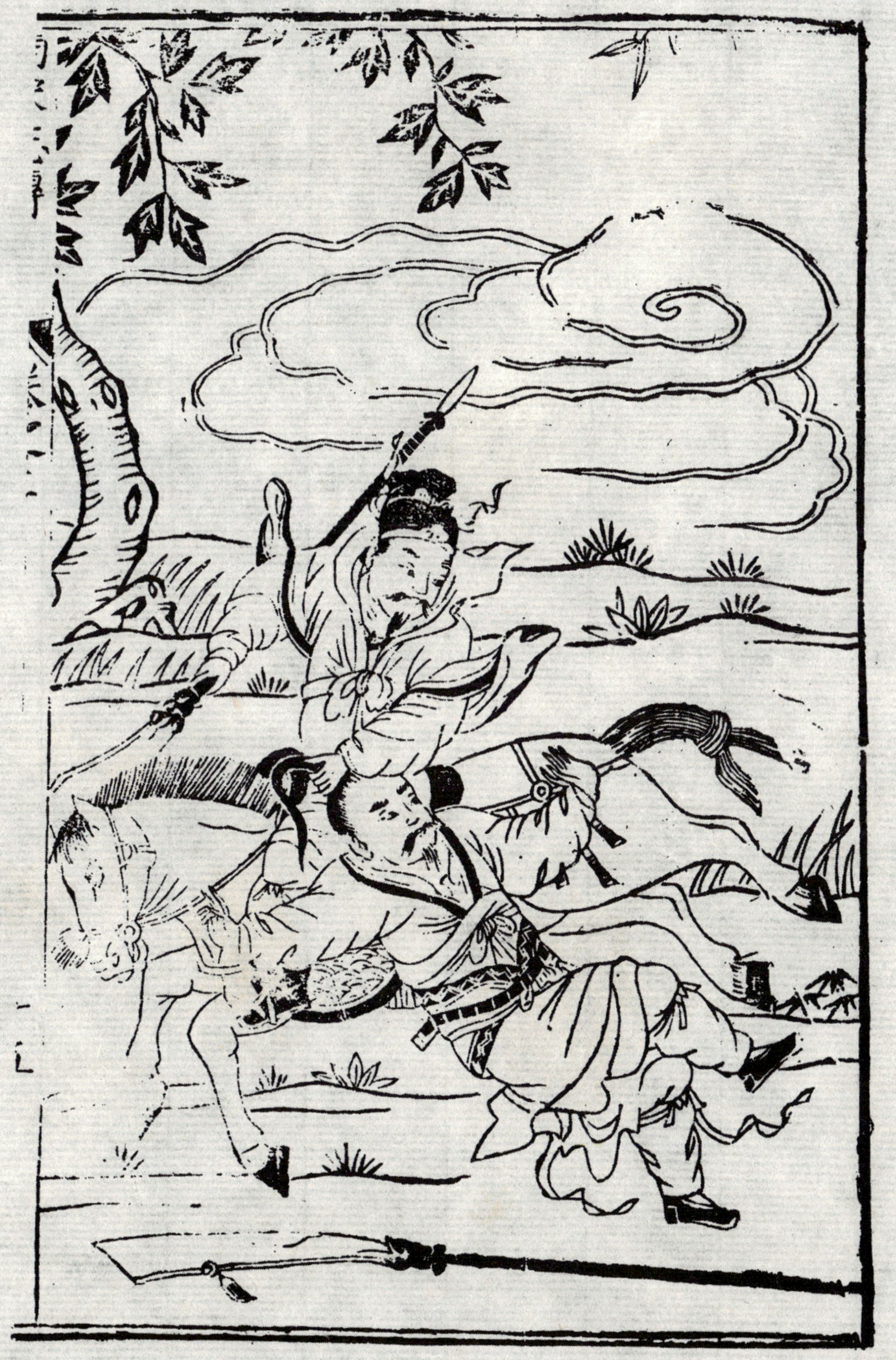

明唐氏世德堂刻本

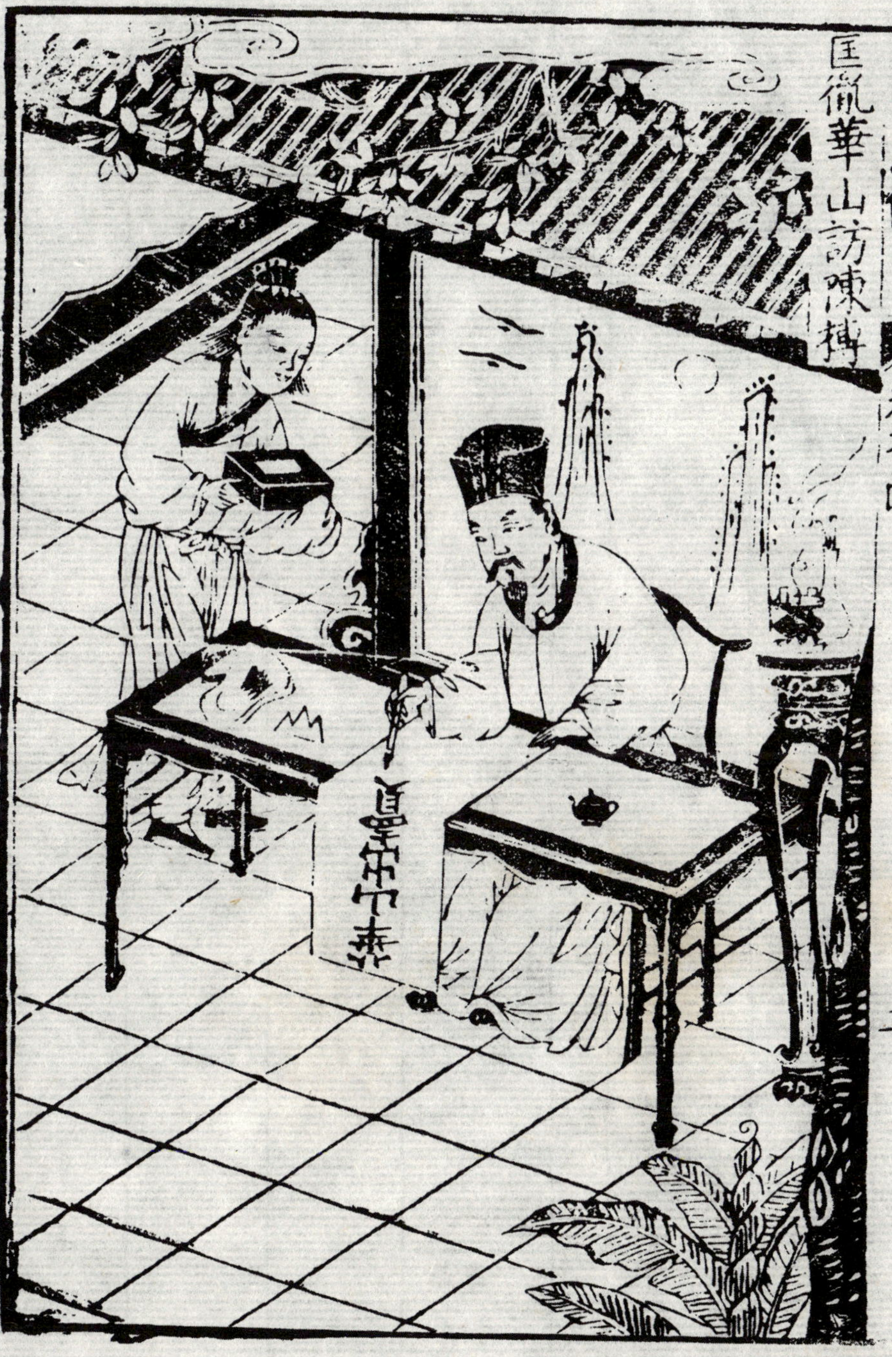

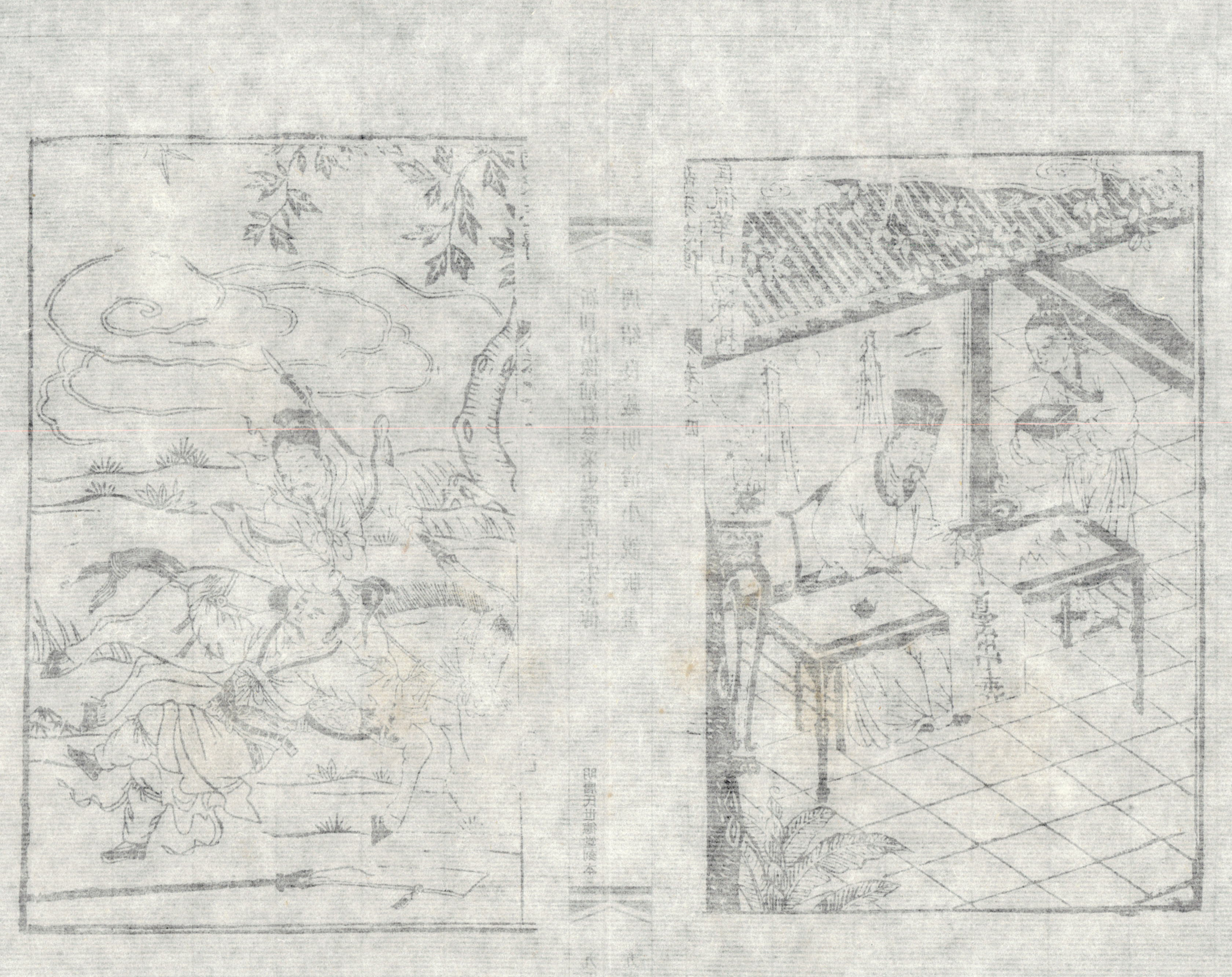

新刊出像補訂參采史鑒南北宋志傳

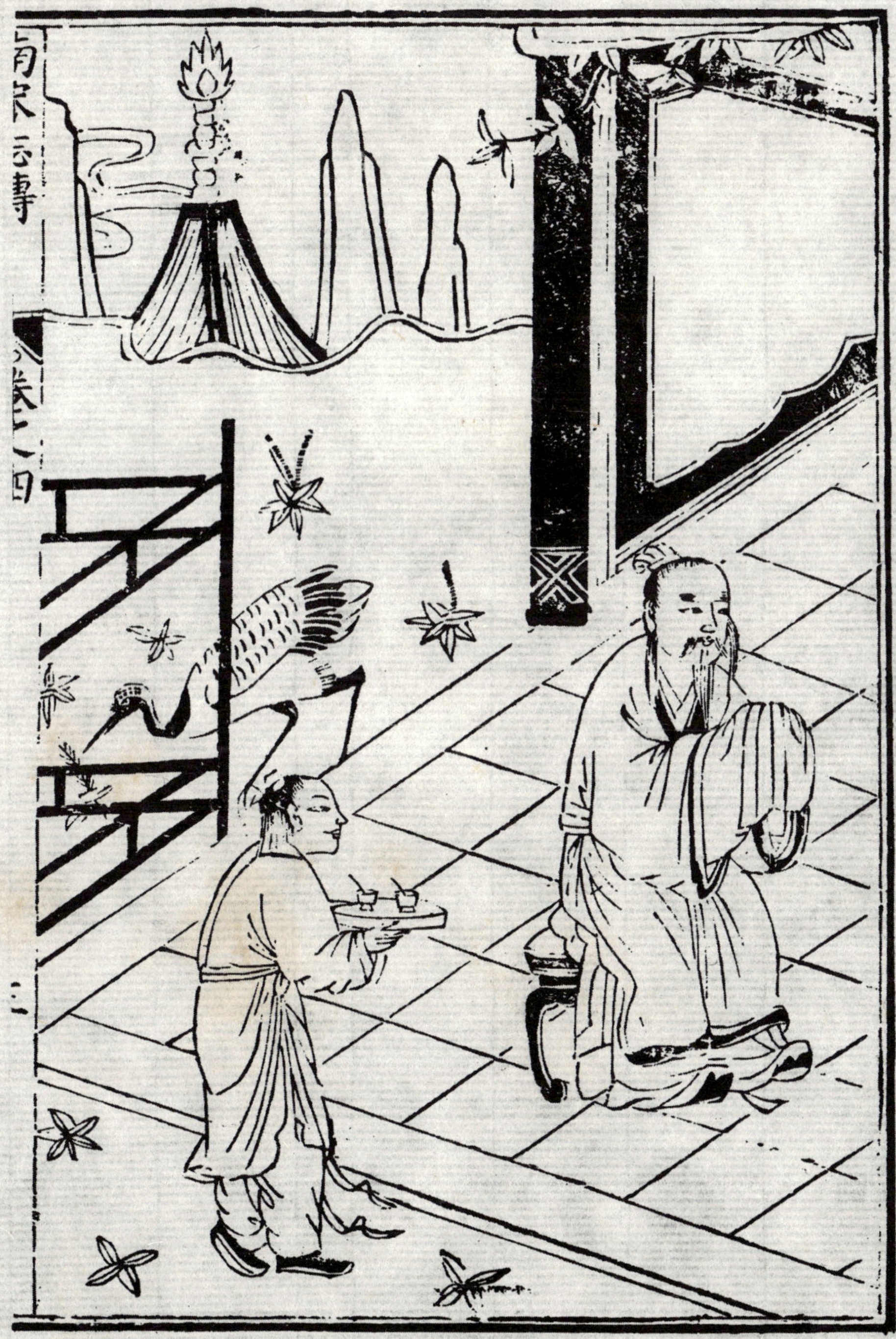

明唐氏世德堂刻本

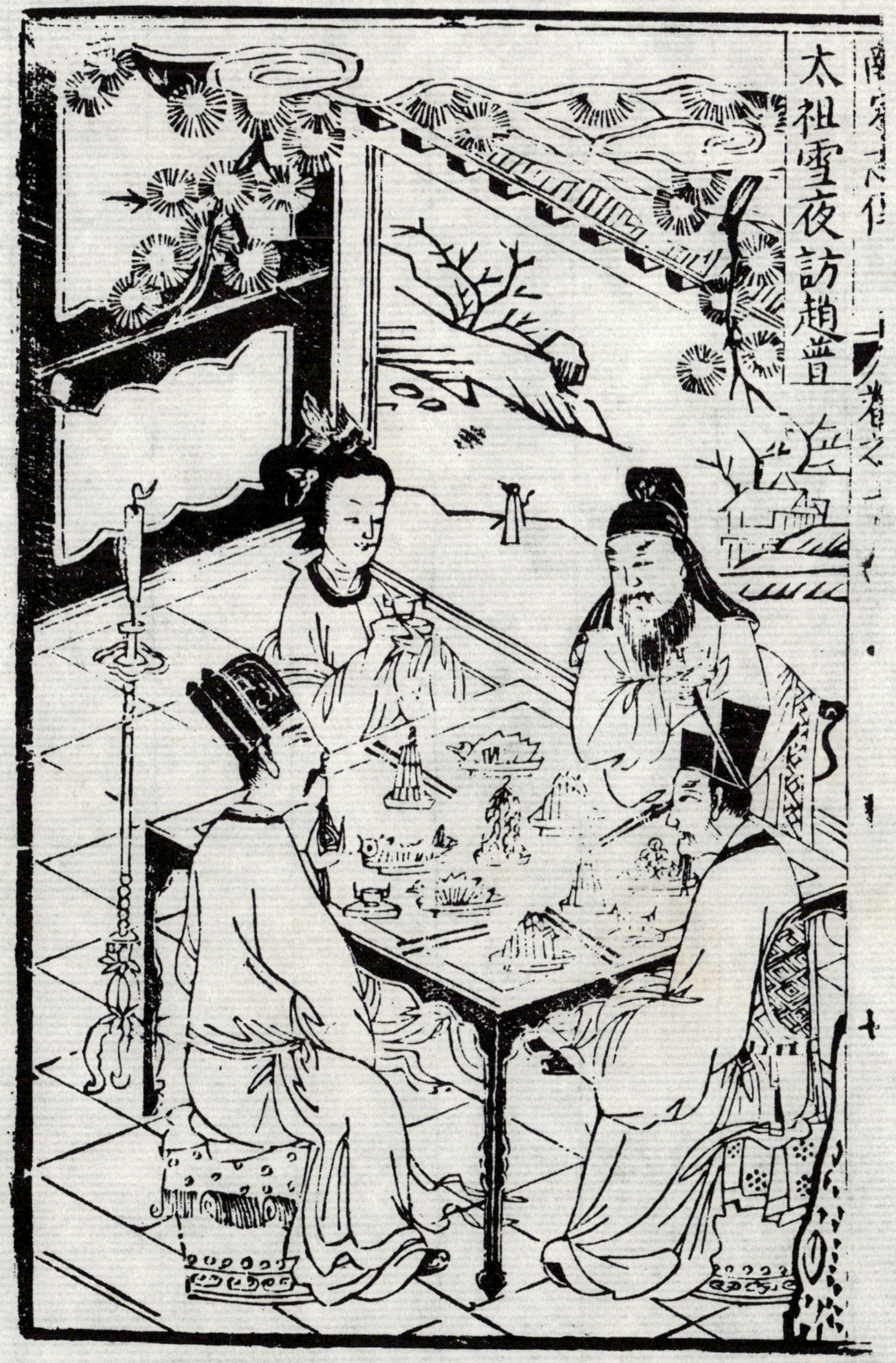

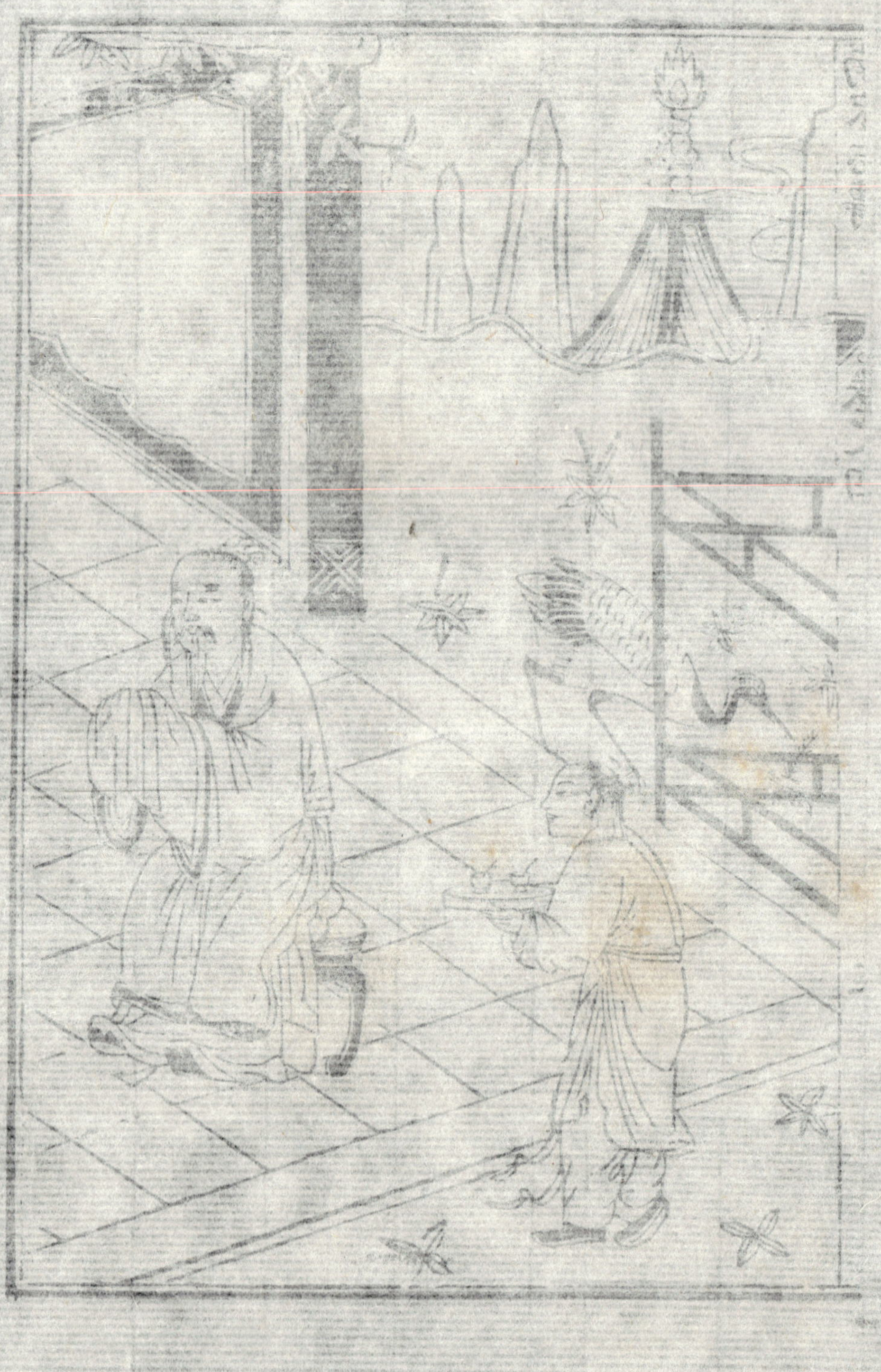

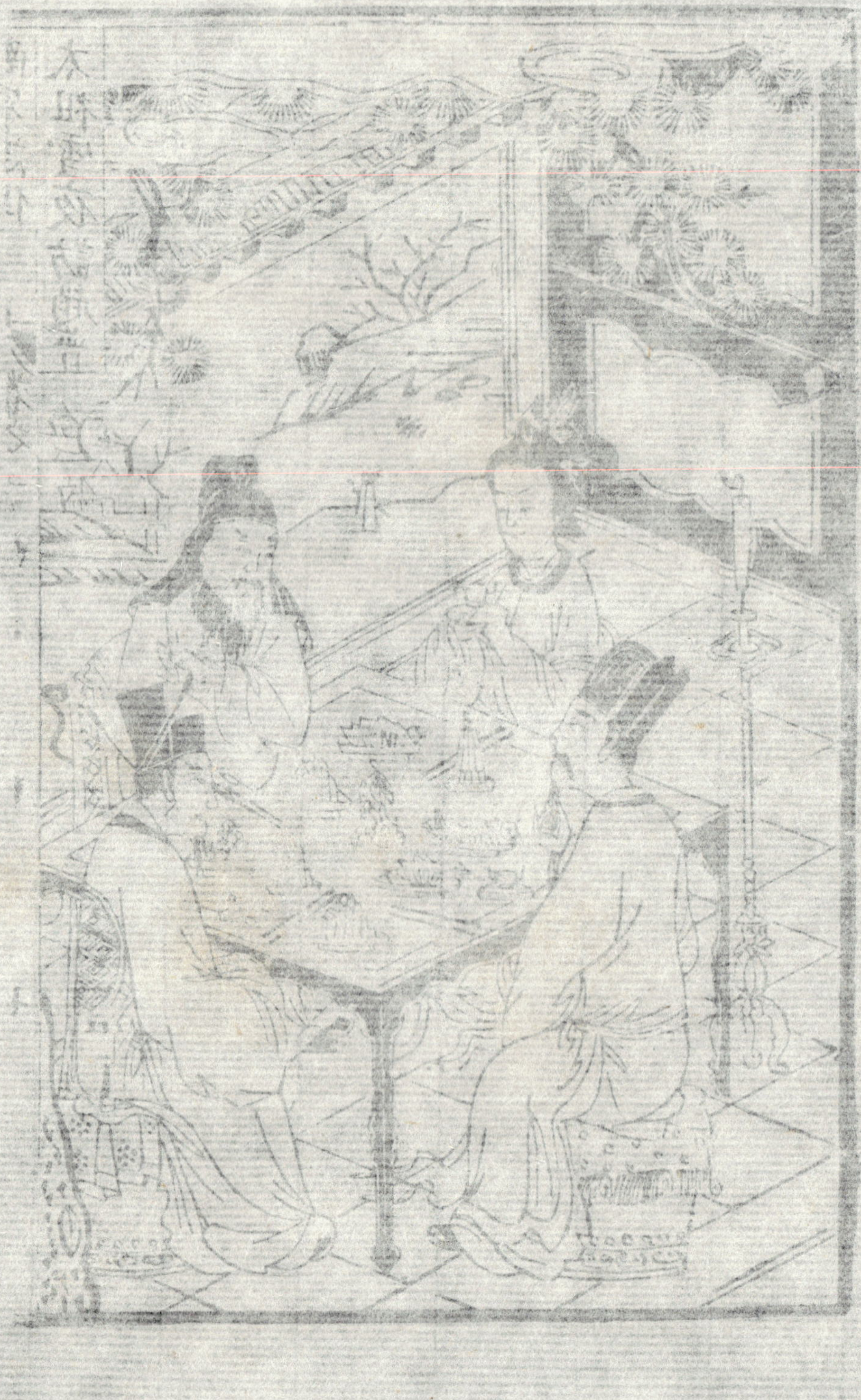

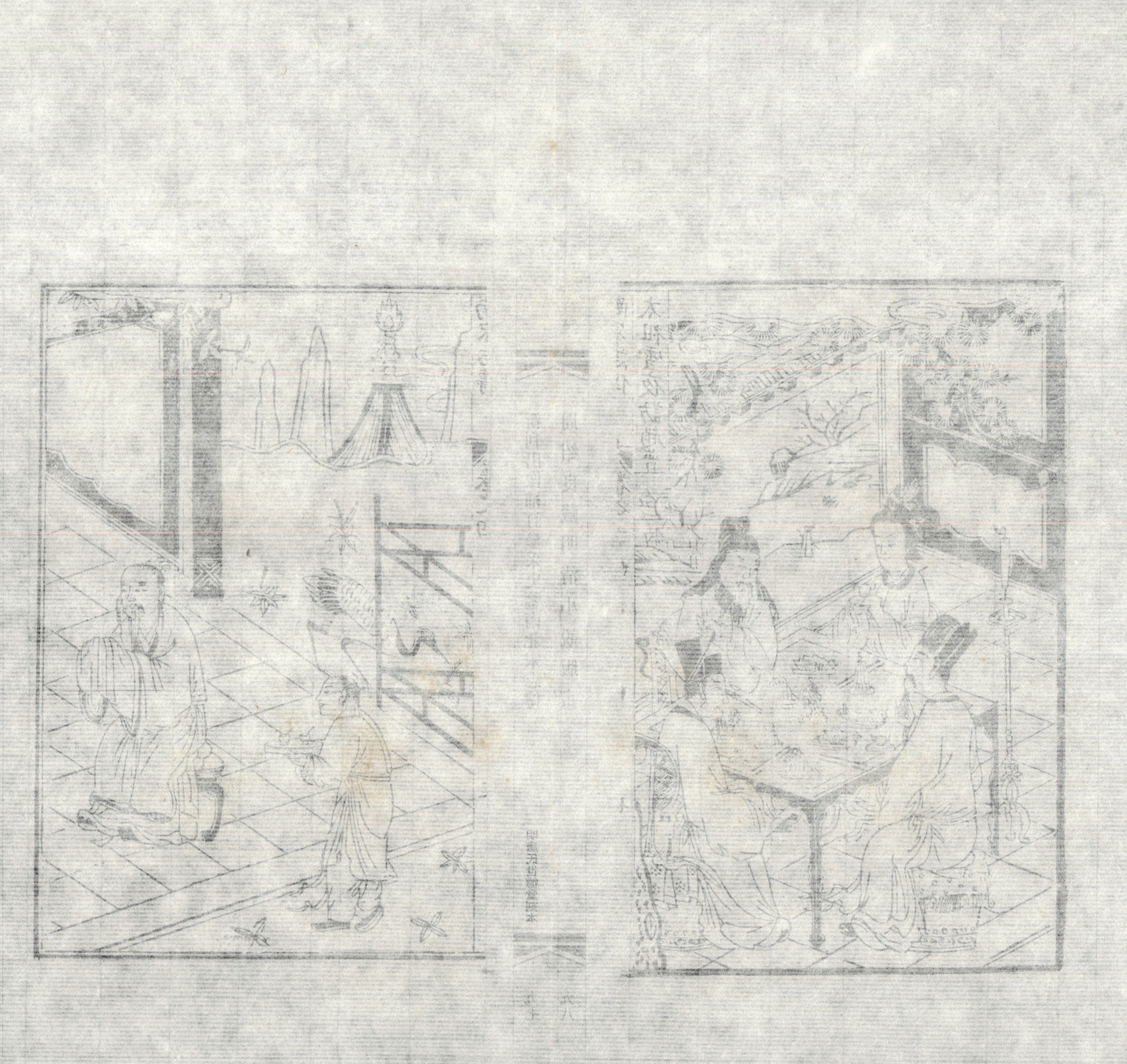

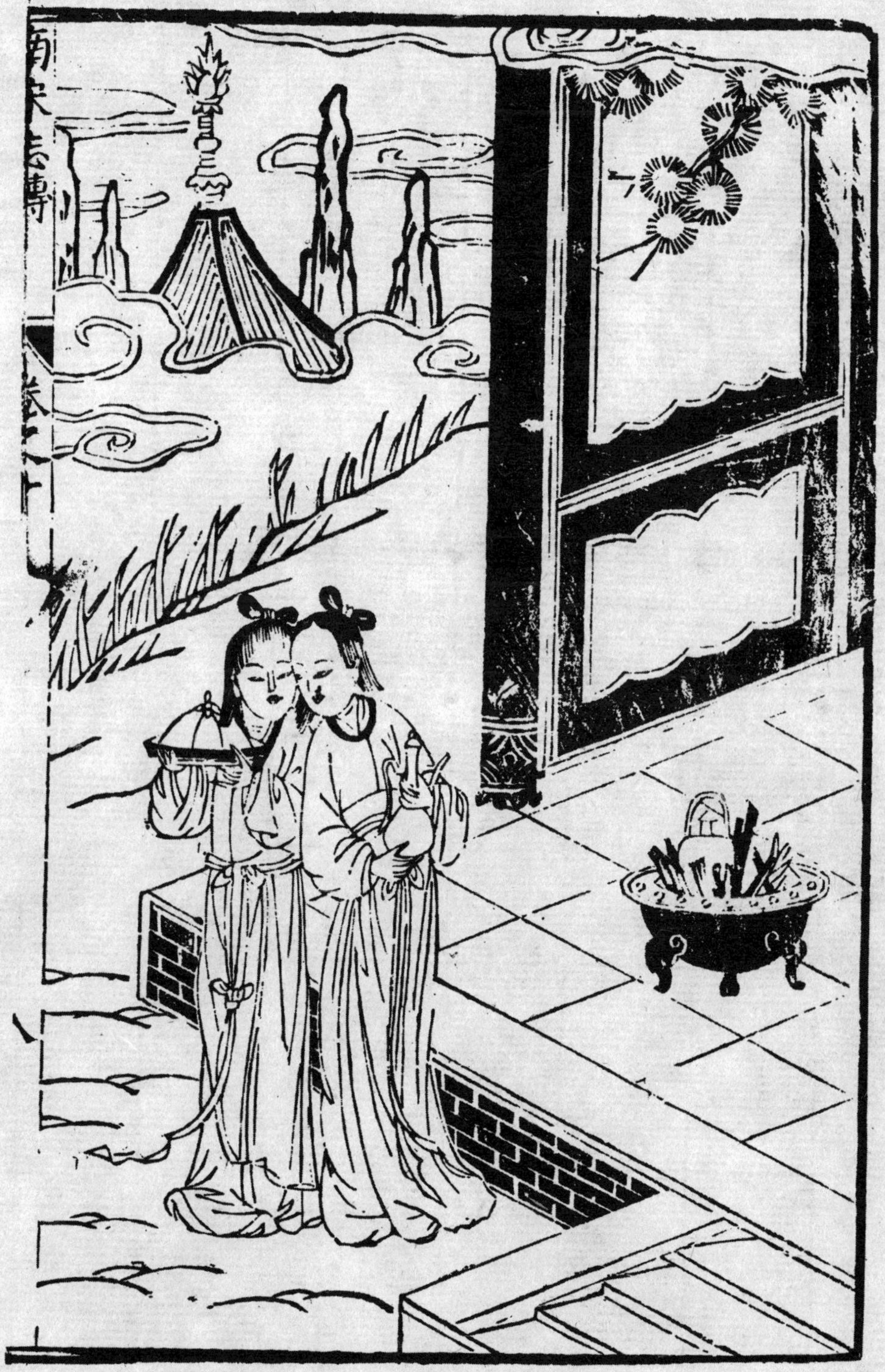

新刊出像補訂參采史鑒南北宋志傳

明唐氏世德堂刻本

《新刊出像補訂參采史鑒南北宋志傳》 明唐氏世德堂刻本

日本内閣文庫藏《南北宋志傳》有兩目，一名《新刊出像補訂參采史鑒南宋志傳通俗演義題評》十卷五十回，一名《新刊出像補訂參采史鑒北宋志傳通俗演義題評》十卷五十回，俱明唐氏世德堂刊本，見孫楷第先生《日本東京所見小說書目》著録。書題『姑蘇陳氏尺蠖齋評釋，綉谷唐氏世德堂校訂』。正文半葉十二行，行二十四字。有插圖，圖記刻工姓名『上元王少淮』。二書分刻，無『南北兩宋志傳』或『南北宋傳』總題。版心上南宋題『南宋志傳』，北宋題『北宋志傳』。

按萬曆四十年（公元一六一二年）周氏大業堂刊本《東西兩晉演義》題『秣陵陳氏尺蠖齋評釋、綉谷周氏大業堂校梓』。茲選圖四幅。

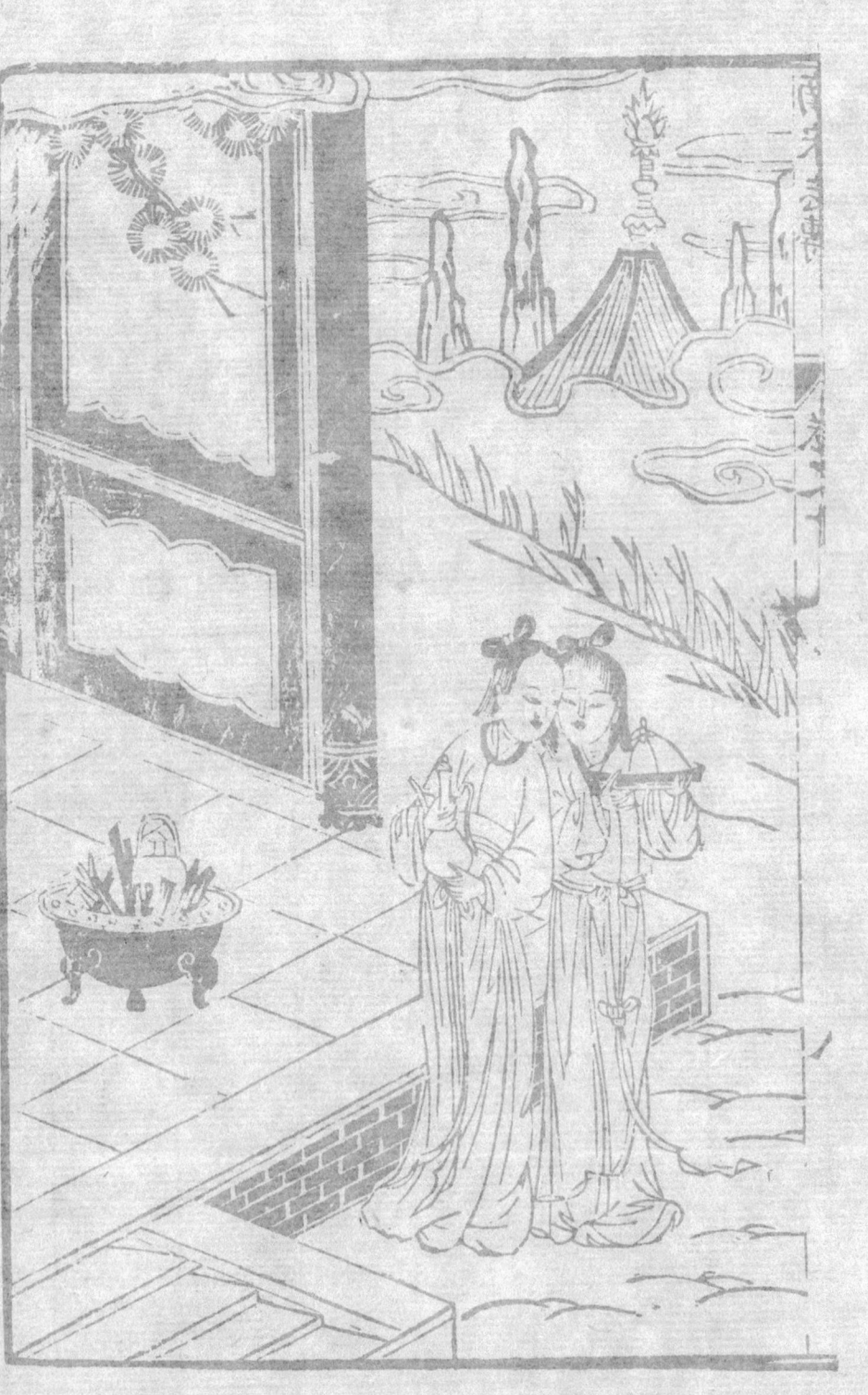

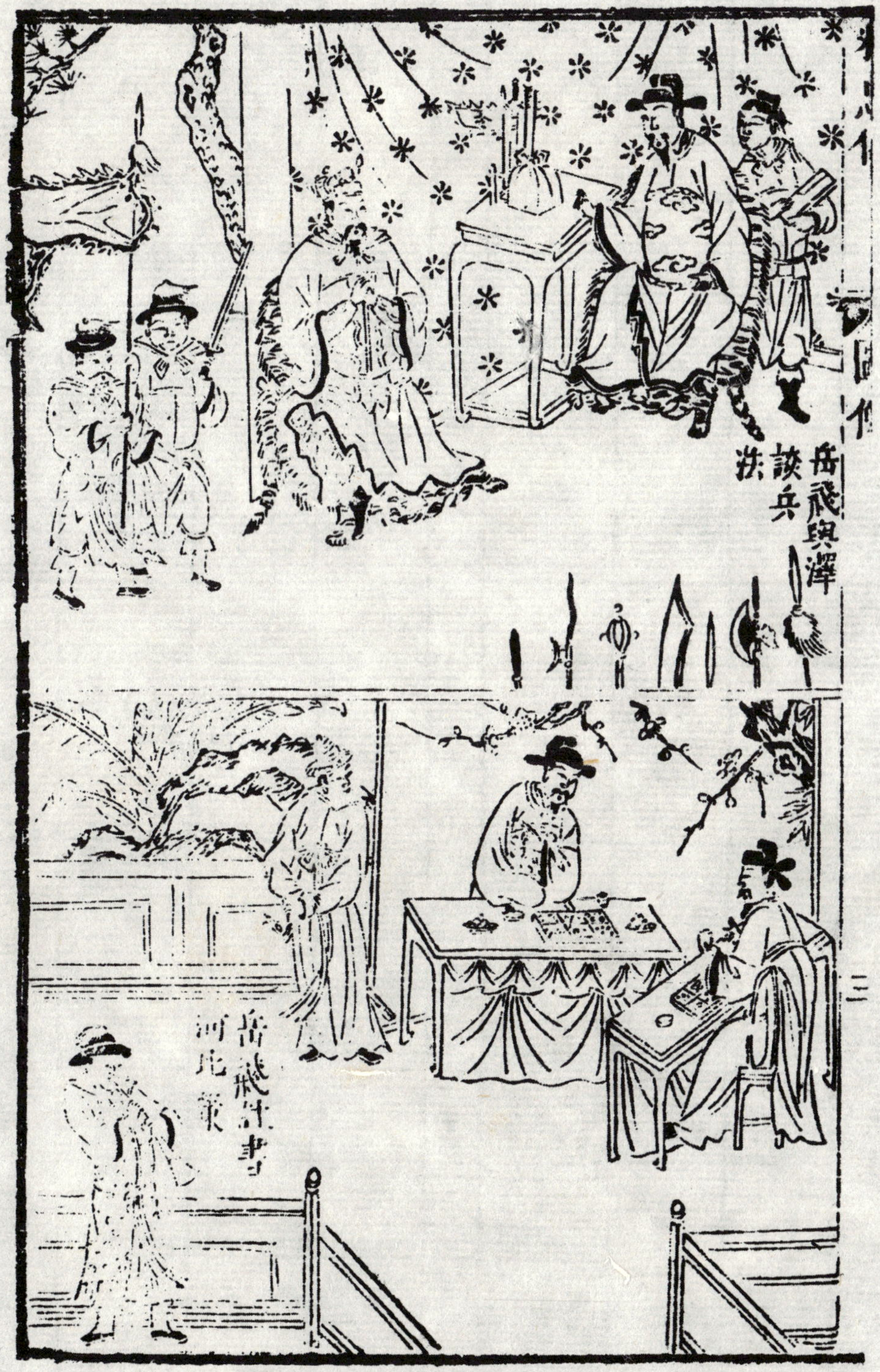

明刻遞修本

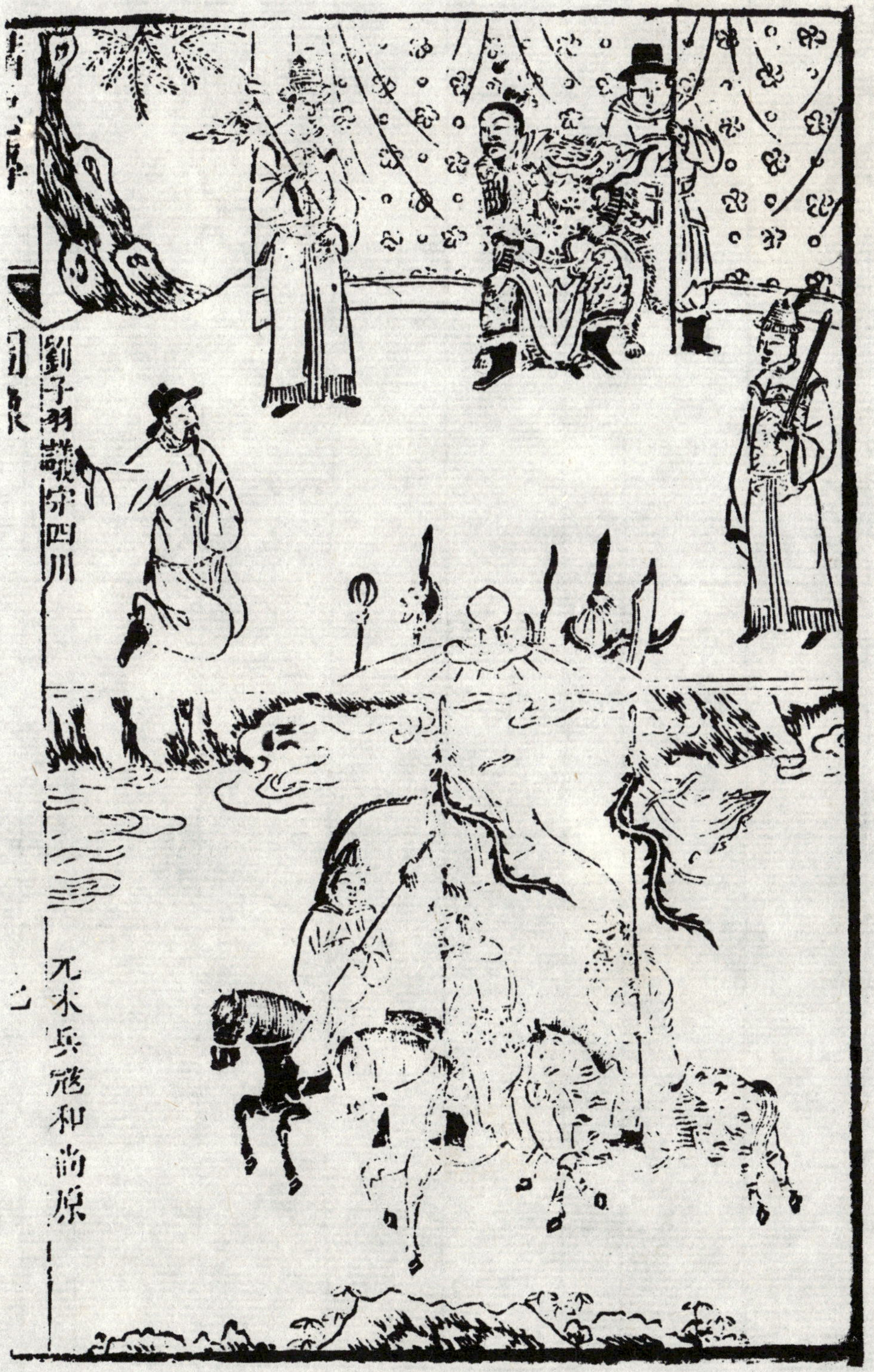

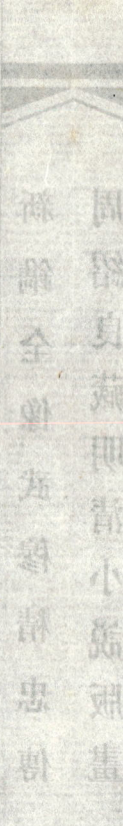

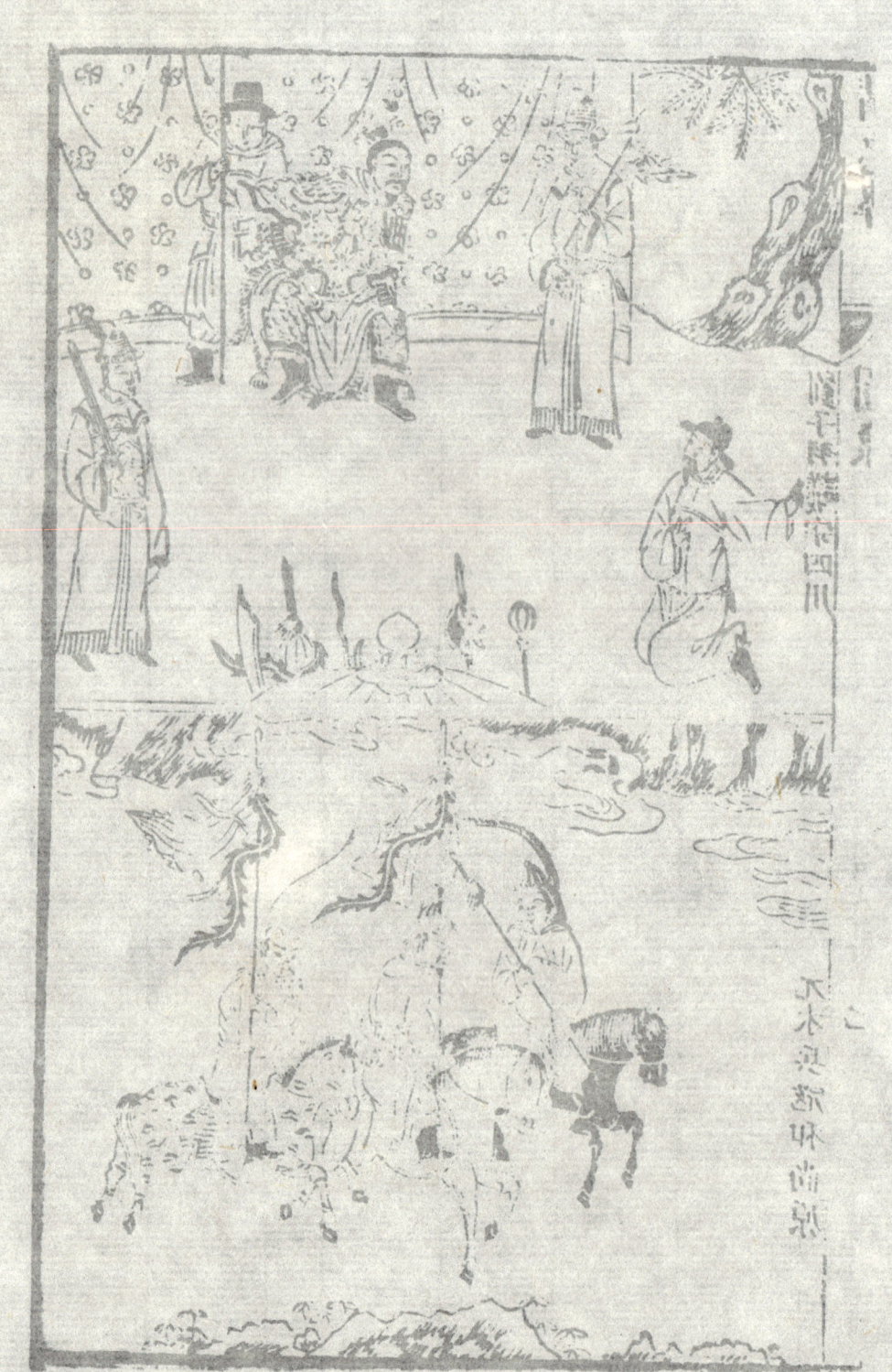

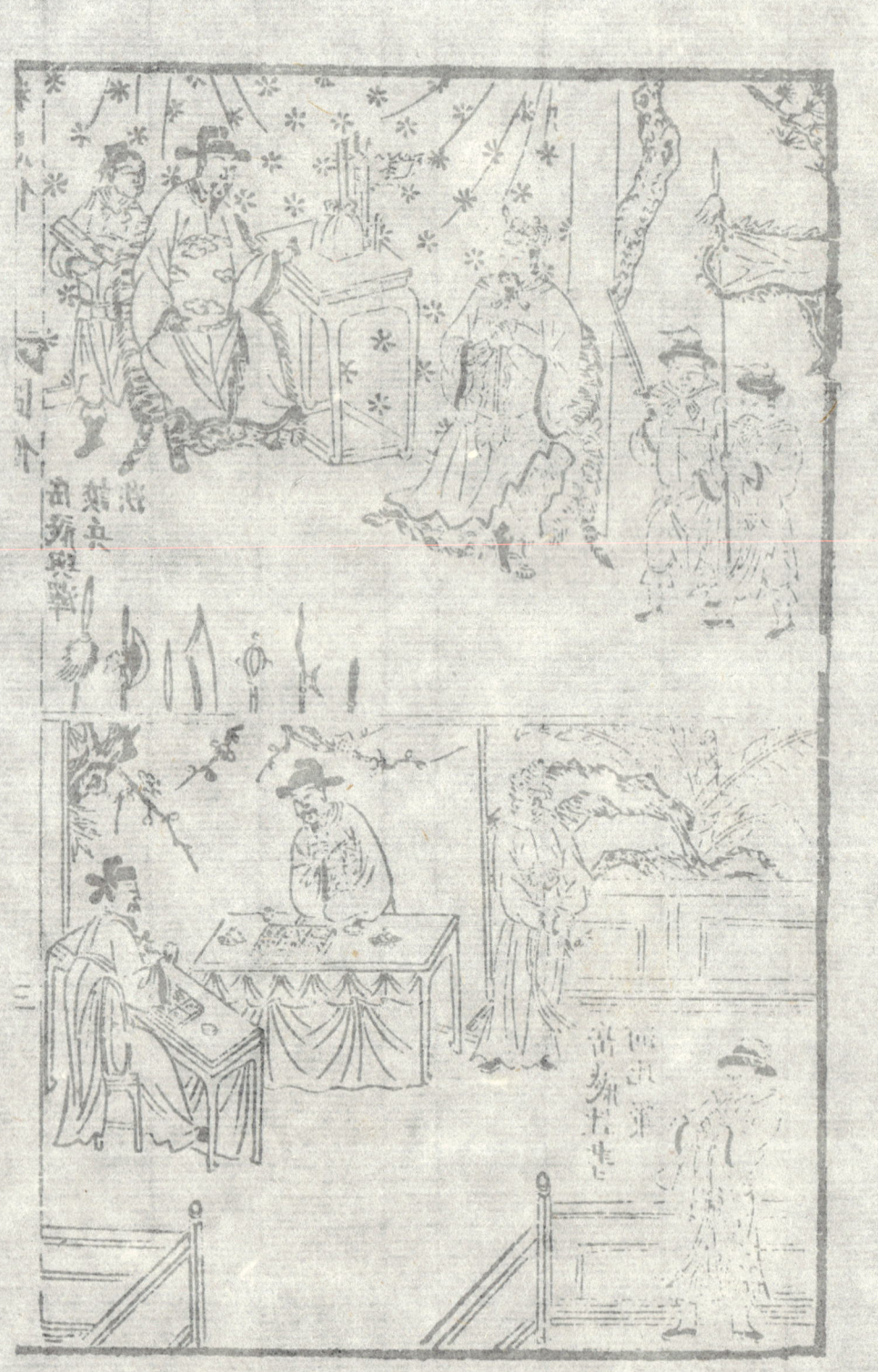

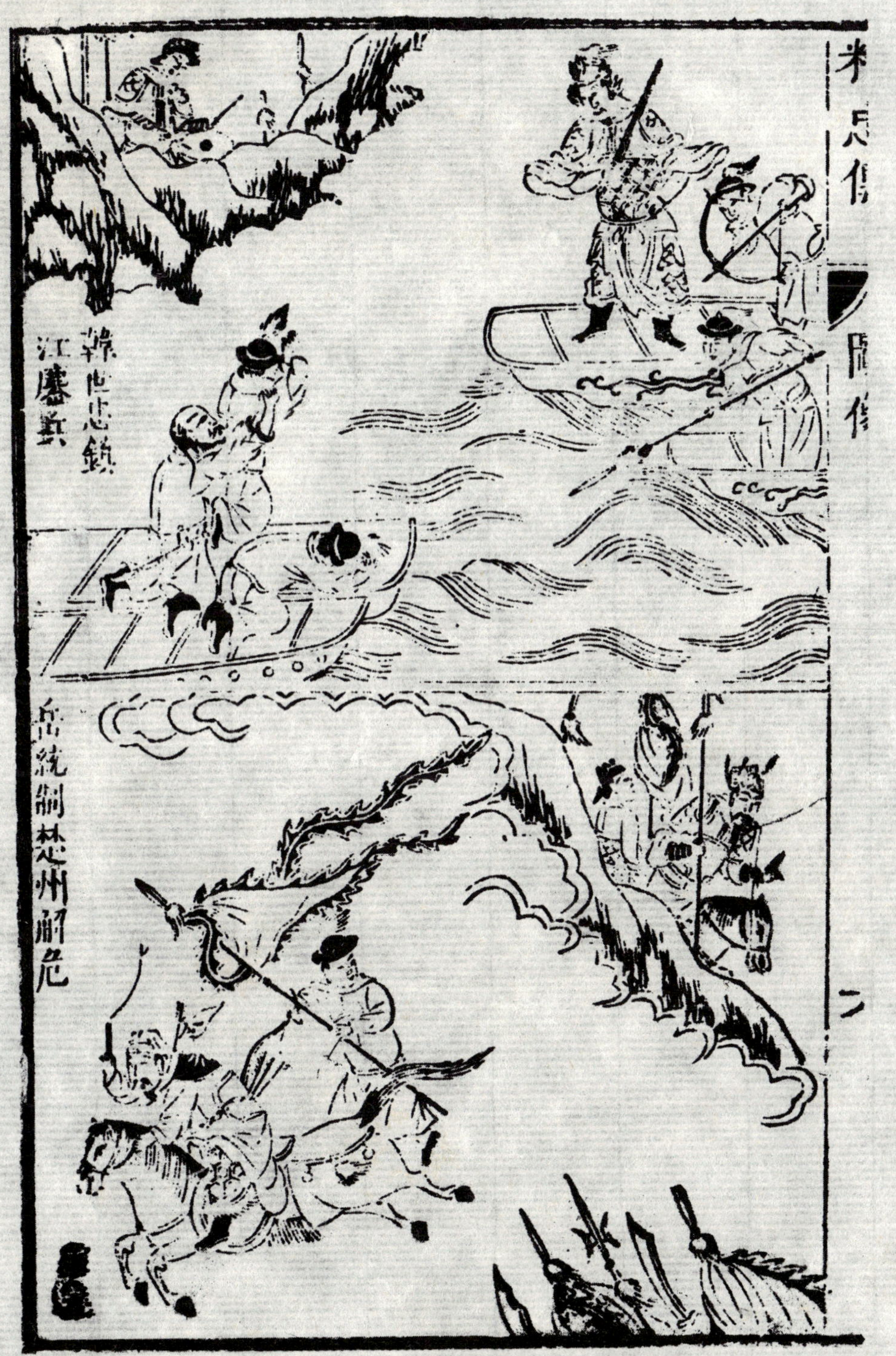

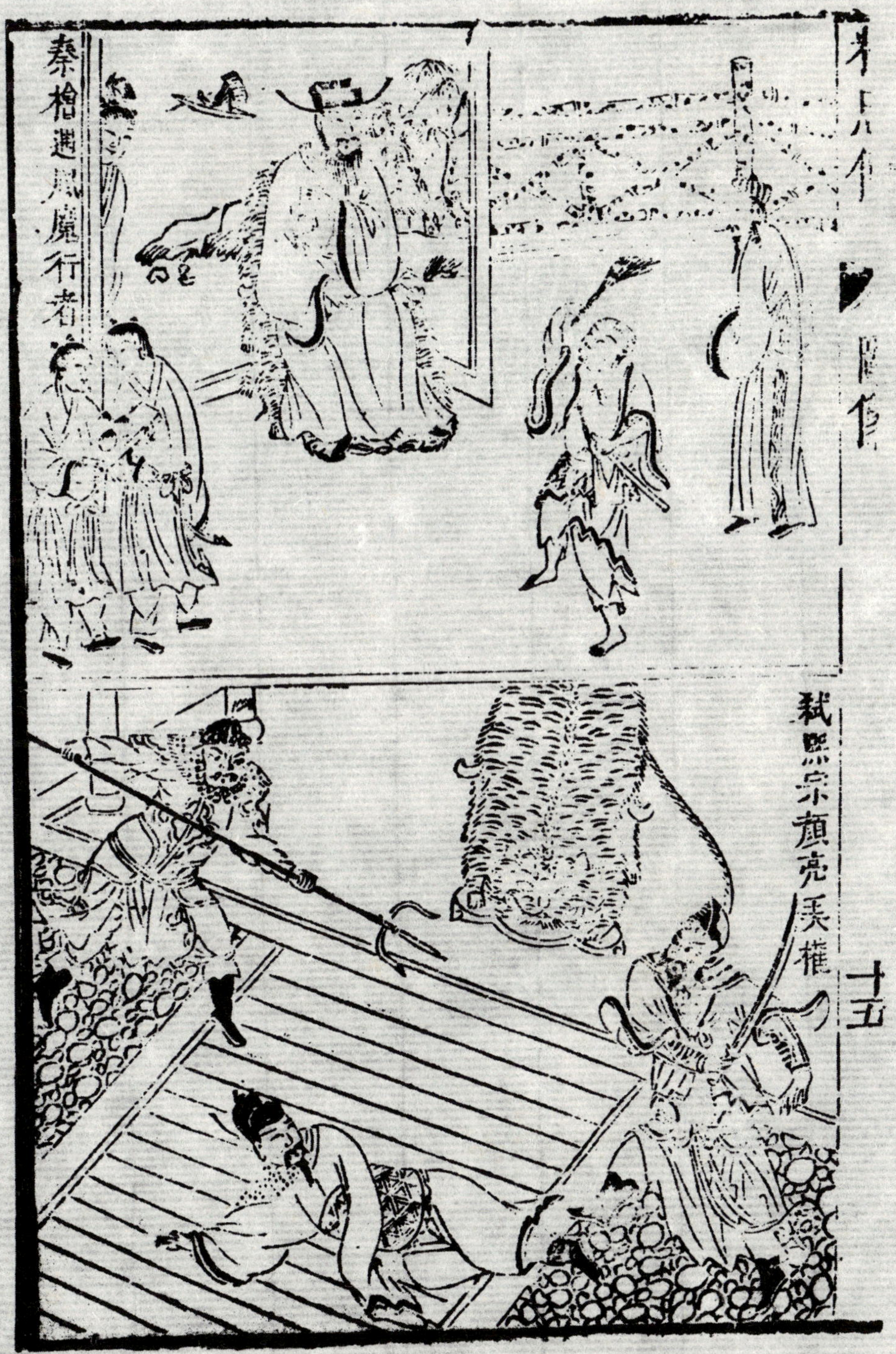

新鐫全像武穆精忠傳

周紹良藏明清小說版畫

明刻遞修本

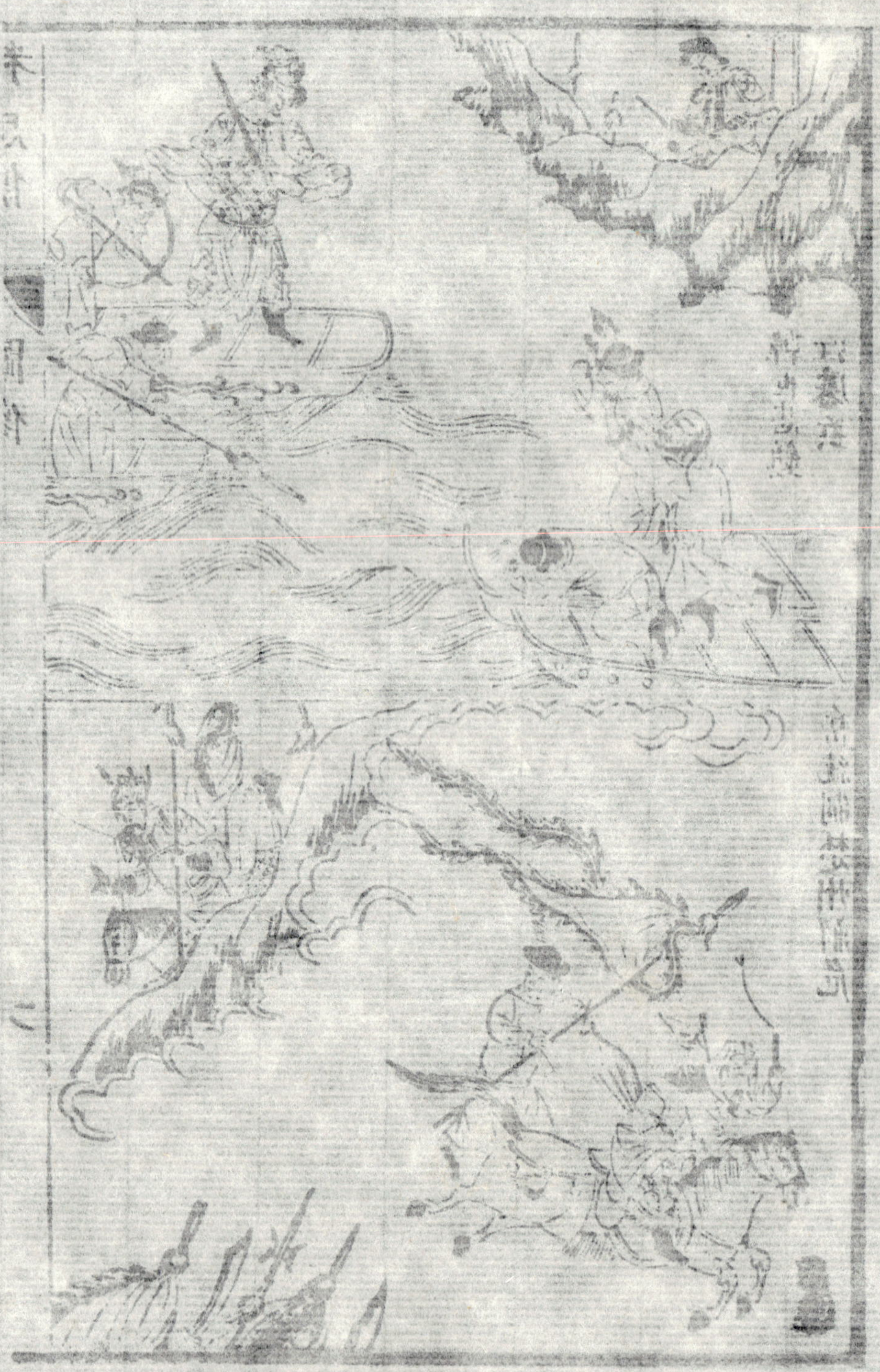

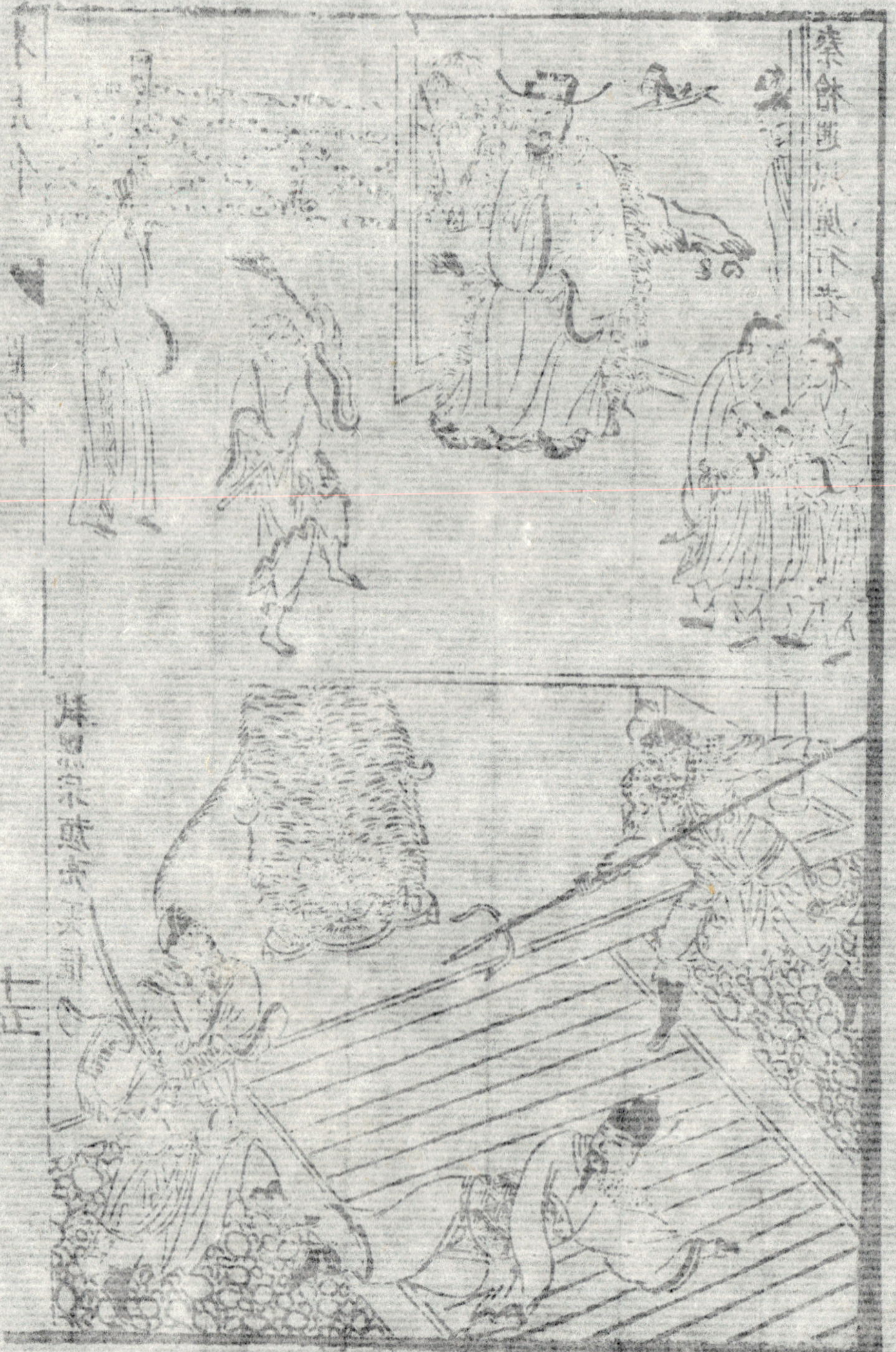

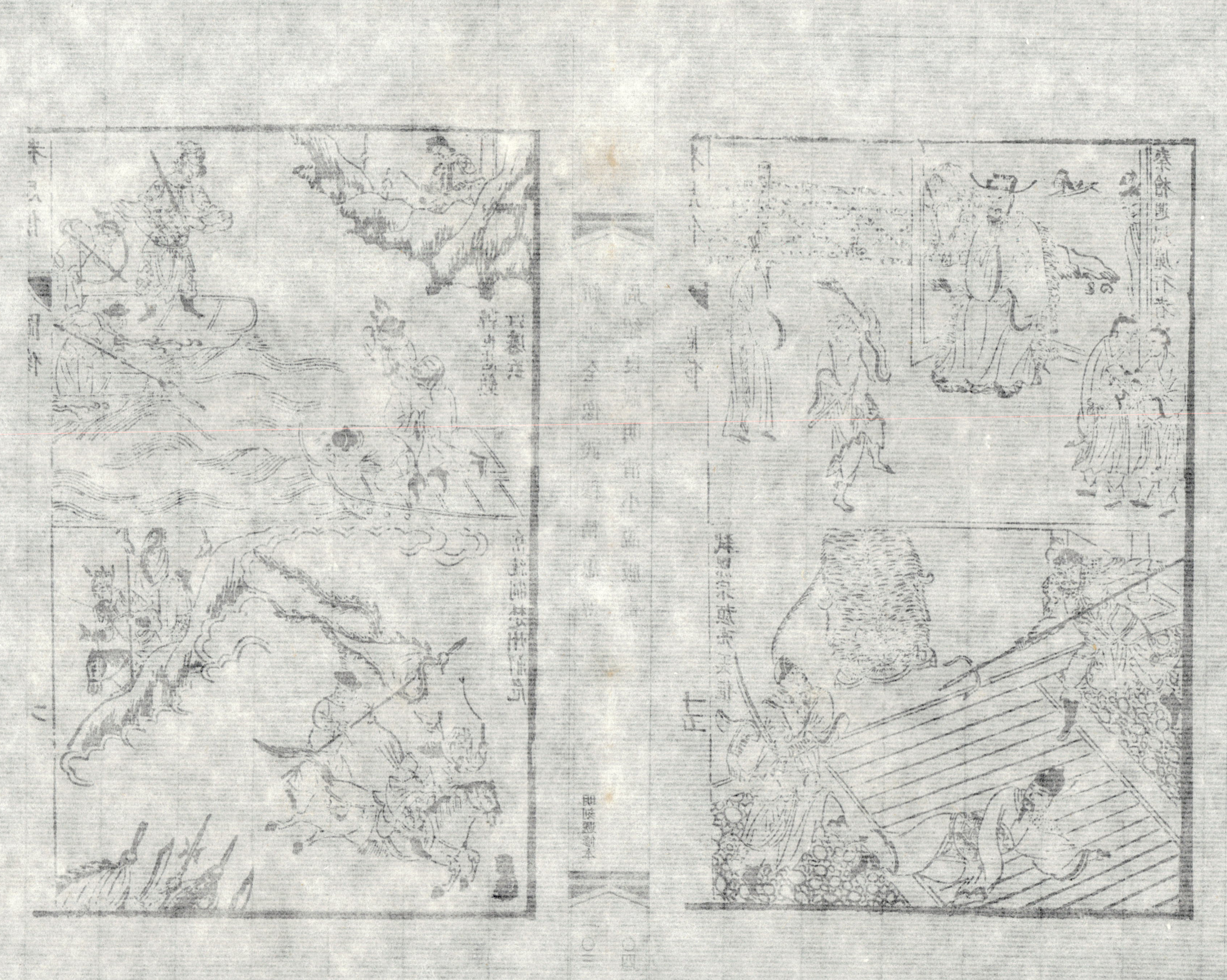

《新鐫全像武穆精忠傳》 明刻遞修本

敘岳飛抗金故事。插圖為兩截版，上下二圖。茲選圖四幅：

一、岳飛與澤談兵法　岳飛計書河北策

二、劉子羽議守四川　兀木兵寇和尚原

三、韓世忠鎮江鏖兵　岳統制楚州解危

四、秦檜遇風魔行者　弑熙宗顏亮弄權

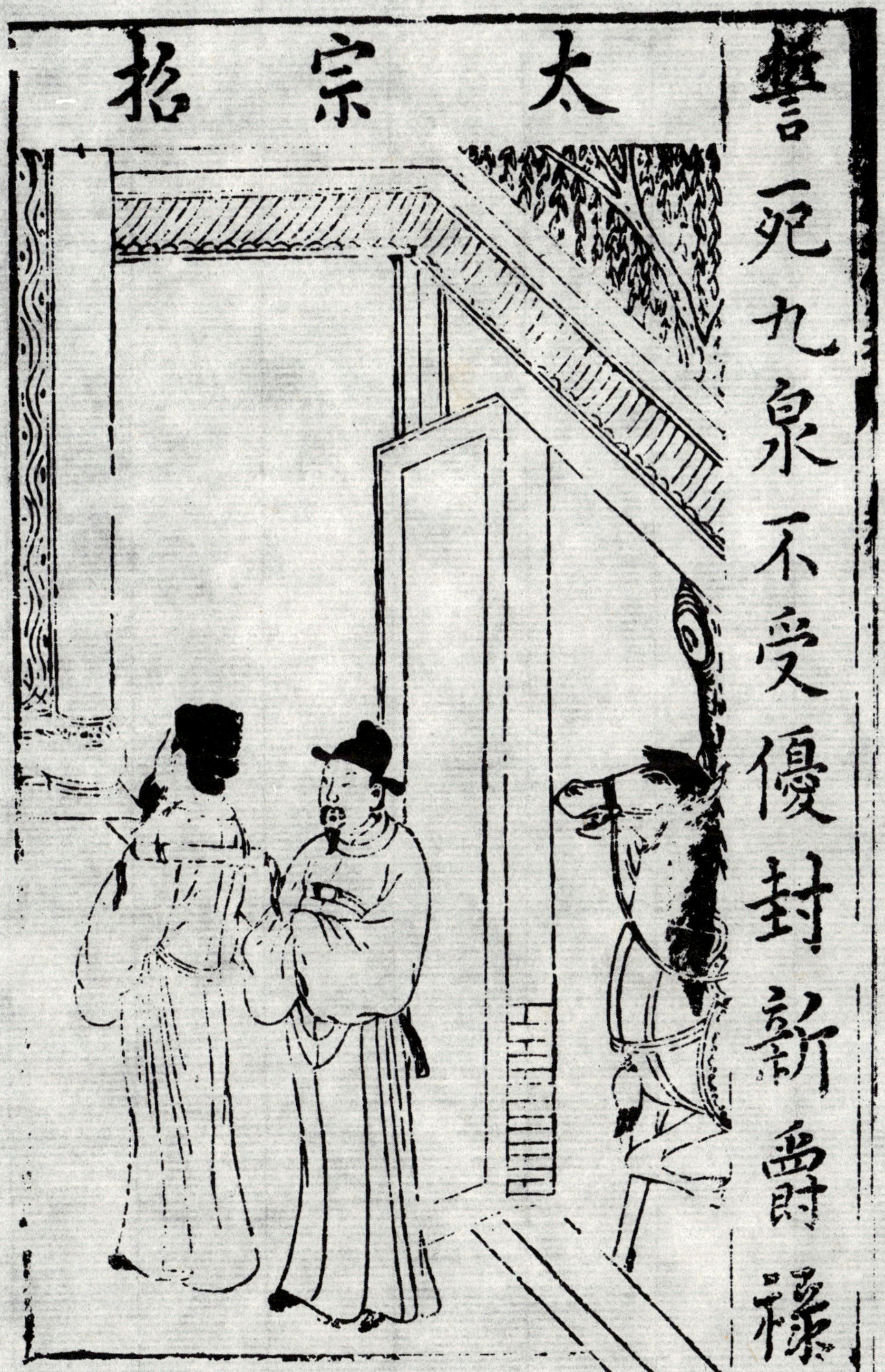

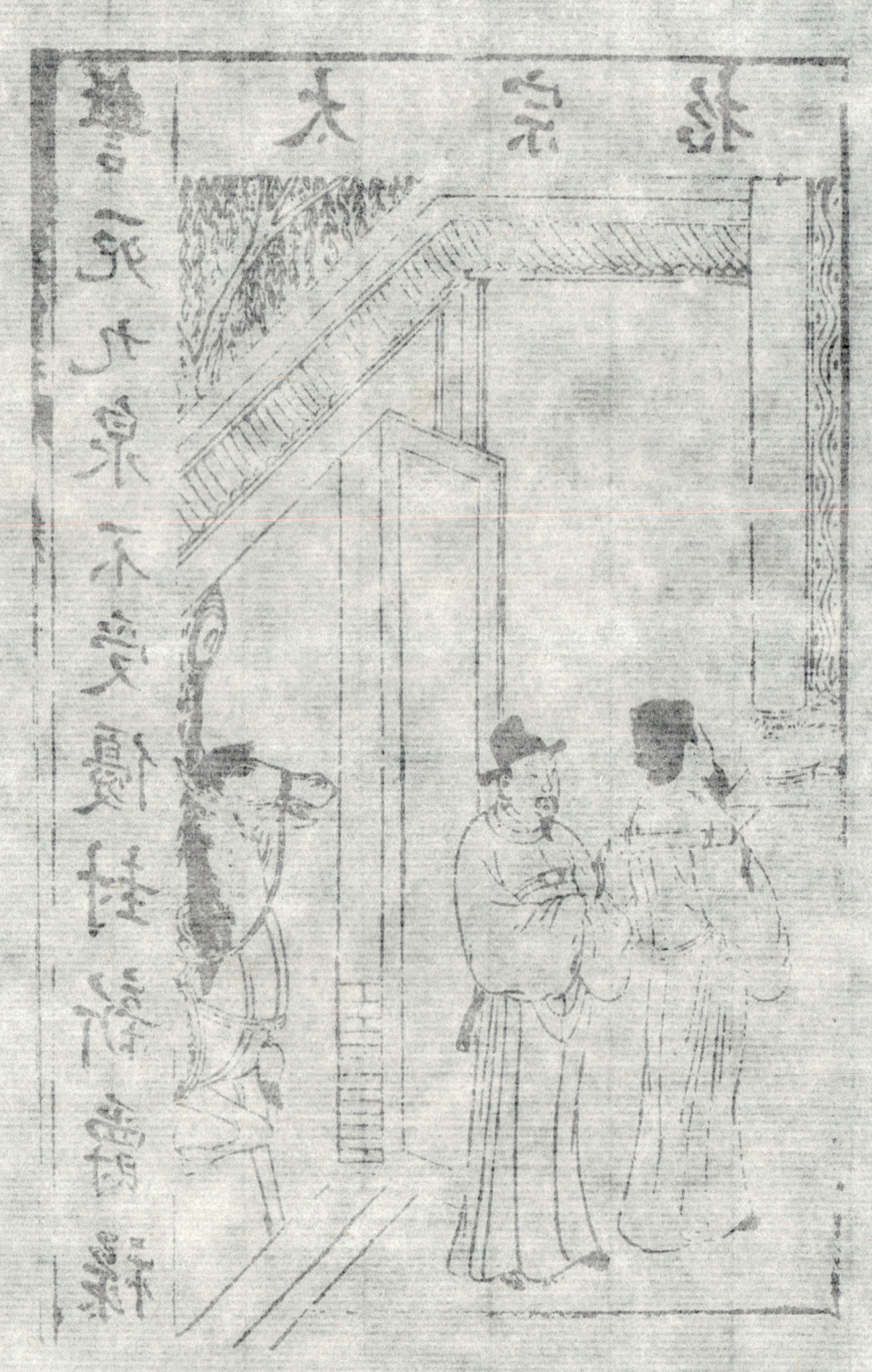

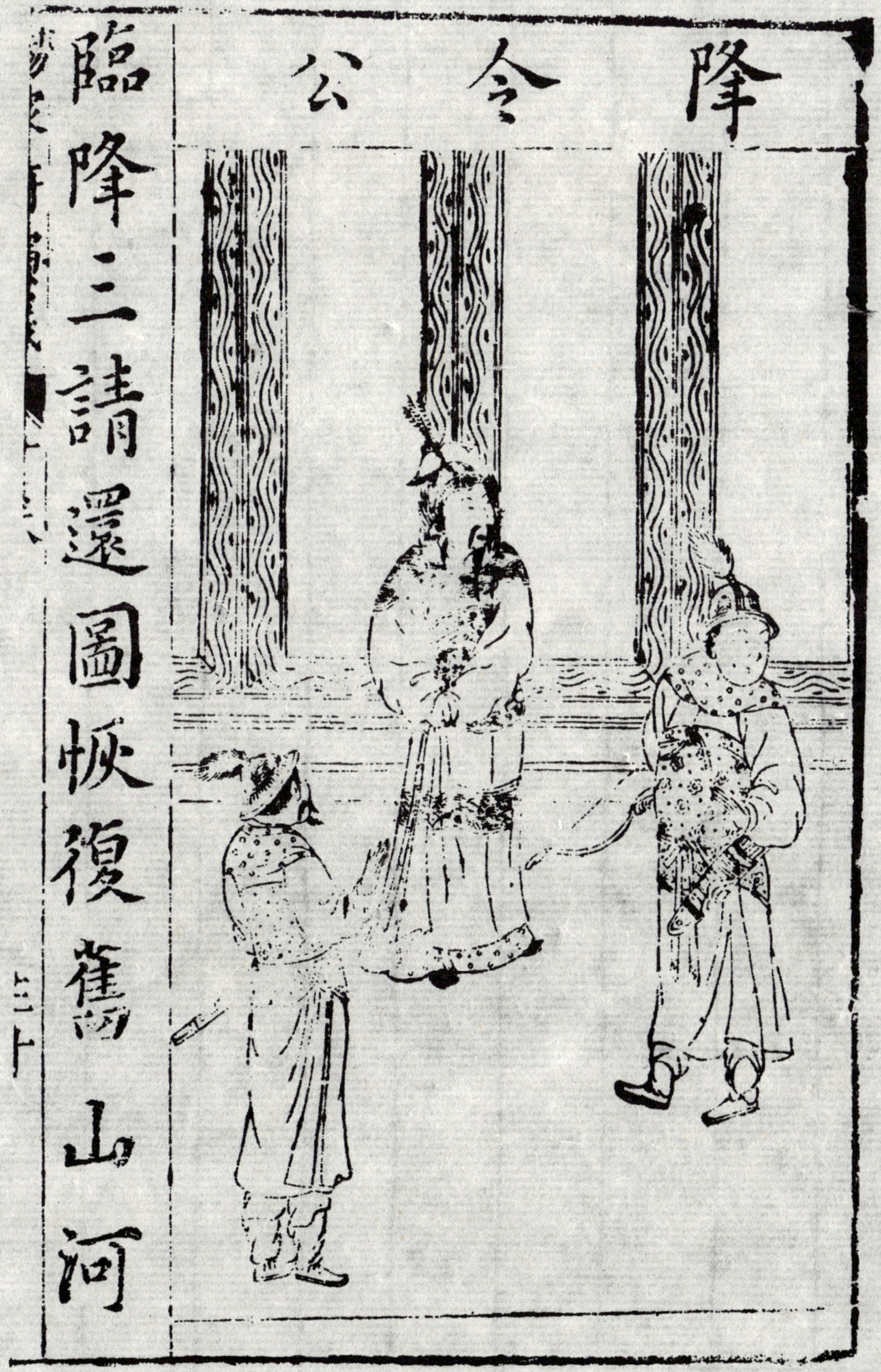
降令公
臨降三請還圖恢復舊山河

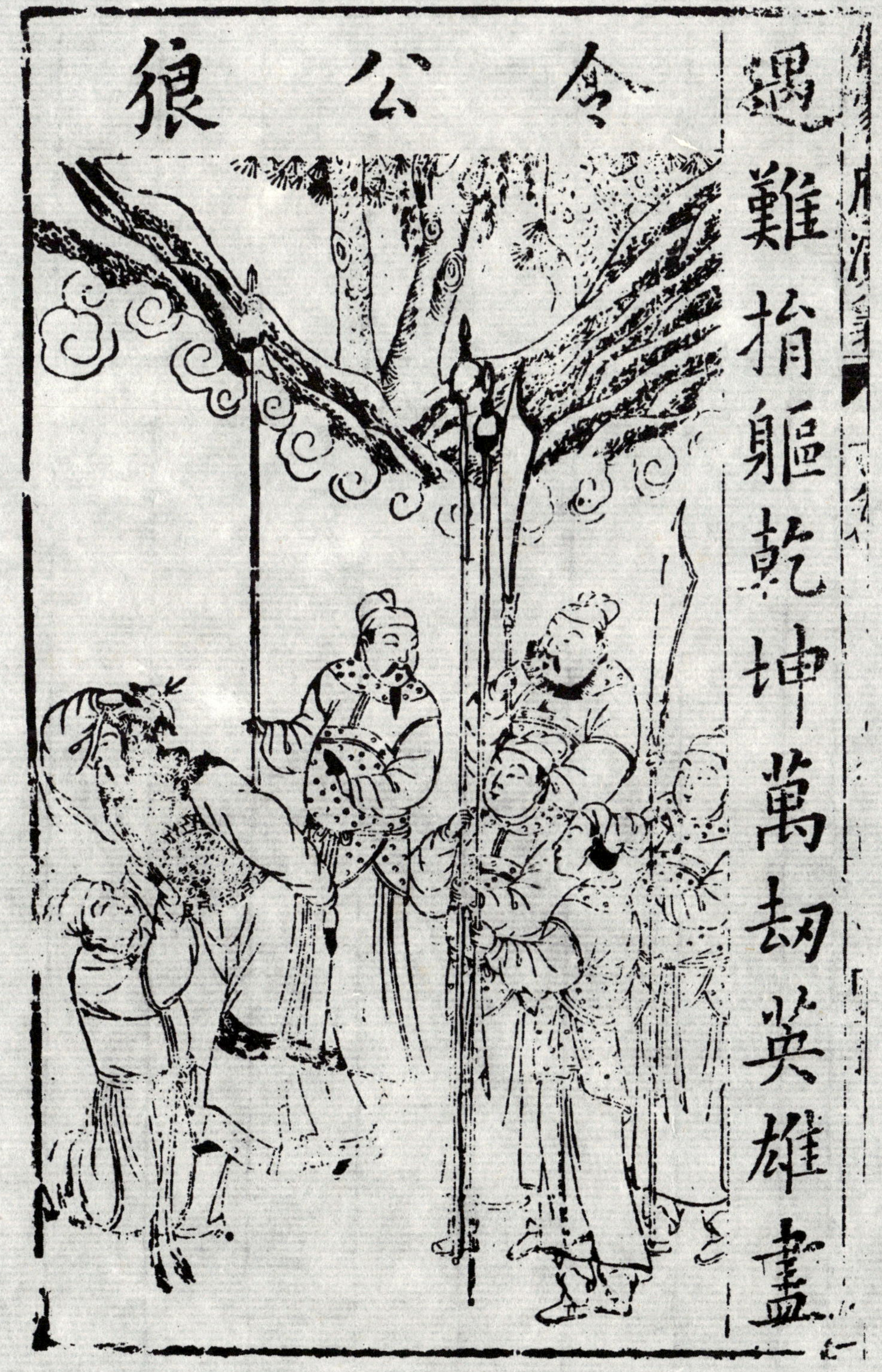
令公狼
遇難捐軀乾坤萬劫英雄盡

明萬曆三十四年臥松閣刻本

周紹良藏明清小說版畫

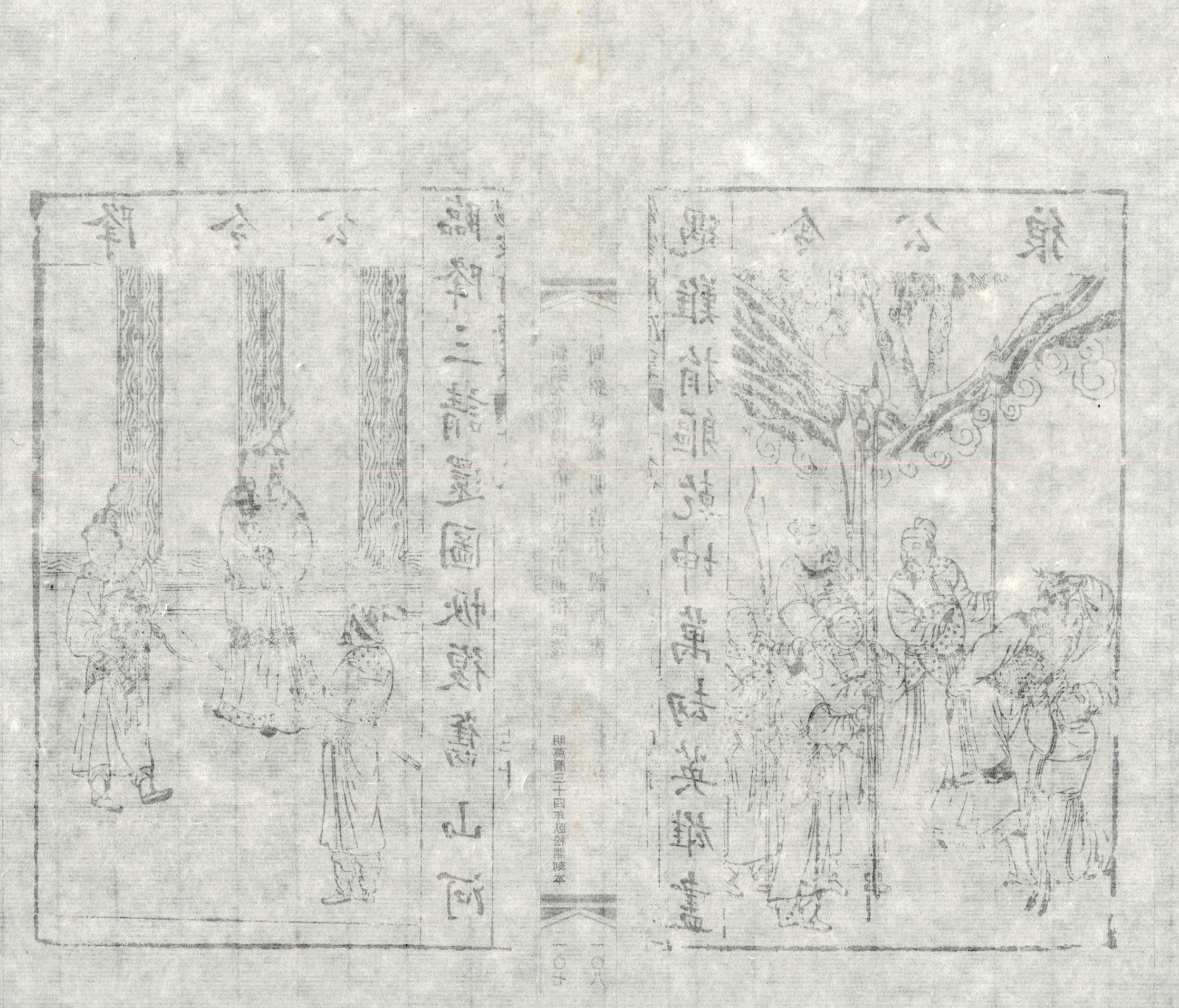

将死節

見危授命名節雙高日月懸

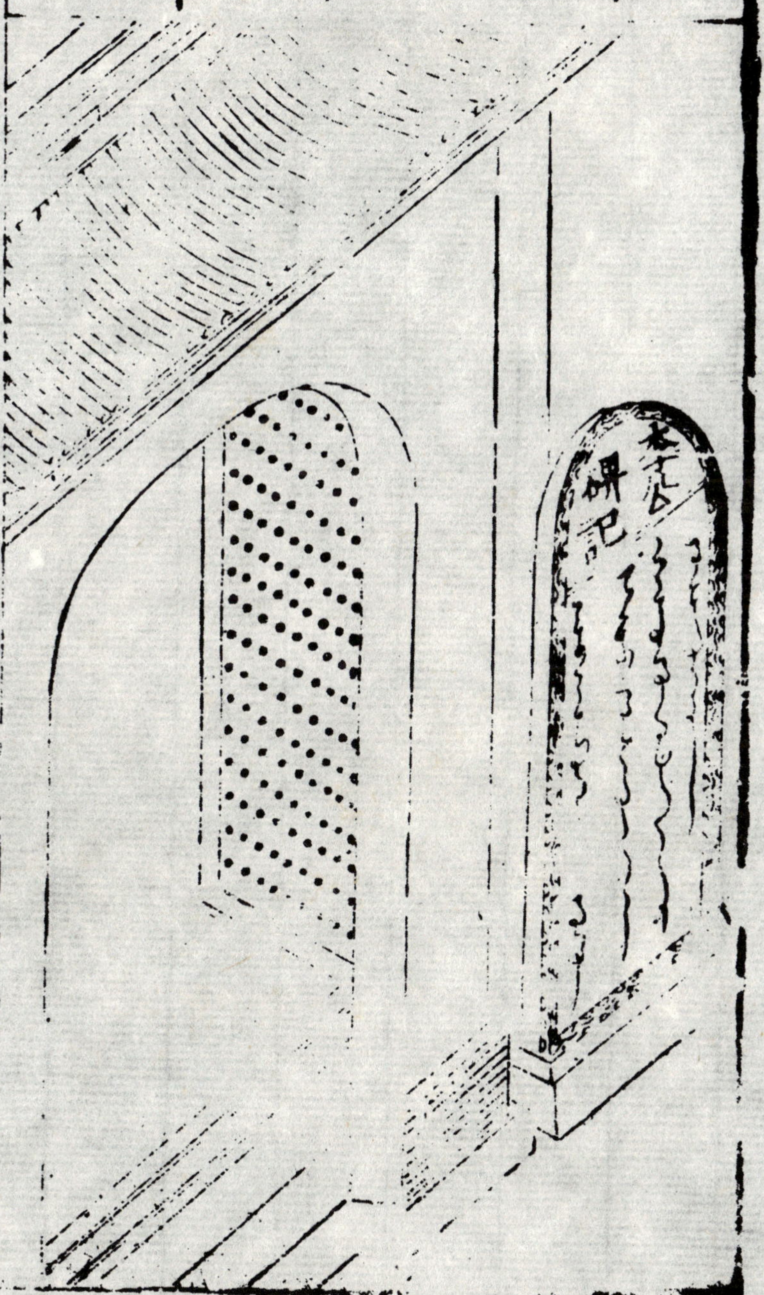

六郎與

爾月月敢向中原誇技藝

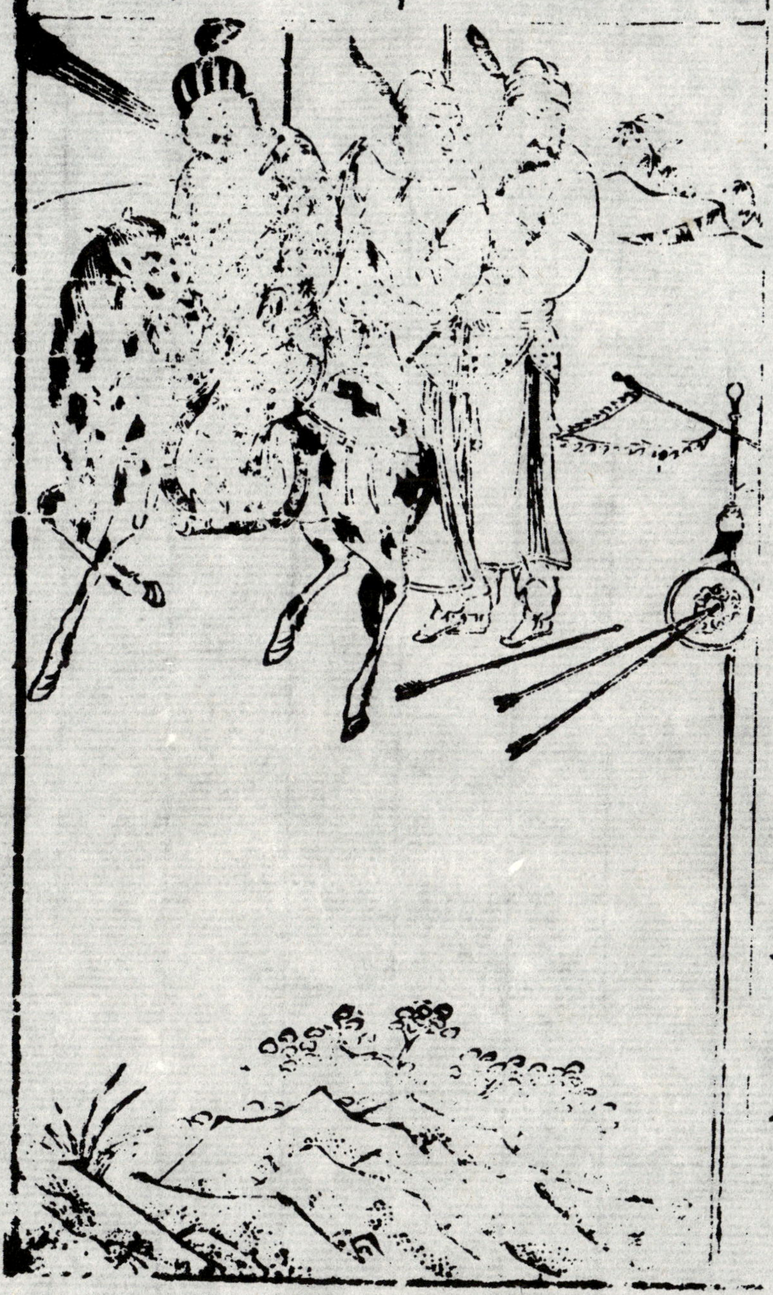

明萬曆三十四年臥松閣刻本

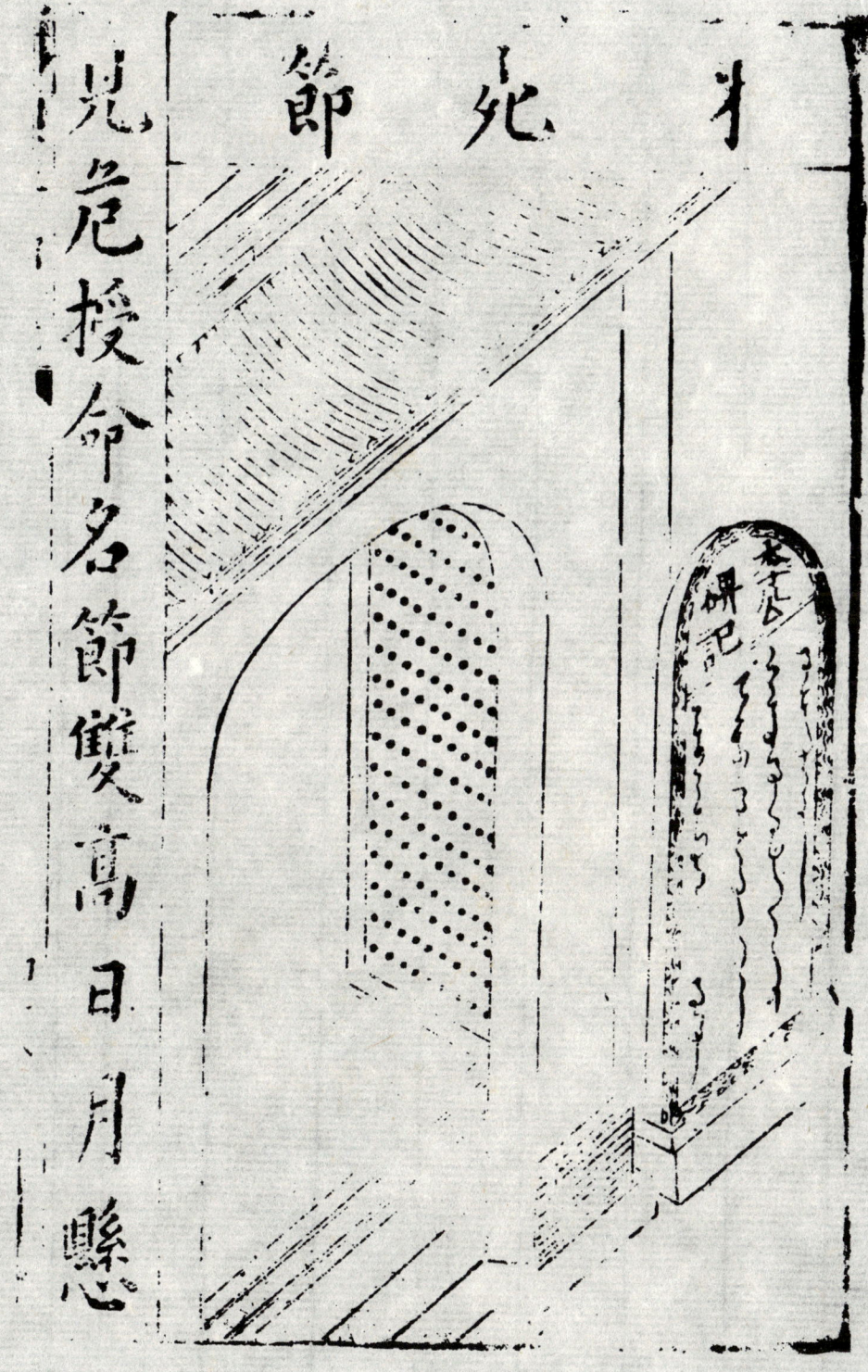

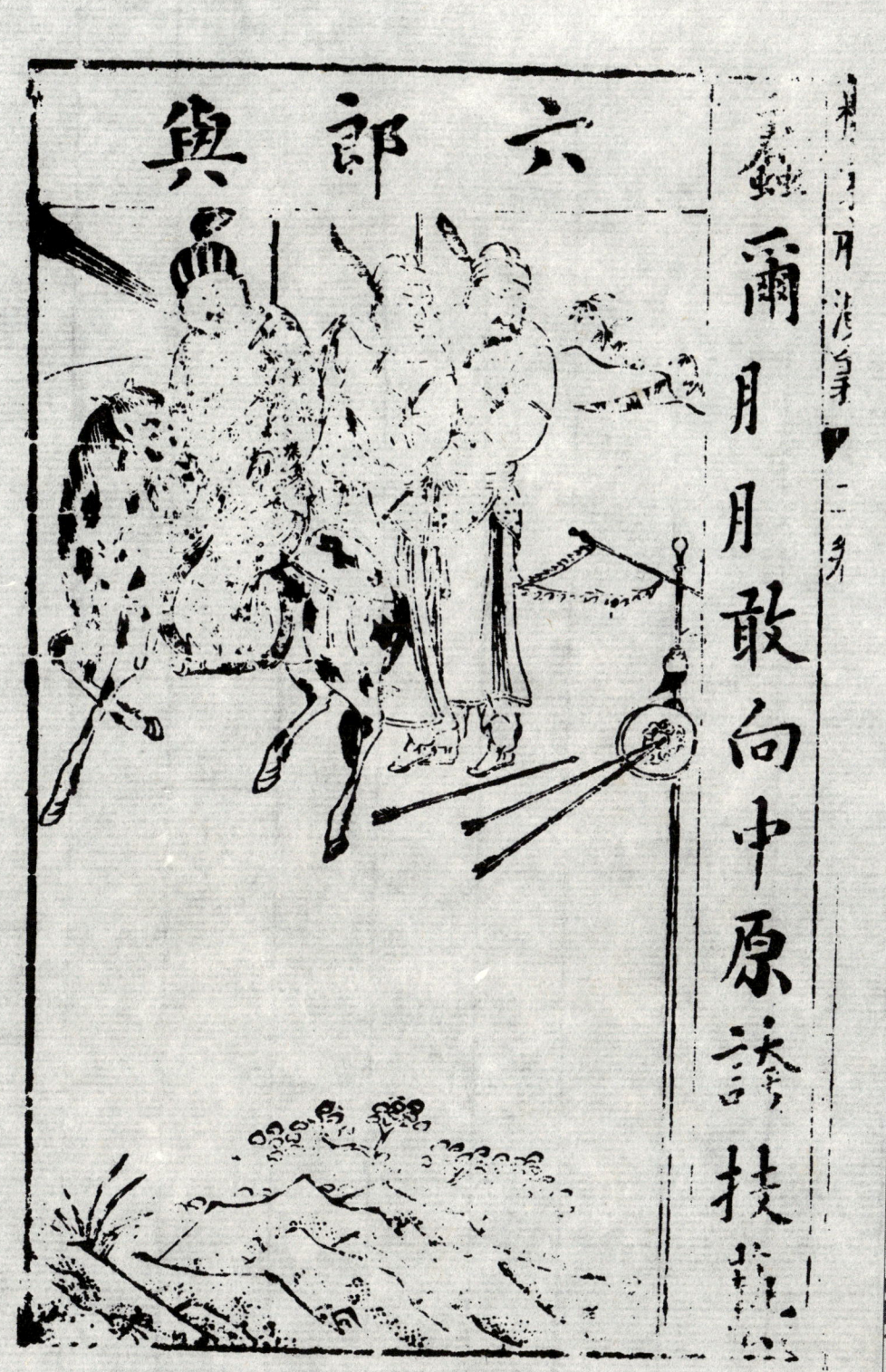

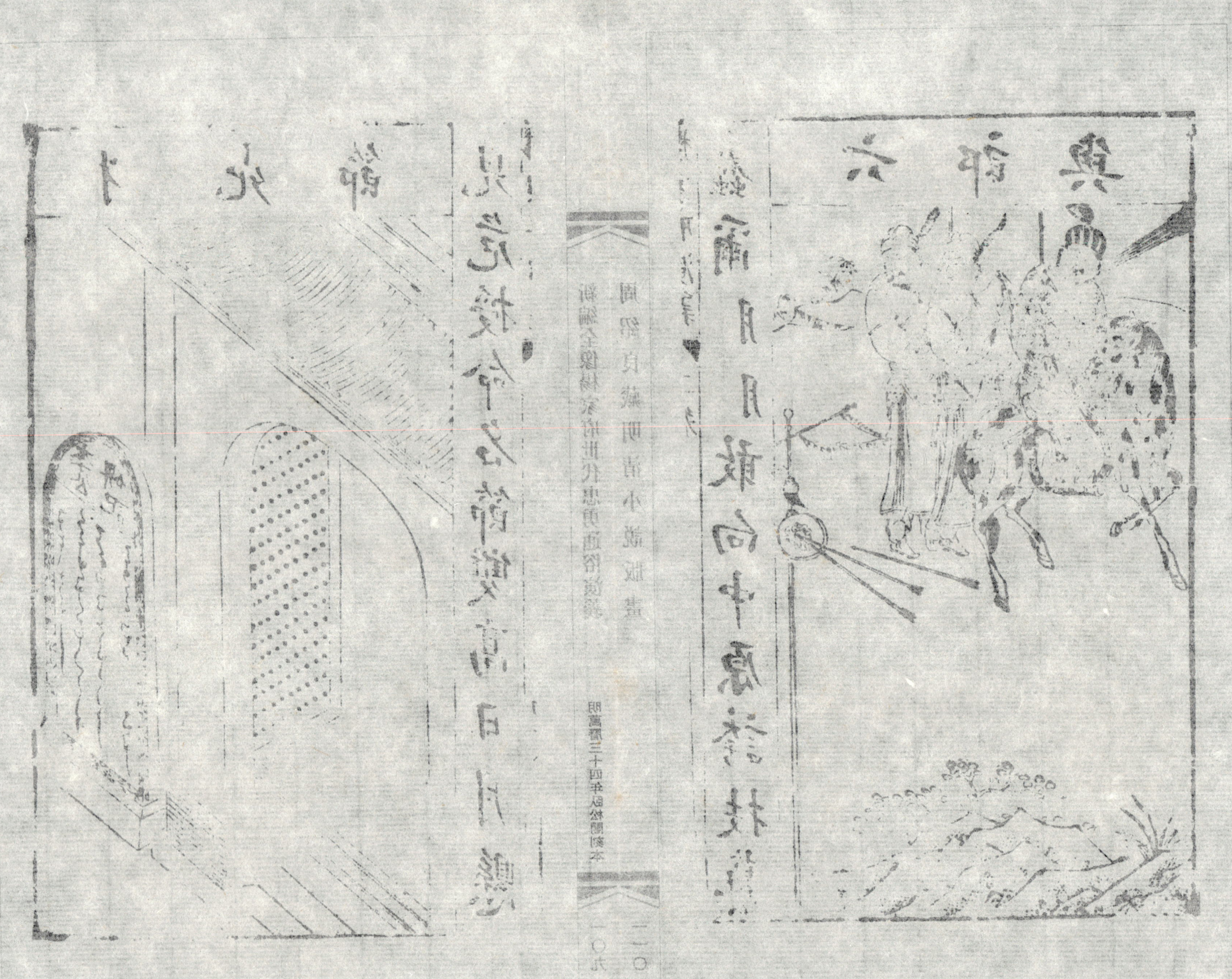

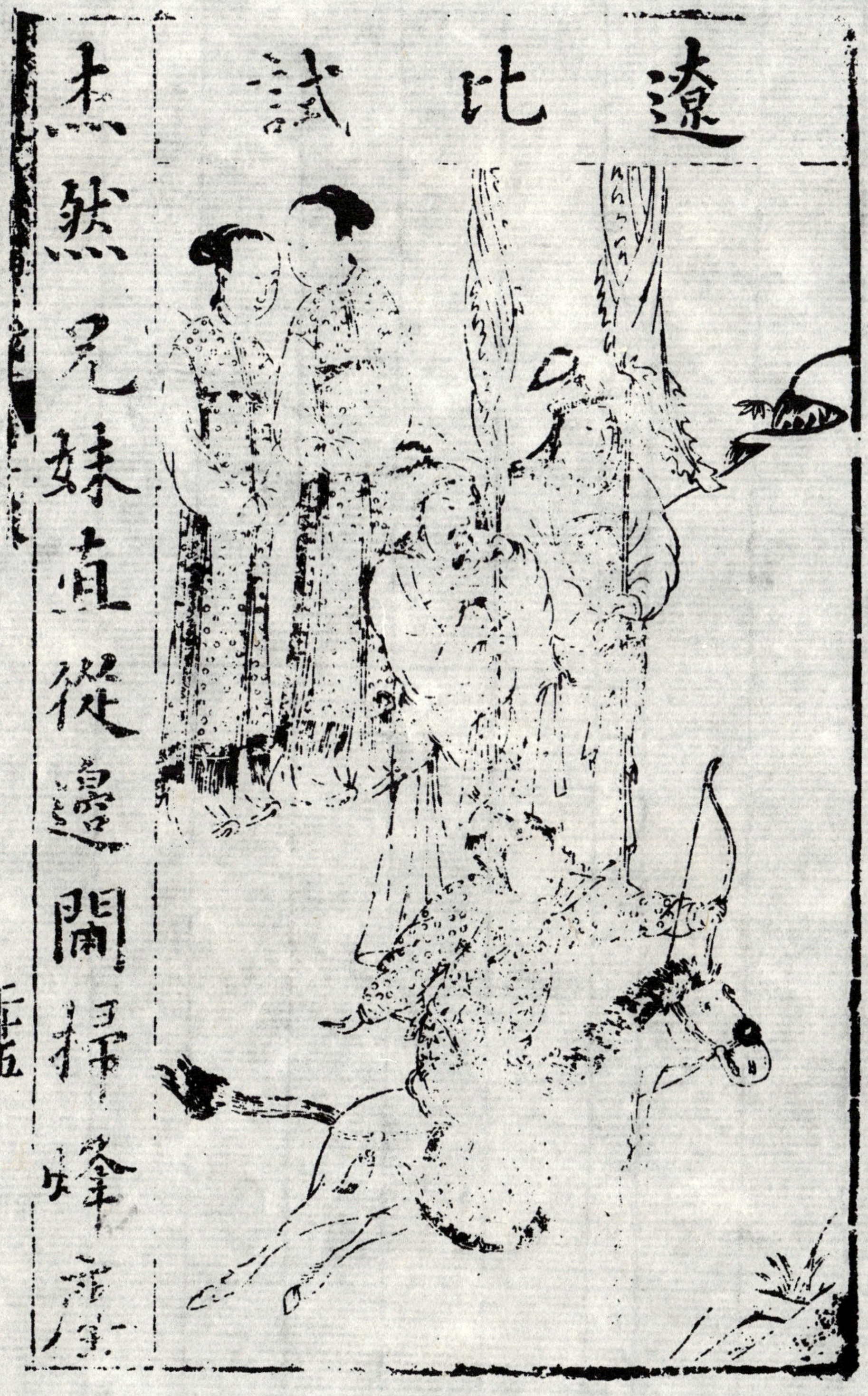

明萬曆三十四年臥松閣刻本

《新編全像楊家府世代忠勇通俗演義》　明萬曆三十四年臥松閣刻本

此本圖嵌正文中。據《宋史·楊業傳》敷衍楊業祖孫三代忠勇抗遼保宋故事。茲選圖三幅（排为六幅）：

一、太宗招降令公　二、令公狼牙死節　三、六郎與遼比試